# 特约监察员
# 履职手册

周成 编著

北京

## 图书在版编目（CIP）数据

特约监察员履职手册／周成编著. -- 北京：法律出版社，2025. -- ISBN 978-7-5244-0210-7

Ⅰ. D922.114.4

中国国家版本馆 CIP 数据核字第 2025024S85 号

| 特约监察员履职手册<br>TEYUE JIANCHAYUAN LÜZHI SHOUCE | 周 成 编著 | 责任编辑 王　曦　朱颖超<br>装帧设计 李　瞻 |
|---|---|---|

| | |
|---|---|
| 出版发行　法律出版社 | 开本　A5 |
| 编辑统筹　司法实务出版分社 | 印张　11.75　　　字数　223 千 |
| 责任校对　王晓萍　李慧艳 | 版本　2025 年 6 月第 1 版 |
| 责任印制　胡晓雅 | 印次　2025 年 6 月第 1 次印刷 |
| 经　　销　新华书店 | 印刷　天津嘉恒印务有限公司 |

地址：北京市丰台区莲花池西里 7 号（100073）
网址：www.lawpress.com.cn　　　　　销售电话：010-83938349
投稿邮箱：info@lawpress.com.cn　　　客服电话：010-83938350
举报盗版邮箱：jbwq@lawpress.com.cn　咨询电话：010-63939796
版权所有·侵权必究

书号：ISBN 978-7-5244-0210-7　　　　定价：59.00 元

凡购买本社图书，如有印装错误，我社负责退换。电话:010-83938349

# 前　言

特约监察员制度是以习近平同志为核心的党中央立足新时代深化国家监察体制改革作出的重要制度设计,既是深化国家监察体制改革的重要举措,也是纪检监察机关依法接受民主监督、社会监督、舆论监督的重要方式,是具有中国特色的国家监察制度的重要组成部分。

党的十八大以来,习近平总书记多次谈到"谁来监督纪委"的问题,鲜明提出"监督别人的人首先要监管好自己",强调纪检监察机关和干部任何时候都要克己慎行、守住底线,扎紧制度笼子,强化自我约束,要求纪检监察机关在强化自我监督、自我约束上作表率,并自觉接受党内监督和社会监督。

2018年3月《监察法》出台,专设"对监察机关和监察人员的监督"一章,针对"谁来监督监督者"之问题予以制度回应。同年8月中央纪委国家监委印发《国家监察委员会特约监察员工作办法》,对国家监委特约监察员的聘请范围、任职条件、聘请程序及任期、工作职责、权利义务和履职保障等作出规定。此后各地监察机关结合实际纷纷印发工作办法,对特约监察员工作进行指导和规范。2021年9月公布的《监察法实施条例》第256条明确确立特约监察员制度的法律地位,2024年12月25日新修正的《监察法》专门增加了关于特约监察员的规定。在修正后的《监察法》第62条明确规定:"监察机关根据工作需要,可以从各方面代表中聘请特约监察员。特约监察员按照规定对监察机关及其工作人员履行职责情况实行监督。"2025年4月27日国家监察委员会通过了新修订的《监察法实施条例》,第287条规定:"各级监察机关可以根据工作需要,按程序选聘特约监察员履行监督、咨询等职责。特约监察员名单应当向社会公布。监察机关应当为特约监察员依法开展工作提供必要条件和便利。特约监察员对监察机关提出的意见、建议和批评,监察机关应当及时办理和反馈。"上述规定为推动监察工作依法接受民主监督、社会监督、舆论监督提供了重要的法律和制度保障。

特约监察员制度是避免监察机关"灯下黑"和"打铁必须自身硬"的政治要求,是回答"谁来监督监督者"的重要制度安排。建立特约监察员制度,既是落实《监察法》的要求,也是回答"谁来监督监督者"的具体举措。特约监察员制度既是实现社会监督、民主监督、舆论监督的具体制度范式,也是公民实现监督权的重要路径。

特约监察员承担着监督、参谋咨询、桥梁纽带、舆论引导四项职责;但特约监察员来自各条战线,工作内容不同,在自身履职过程中普遍感觉监督效果不明显,加上信息不对称,想主动履职存在一定困难,工作积极性有所降低。尤其是刚刚履职时,往往很茫然、无所适从,时常感慨要是能有一本操作指引手册该有多好;于是在履职的过程中,我开始注意收集和整理相关内容。本书汇总的101问,虽然不足以覆盖和解答特约监察员制度的所有疑问,但至少可以部分解决。指引特约监察员从一个问题入手,逐渐了解监察机关;只有了解后,才能理解监察机关的工作,也才能更好地监督和宣传这项工作。

从2019年开始,我连续担任湖北省襄阳市监委第一、二届特约监察员;持续几年的履职过程让我收获满满,同时也深刻认识到建立特约监察员制度的重大意义,深刻感受到做好特约监察员工作必须具备强烈的责任感和使命感。怎样履好职,是摆在特约监察员面前亟须考虑的事宜。襄阳市纪委监委对特约监察员工作的推进和重视是我编写本书的动力源泉,他们在推进这项工作中的细心和创新让我颇受感动,也受益匪浅,在此表示感谢!

本书101问中的大部分内容都节选自监察法领域专家学者们的专著和《中国纪检监察报》上众多作者的智慧结晶,在此一并表示感谢!衷心感谢为推进监察事业尤其是参与特约监察员制度设计和为切实推进这项工作付出努力与奉献的所有人。

本书可以作为特约监察员履职时参考的书籍,也可以作为纪检部门参与特约监察员工作时的工作手册,亦可以作为人民群众了解纪检监察部门办理案件的参考手册。当然,本人水平有限,对于特约监察员履职方面的学习也刚起步,汇编整理中有遗漏和不妥之处敬请读者朋友们批评指正。

最后要衷心感谢法律出版社,感谢本书的编辑老师们,没有他们的鼓励和帮助就没有本书的出版。

周　成[*]

2025 年 6 月

---

[*] 周成,湖北襄阳人,2021 年被司法部评为"全国优秀律师",最高人民检察院"民事行政案件咨询专家";湖北省第八届律师协会副会长,湖北省襄阳市监察委第一届、第二届特约监察员。

# 目 录

## 第一章 特约监察员概述

1 什么是特约监察员？ …………………………… 3
2 特约监察员制度产生的背景是什么？ ………… 4
3 为什么要建立特约监察员制度？ ……………… 6
4 特约监察员制度的实践价值体现在哪里？ …… 9
5 我国关于特约监察员的法律规定有哪些？
  专门法规是什么？什么时候开始实施的？ …… 13
6 国家监察委员会至今共聘任了几届特约监察
  员？聘期多长？ ………………………………… 14

## 第二章 特约监察员制度考察

7 特约监察员制度经历了哪几个阶段？各有
  什么特色？ ……………………………………… 19
8 最早提出设置特邀监察员制度的是谁？ ……… 22
9 特邀（约）监察员是否兼具"双重监督"角色？

是什么时候规定的？............................. 25
10　特约监察员与特邀监察员有什么不同？............. 26
11　从特邀监察员制度的发展历程看，特约监察员
　　制度有哪些主要变化？............................. 29
12　特约监察员制度的内在驱动力是什么？............. 33
13　历史上有关特约（邀）监察员工作的规范性
　　文件有哪些？这些规范性文件有何不同？......... 34

## 第三章　特约监察员的权利和义务

14　特约监察员应当履行哪些职责？................... 41
15　特约监察员履行职责时享有哪些权利？............. 44
16　特约监察员应当承担哪些义务？................... 45
17　从特邀监察员制度的发展历程来看，特约
　　监察员的工作职责有何变化？..................... 46

## 第四章　特约监察员的产生程序和工作方式

18　成为特约监察员应当具备哪些条件？............... 51
19　特约监察员当选后如何履职？..................... 51
20　特约监察员如何发挥作用？....................... 54
21　特约监察员一般从哪些人中选聘产生？聘请
　　流程是怎样的？................................. 55
22　出现哪些事项时，可以对特约监察员采取

"一票否决"措施？ …………………………… 56
23 特约监察员解聘的情形有哪些？ …………… 57
24 各级特约监察员的监督途径和工作方式有何
区别？ ……………………………………… 57
25 特约监察员参加活动怎样把握好选择性
与适度性？ ………………………………… 58
26 特约监察员评判纪检监察干部工作的标尺
是什么？ …………………………………… 59
27 在发挥特约监察员作用和制度创新方面各地
纪检监察机关都有哪些具体做法？ ………… 61

## 第五章 特约监察员的监督内容和监督形式

28 纪检监察机关的职责是什么？特约监察员
对此如何理解和认识？ ……………………… 67
29 特约监察员进行监督的总体工作思路是什么？ …… 74
30 特约监察员需要了解的对纪检监察人员的
专项整治有哪些？ …………………………… 74
31 特约监察员参加纪委监委工作通报会的重要
意义是什么？ ………………………………… 77
32 对监察机关和监察人员的监督可以分为
哪几类？ ……………………………………… 78
33 特约监察员需要了解纪检监察部门制定的

制度规范有哪些？ …………………………………… 80

34 如何理解特约监察员制度是回答"谁来监督监督者"的重要制度安排？ …………………… 81

35 如何理解特约监察员制度与党外民主监督的协调与衔接？ …………………………………… 84

36 如何正确理解监察委员会独立性与特约监察员外部监督之间的关系？ …………………… 86

37 如何理解特约监察员是监督纪检监察机关及其工作人员的新生力量？ ………………… 88

38 特约监察员如何判断监察人员是否具备良好的素质？ ………………………………………… 92

39 特约监察员为什么要对纪检监察干部进行监督？ ………………………………………………… 93

40 特约监察员为什么要对纪检监察机关进行监督？ ………………………………………………… 93

## 第六章 特约监察员的考核

41 对特约监察员工作考核的方式和内容有哪些？ ………………………………………………… 97

42 如何对特约监察员进行监督和考核？考核的原则是什么？ ……………………………… 98

43 各级监委提出的特约监察员工作清单通常

包括哪些内容? ……………………………………… 99
44 如何构建独立、科学、有效的特约监察员考核
机制? ……………………………………………… 101
45 纪委监委完善特约监察员考核的路径有
哪些? ……………………………………………… 103
46 纪委监委如何创新方式方法,更好发挥特约
监察员参谋咨询、舆论引导和桥梁纽带作用? …… 104
47 在保障和推进特约监察员工作高质量发展
方面的考核内容有哪些? ………………………… 106

## 第七章　特约监察员如何正确理解和看待纪检监察工作

48 如何正确看待纪检监察机关要做实做细对
"一把手"监督? …………………………………… 111
49 如何正确看待纪检监察机关在推进优化营商
环境方面大有作为? ……………………………… 112
50 如何正确理解纪检监察机关在党的自我革命
中的职责定位? …………………………………… 116
51 锻造对党绝对忠诚的纪检监察铁军的重要性
体现在哪里? ……………………………………… 119
52 如何正确理解纪检监察机关"刀刃向内"? ……… 121
53 如何正确理解怎样让"打铁的人"首先成为
"铁打的人"? ……………………………………… 124

54 特约监察员如何理解整治群众身边不正之风和腐败问题是关系党的执政根基的大事？……… 128

## 第八章　特约监察员在执法执纪监督中的作用

55 特约监察员如何正确理解"把纪律挺在法律的前面"？"纪严于法"体现在哪些方面？………… 135
56 在现行纪检监察体制下，特约监察员可以起到哪些切实有效的作用？……………………… 140
57 特约监察员如何监督监察官的产生是否合规？………………………………………………… 141
58 特约监察员如何判断监察官是否履行了法定义务？…………………………………………… 143
59 特约监察员如何监督监察官的兼职和获取报酬行为？………………………………………… 144
60 特约监察员如何判断和理解对监察官的监督和惩戒规则？…………………………………… 145
61 特约监察员如何判断监察机关及其工作人员在什么情况下应当承担法律责任？…………… 148
62 特约监察员如何判断纪检监察干部在监督执纪中是否遵守了相关规定？…………………… 149
63 特约监察员如何理解监督执纪应当遵循的原则？……………………………………………… 152

| | | |
|---|---|---|
| 64 | 特约监察员如何理解纪检监察系统的领导体制？ | 154 |
| 65 | 特约监察员如何理解纪检监察机关对问题线索的处置？ | 157 |
| 66 | 特约监察员如何理解纪检监察部门审查调查的合法合规性？ | 159 |
| 67 | 特约监察员如何判断纪检监察机关案件审理部门工作的合法合规性？ | 164 |
| 68 | 特约监察员如何理解纪检监察机关对监督执纪工作的监督管理？ | 168 |
| 69 | 特约监察员需要学习《中国共产党纪律处分条例》在促进执纪执法贯通方面作出的哪些修订内容？ | 171 |
| 70 | 特约监察员如何理解纪检监察部门用好《中国共产党纪律处分条例》严格精准执纪的重要性？ | 174 |
| 71 | 特约监察员如何学习纪检监察部门在纪法贯通、法法衔接方面的规定？ | 177 |
| 72 | 特约监察员如何监督纪检监察人员在实践中贯彻落实执纪执法贯通？ | 178 |
| 73 | 特约监察员如何评价律师在监察与司法衔接中的作用？ | 181 |
| 74 | 特约监察员如何理解执纪执法贯通的内涵 | |

要义？ …………………………………………………… 182

## 第九章　完善特约监察员制度的意见和建议

75　如何进一步优化特约监察员的工作职责？ ……… 187
76　特约监察员如何联系群众？ …………………… 189
77　监察机关如何充分发挥特约监察员制度的
　　作用？ …………………………………………… 190
78　特约监察员履职能力方面还有哪些需要
　　完善？ …………………………………………… 192
79　完善特约监察员履职方式的意见和建议有
　　哪些？ …………………………………………… 195
80　就特约监察员整体推进而言，存在哪些困难？ …… 195
81　特约监察员的实践困境体现在哪里？ …………… 198
82　特约监察员制度还未引起足够重视的原因
　　何在？ …………………………………………… 199
83　在改进和提高特约监察员制度的社会影响力
　　方面的意见和建议有哪些？ …………………… 201
84　特约监察员在切实助推纪检监察工作高质量
　　发展方面，如何发挥优势、展现作为？ ………… 204
85　完善特约监察员制度的具体路径有哪些？ ……… 206
86　在完善特约监察员制度建设方面有何意见
　　和建议？ ………………………………………… 210

87 在畅通纪检监察机关工作人员与特约监察员沟通方面的意见和建议有哪些？ ……………… 213

88 完善特约监察员考评方面的意见和建议有哪些？ ……………………………………………… 215

## 第十章　特约监察员如何理解《监察法》

89 特约监察员如何理解《监察法》中关于监察机关办案程序的相关规定？ ………… 219

90 特约监察员如何判断监察机关采取责令候查措施的对象有哪些，应当遵守哪些规定？ ……… 221

91 特约监察员如何判断监察机关采取留置措施的对象有哪些？ ………………………………… 226

92 特约监察员如何判断监察机关进行管护的对象有哪些，应当遵守哪些规定？ ……………… 227

93 特约监察员如何理解在何种情况下监察机关可以采取技术调查措施，应当遵守哪些规定？ … 229

94 特约监察员如何判断监察人员在何种情况下才会被采取禁闭措施？ …………………………… 232

95 特约监察员如何判断监察机关采取留置措施是否符合相关规定？ ……………………………… 232

96 特约监察员如何判断监察机关在调查结束后是否依法相应作出了处理？ …………………… 234

97 特约监察员如何理解监察对象对监察机关作出的处理决定不服该如何处理？ …… 235

98 特约监察员如何判断监察人员是否模范履职？ …… 236

99 特约监察员如何判断在何种情况下被调查人及其近亲属、利害关系人有权向监察机关进行申诉？ …… 237

100 特约监察员如何判断在被调查人被采取管护或者留置措施后,监察机关依法应当履行的义务有哪些？ …… 238

101 特约监察员如何判断监察机关采取强制到案、责令候查或者管护措施是否符合规定？ …… 239

**相关法律法规** …… 240
中华人民共和国监察法 …… 240
中华人民共和国监察官法 …… 256
中华人民共和国监察法实施条例 …… 266
国家监察委员会特约监察员工作办法 …… 341
中国共产党纪律检查机关监督执纪工作规则 …… 345

# 第一章

# 特约监察员概述

## 1 什么是特约监察员？

2024年修正的《监察法》第62条规定："监察机关根据工作需要，可以从各方面代表中聘请特约监察员。特约监察员按照规定对监察机关及其工作人员履行职责情况实行监督。"《国家监察委员会特约监察员工作办法》第2条第1款规定："特约监察员是国家监察委员会根据工作需要，按照一定程序优选聘请，以兼职形式履行监督、咨询等相关职责的公信人士。"2025年新修订的《监察法实施条例》第287条规定："各级监察机关可以根据工作需要，按程序选聘特约监察员履行监督、咨询等职责。特约监察员名单应当向社会公布。监察机关应当为特约监察员依法开展工作提供必要条件和便利。特约监察员对监察机关提出的意见、建议和批评，监察机关应当及时办理和反馈。"该规定明确指出特约监察员履行监督和咨询等职责的形式是兼职而不是全职，即其发挥的是辅助性作用而不是决定性作用。特约监察员的监督实际上是外部监督，并且属于社会监督的范畴。这个外部监督机制正是实现"把权力关进制度的笼子里"的重要措施之一，是避免监察机关"灯下黑"和"打铁必须自身硬"的政治要求，是回答"谁来监督监督者"的重要制度安排。所以，尽管特约监察员发挥的作用是辅助性的,但也是必不可少的。总体来说,特约监察员是从事兼职性的监督、咨询等工作,但是其在我国监察体制的运行过程中起着不可忽视的重要作用。①

## 2 特约监察员制度产生的背景是什么?

监察体制改革之后,纪委监委合署办公,既执纪又执法,监督对象范围扩大,监督权限增加,承担的任务更加繁重,面临的挑战更加严峻,权力运行中的风险也相应增加。纪检监察机关工作情况如何,事关全面从严治党、党风廉政建设和反腐败工作成效;纪检监察权力能不能正确运行,既关系纪检监察机关的公信力,更影响党和国家的形象。②

特约监察员制度是以习近平同志为核心的党中央立足新时代深化国家监察体制改革作出的重要制度设计,是具有中国特色的国家监察制度的重要组成部分。习近平总书记对纪检监察机关队伍建设、权力运行高度重视、寄予厚望,提出"谁来监督纪委"的重大命题,反复强调"打铁必须自身硬""执纪者必先守纪,律人者必先自律",要求"接受

---

① 参见白广磊:《新建立的特约监察员制度新在哪里》,载《中国纪检监察》2018年第18期;张淑瑛:《特约监察员制度视阈下监察委员会权力监督问题探究》,载《广西社会科学》2020年第2期;王海军:《新时代我国特约监察员制度的设立与优化》,载《人民论坛》2020年第24期。

② 参见王立峰、李洪川:《特约监察员制度的演变逻辑、实践价值与完善路径》,载《党政研究》2020年第6期。

最严格的约束和监督"。

党中央为纪检监察机关定制度、立规矩，颁布实施了《中国共产党纪律检查机关监督执纪工作规则》，批准了《监察机关监督执法工作规定》。《监察法》专章对"对监察机关和监察人员的监督"作出规定，《监察法实施条例》明确"各级监察机关可以……按程序选聘特约监察员"。这是特约监察员制度设立的依据。特约监察员制度是回答"谁来监督监督者"的重要制度安排。

当前，纪检监察干部队伍总体是好的；但对标习近平总书记和党中央的重要要求，对标纪检监察机关肩负的职责使命，对标人民群众的期待，纪检监察干部在政治素质、专业能力、纪律作风等方面都还存在不够匹配、不相适应的地方，特别是少数干部不担当、不作为、乱作为甚至违纪违法问题时有发生。解决这些问题，一方面要加强制度建设，不断完善权力运行监督制约机制，推动纪检监察机关以自我革命精神正风肃纪，坚决防治"灯下黑"；另一方面也要接受社会各方面的监督。可见，建立特约监察员制度，既是落实《监察法》的要求，也是回答"谁来监督监察部门（纪委）"之问的具体举措。

## 3 为什么要建立特约监察员制度？

**1. 是贯彻落实相关法律法规的要求**

在 2018 年 3 月 20 日颁布的《监察法》中，专设"对监察机关和监察人员的监督"一章，针对"谁来监督监督者"之问题予以制度回应。2024 年修正后的《监察法》专门新增了有关特约监察员的条款，在第 62 条明确规定："监察机关根据工作需要，可以从各方面代表中聘请特约监察员。特约监察员按照规定对监察机关及其工作人员履行职责情况实行监督。"2025 年新修订的《监察法实施条例》第 287 条规定："各级监察机关可以根据工作需要，按程序选聘特约监察员履行监督、咨询等职责。特约监察员名单应当向社会公布。监察机关应当为特约监察员依法开展工作提供必要条件和便利。特约监察员对监察机关提出的意见、建议和批评，监察机关应当及时办理和反馈。"中共中央办公厅印发的《中国共产党纪律检查机关监督执纪工作规则》（以下简称《规则》），乃是在此基础上的进一步制度构建。《监察法》第七章所规定的"对监察机关和监察人员的监督"主要包含"人大监督"、"外部监督"与"内部监督"。《规则》主要聚焦于"内部监督"层面的制度建设，作为内部监督的关键程序性规则，其与《监察法》第五章"监察程序"直接衔接，且是对《监察法》所规定监察程序的细化。《规则》中"线索处理""谈话函询""初步审核""审查调查""审理""监督管理"等各章节内容,皆是依据《监察法》有关规定作出的进一步细化。可以说,《规则》以中央党内法规之形式对《宪法》与《监察法》中关于监督的相关规定加以落实,此点在《规则》第1条"根据《中国共产党章程》和有关法律,结合纪检监察体制改革和监督执纪工作实践"的制定依据表述中得以充分体现。①

**2. 是司法实践的要求**

从2018年以来中央纪委国家监委通报的典型案例可见,仍有众多纪检监察干部存在贪污受贿、滥用职权的问题。由此可知,纪检监察机关并非腐败的"绝缘体"与"天然保险箱",其同样面临腐败违法风险。新组建的监察委员会整合了原有的监察手段与权力,实现了权力的适度扩张。同时,作为承担反腐败工作的专门机构,其自身也面临权力异化问题,当其沾染到腐败因素时,人民群众便会对这种共识产生怀疑乃至动摇。故而,对监察机关实施监督,以防监督者自身成为脱缰野马,乃是在全面深化改革中无法回避的现实问题。②

**3. 是贯彻落实新时代民主监督的要求**

2018年3月,国家监察委员会正式设立;我国迈入新

---

① 参见张翔:《对"谁来监督监督者"的制度回应》,载《中国纪检监察》2019年第3期。

② 参见张淑瑛:《特约监察员制度视阈下监察委员会权力监督问题探究》,载《广西社会科学》2020年第2期。

时代监察体制改革的新征程,国家党风廉政建设也开启了新篇章。新时代的民主监督必然要求民主参与,社会各界人士参与到监督工作中方能从本质上实现民主。特约监察员制度作为国家监察体制改革中不可或缺的重要部分,为满足新时代民主监督之要求,必然要作出相应调整。《国家监察委员会特约监察员工作办法》明确指出特约监察员的主要职责是发挥监督作用。虽然监察委员会的成立实现了监察的全覆盖,但是作为一种自上而下的监督机制,难免会出现某些漏洞。特约监察员不仅可以深入群众,积极参与到民主监督中来,还能在一定程度上弥补监督漏洞,形成更为全面有效的监督体系。进一步加强特约监察员的工作,不但有助于把监督机关与社会群众更好地联系起来,也有利于推动监察机关自身的廉政建设,更能深入推进国家反贪反腐工作的有效开展。[1]

4. 是扩宽对监察机关监督途径的体现

对监察机关的监督包括内部监督与外部监督。内部监督是指监察委员会的内设职能部门如纪检监察干部监督室进行的监督。外部监督包括人大代表监督、司法监督以及社会监督等方式。因特约监察员为非专职人员,故可将其归入外部监督中的社会监督范畴。所以,特约监察员制度

---

[1] 参见王立峰、李洪川:《特约监察员制度的演变逻辑、实践价值与完善路径》,载《党政研究》2020年第6期。

的设立实则拓宽了社会监督的途径。

为了深化国家监察力度,党中央开展了诸多反腐败建设工作;自1986年成立中华人民共和国监察部时起,我国的行政监察工作逐渐起步。此后,国家监察机关不断调整工作方式,从未停止对科学监察方法的探索。但特邀监察员原有的工作状况为等待上访信息或上级领导的批示,不能广泛、主动地获取有关工作信息,致使工作效率无法提升,甚至无法获取有效信息。特约监察员制度的设立拓宽了获取相关信息的渠道,提高了掌握工作信息的有效性与准确性。通过依靠群众提高监察工作效率,更好地发挥了民主监督与社会监督的强大力量,使我国的政党制度优势进一步凸显。[①]

## 4 特约监察员制度的实践价值体现在哪里?

制度的价值乃是制度存续的关键源流,亦是制度生命力的关键呈现。制度的价值呈现为制度具备规范、引导、约束等效用。作为纪检监察体制改革的重要构成部分,特约监察员制度的理论根基是权利保障与权力监督。故而,特约监察员制度的实践价值主要体现为特约监察员制度在保

---

[①] 参见王立峰、李洪川:《特约监察员制度的演变逻辑、实践价值与完善路径》,载《党政研究》2020年第6期。

障公民监督权利、规范纪检监察机关权力运行等方面具有积极效能,具体如下:

1. 以政治参与模式保障公民监督权的实现。《监察法》第 61 条指明监察机关应接纳民主监督、社会监督、舆论监督。由此,特约监察员制度既是实现社会监督、民主监督、舆论监督的具体制度范式,也是公民实现监督权的重要路径。

2. 通过权力的监督与制约保障纪检监察的工作实效。2025 年新修订的《监察法实施条例》第 287 条规定:"各级监察机关可以根据工作需要,按程序选聘特约监察员履行监督、咨询等职责。特约监察员名单应当向社会公布。监察机关应当为特约监察员依法开展工作提供必要条件和便利。特约监察员对监察机关提出的意见、建议和批评,监察机关应当及时办理和反馈。"

3. 锤炼过硬本领,突破监督者"灯下黑"的困局。纪检监察体制改革的进程显示,纪检监察机关的独立性越发凸显。随着纪检监察体制改革的深入推进,特别是纪委监委合署办公以及《监察法》的颁布,不仅将一切行使公权力的公职人员归入监察视野,而且赋予纪委监委法定监督权、调查权与处分权,纪委监委的监督范围显著扩大,权限明显增多。鉴于纪委监委是反腐的前沿阵线,亦是党和国家反腐防腐的重要利器,作为反腐的专门机构,决不能让纪委监委成为滋长腐败的"温床"。因而,纪委监委自身建设的重要性不言而喻。监督纪委监委及其工作人员是一项繁杂的系统工程,特约监察员制度恰是破解此难题的举措之一。作为纪检监察体制的重要配套制度,特约监察员制度是对"谁来监督监察部门"的有力回应,是纪委监委规范自身权力的制度设计,是防止纪检监察机关出现"灯下黑"的制度创新,彰显的是"监督者更要接受监督"的理念,表明了纪检监察机关要主动接纳监督、自觉支持监督的鲜明态度。从特约监察员制度的具体内容来看,特约监察员"聚焦纪检监察机关中心工作,专注服务于全面从严治党、党风廉政建设和反腐败工作大局,着重发挥对监察机关及其工作人员的监督作用"。由此可见,特约监察员的主要职责定位于对监察机关及其工作人员履职行为进行监督,更有益于特约监察员集中精力履行监督职责。

4. 补齐权力监督的制度缺陷,完备党和国家监督体系。全面从严治党向纵深发展的新形势,必然要求对各级党政机关权力运行过程与运行结果进行约束与监督,要求建立健全全覆盖的监督体系。特约监察员制度的确立与运行表明,即便纪委监委作为专门的监督机关,也应当是实现权力监督全面覆盖的重要环节。况且纪委监委合署办公是党政机构改革中的新事物,各项制度、机制有待完善;在加强纪检监察机关内部监督以及人大监督、司法监督的同时,也需要注重发挥群众监督、党外监督的作用。2017年10月,习近平总书记在党的十九大报告中强调:"构建党统一指挥、全面覆盖、权威高效的监督体系,把党内监督同国家机关监督、民主监督、司法监督、群众监督、舆论监督贯通起来,增强监督合力。"特约监察员制度是体制外人员对监察权力进行监督的重要形式,是纪检监察机关以社会监督、民主监督、舆论监督等手段强化自我监督的制度探索。通过对纪检监察机关进行外部监督,实现体制内监督与体制外监督的结合。并且,特约监察员制度同其他监督制度一道不但有益于形成监督合力,将权力置于严密监督之下,也有利于"推动党内监督同国家机关监督、民主监督、司法监督、群众监督、舆论监督有效贯通,健全和完善监督体系"。由于《监察法》是监察机关及其工作人员履行监察职责的法律依据,特约监察员对监察机关及其工作人员履行《监察法》中规定的职责进行监督,也使特约监察员制度成为法律实施监督体系中的重要辅助性制度。

各级特约监察员凭借极高的政治责任感投身于纪检监察事业,开展了诸多成效卓著的工作,为强化和改进纪检监察工作,铸造忠诚干净担当的纪检监察队伍奉献了关键力量。实践表明,特约监察员制度是可以有效呈现重要价值的,必须长久保持。我们要深刻领会党中央构建特约监察员制度的政治精神,以浓烈的责任感和使命感落实特约监察员工作,一同促进全面从严治党、党风廉政建设和反腐败工作获取新的成果。①

### 5 我国关于特约监察员的法律规定有哪些？专门法规是什么？什么时候开始实施的？

我国的特约监察员制度是随着国家监察体制改革应运而生的，2018年3月《监察法》出台，2021年9月出台的《监察法实施条例》第256条明确确立特约监察员制度的法律地位，为推动监察工作依法接受民主监督、社会监督、舆论监督提供了重要制度保障。2024年12月25日修正的《监察法》第62条也专门增加了关于特约监察员的规定。2025年4月27日国家监察委员会通过了新修订的《监察法实施条例》，第287条规定："各级监察机关可以根据工作需要，按程序选聘特约监察员履行监督、咨询等职责。特约监察员名单应当向社会公布。监察机关应当为特约监察员依法开展工作提供必要条件和便利。特约监察员对监察机关提出的意见、建议和批评，监察机关应当及时办理和反馈。"

---

① 参见任恒：《论新时代党内监督体系的革新之道》，载《中共福建省委党校学报》2018年第6期；白广磊：《新建立的特约监察员制度新在哪里》，载《中国纪检监察》2018年第18期；陶治国：《构建"四个全覆盖"监督新格局》，载《党建研究》2018年第10期；王立峰、李洪川：《特约监察员制度的演变逻辑、实践价值与完善路径》，载《党政研究》2020年第6期；李洪川：《党政联合发文信息公开的司法实践、存在的问题与机制构建》，载《党内法规理论研究》2020年第2期。

党的十九大以来，中央纪委国家监委按照党中央深化国家监察体制改革决策部署和《监察法》的有关规定，紧紧围绕新形势下国家监察机关和监察工作的职责定位，在认真总结多年来监察机关特邀监察员工作有效做法和经验的基础上，2018年8月中央纪委国家监委就特约监察员制度专门出台了《国家监察委员会特约监察员工作办法》，对国家监委特约监察员的聘请范围、任职条件、聘请程序及任期、工作职责、权利义务和履职保障等内容作出规定。此后各地监察机关结合实际纷纷印发工作办法，对特约监察员工作进行指导和规范。《国家监察委员会特约监察员工作办法》自2018年8月24日起施行。

## 6 国家监察委员会至今共聘任了几届特约监察员？聘期多长？

为了深化国家监察体制改革，充分发挥中央纪律检查委员会和国家监察委员会合署办公的优势，推动监察机关依法接受民主监督、社会监督、舆论监督，根据《监察法》和《国家监察委员会特约监察员工作办法》的有关规定，国家监察委员会于2018年12月17日公布了聘任第一届特约监察员的决定，决定聘请50名同志为国家监察委员会第一届特约监察员，聘期至2023年3月。

国家监委2024年3月1日公布了聘任第二届特约监

察员的决定,根据《监察法》和《国家监察委员会特约监察员工作办法》的有关规定,国家监察委员会决定聘任89名同志为国家监察委员会第二届特约监察员,聘期至2028年3月。

# 第二章

# 特约监察员制度考察

## 7 特约监察员制度经历了哪几个阶段？各有什么特色？

特约监察员制度历经了探索始建阶段、恢复发展阶段与转型完善阶段。

1. 工农（监察）通讯员阶段：以群众运动式监督为主要特点的探索始建阶段。土地革命初期，为了确保新生革命政权的廉洁性，1931 年 11 月，中央苏区设立专门的纪律检查机构——中央政府工农检察部。受革命形势影响，自 1933 年 4 月起，中央政府工农检察部开始摸索构建工农通讯员制度。借鉴工农通讯员的做法，解放战争初期，华北人民监察院探索制定通讯检查员办法，检查员承担监督、报告、检举等工作。自 1950 年 7 月起，新组建的政务院监察委员会着手在中央人民政府各部门设立监察通讯员制度，并以中央直属机关、国营企业部门及全国性团体作为聘请监察通讯员的试点。1951 年 9 月，政务院通过了《各级人民政府人民监察委员会设置监察通讯员试行通则》，将监察通讯员设置延伸至县一级，明确监察通讯员的职责是监督政府机关、企业及其工作人员遵守法律等情况。此后，政务院印发《关于加强人民监察通讯员和人民检举接待室的指示》《各级人民政府人民监察机关设置人民监察通讯员通则》，进一步规范人民监察通讯员的工作职责。1955年为了强化对党的高级干部的监督，中央决定组建党的各级监察委员会，形成了党的监察机构与政府的监察机关两套体系、并行不悖的纪检监察体制，并进行合署办公。1959年4月，第二届全国人大第一次会议通过了关于撤销国家监察部的议案，人民监察通讯员制度也伴随国家监察部的撤销而终止。[1]

2.特邀监察员阶段：注重民主监督与制度化建设的恢复发展阶段。1987年党的十三大提出"从严治党"方针，1988年党的十三届二中全会提出"经济要繁荣，党政机关要廉洁"的目标，党风廉政建设和纪检监察体制改革就此拉开序幕。1989年，邓小平在批阅中央刊物时提出要组织专门小组拟定民主党派成员参政和履行监督职责的方案。中央成立专门小组后于12月发布了《关于坚持和完善中国共产党领导的多党合作和政治协商制度的意见》，就加强共产党同民主党派之间的协商合作作出了相关规定，其中提到聘请一些满足条件的民主党派成员和无党派人士担任特约监察员。至此，特约监察员首次被中央提及，成为当时政治协商制度中的重要人员。也正是由于这一契机，特约监察员制度得以在后来顺利建立。1990年12月国务院

---

[1] 参见王立峰、李洪川：《特约监察员制度的演变逻辑、实践价值与完善路径》，载《党政研究》2020年第6期。

颁布的《行政监察条例》第 12 条规定："监察机关根据工作需要可以聘请兼职监察员。兼职监察员根据监察机关的委托进行工作。"由此在行政法规层面明确了特邀监察员的合法性地位。监察部于 1991 年 12 月颁布的《监察部聘请特邀监察员办法》(已失效)正式将特邀监察员的聘请条件、权利义务等管理办法明确化、制度化。为了充分发挥民主党派、无党派特约监察员在国家治理中的特殊作用,2006 年 7 月,中共中央发布了《关于巩固和壮大新世纪新阶段统一战线的意见》,强调但凡有条件的政府有关部门和司法机关都可以在党外人士中开展聘请特约人员工作,充分发挥各类特约人员在民主监督中的作用。

3. 特约(邀)监察员阶段:由双重监督向单向监督转变的转型完善阶段。党的十八大以来,全面从严治党对党风政纪建设提出了更高、更严要求,纪检监察体制改革持续深化推进。2013 年 10 月,监察部公布了修订版的《监察机关特邀监察员工作办法》(已失效),对特邀监察员制度作出了新的规定。该办法增添了特邀监察员能够"对监察机关及其工作人员履行职责情况进行监督,提出加强和改进监察工作的意见、建议"的规定,使特邀监察员具备了"双重监督"的角色。此外,还对特邀监察员的管理、解聘等工作提出了明确要求。进入新时代后,深化纪检监察体制改革成为健全党和国家监督体系的重要突破口。为了适应反腐形势需求,也为了更好地发挥党的纪检部门的功能作用,党中央统筹推进党的纪律检查体制和国家监察体制改革。2018年3月《监察法》出台,《行政监察法》同时废止,中华人民共和国国家监察委员会成立。2018年8月,中央纪委国家监委印发《国家监察委员会特约监察员工作办法》,探索建立特约监察员制度。①

## 8 最早提出设置特邀监察员制度的是谁?

党的十一届三中全会后至20世纪80年代中期,中国正值加速发展时期,也是从计划经济向市场经济转轨的发端期;但是由于党风廉政建设方面的制度还不健全,出现了部分党员和干部官僚主义严重、失职渎职等问题。1986年1月,邓小平在中央政治局常委会上的讲话中指出:"经济建设这一手我们搞得相当有成绩,形势喜人,这是我们国家的成功。但风气如果坏下去,经济搞成功又有什么意义?会在另一方面变质,反过来影响整个经济变质,发展下去会形成贪污、盗窃、贿赂横行的世界。"②1988年4月,监察部

---

① 参见王高贺:《特约监察员与特邀监察员的比较与启示》,载《河南社会科学》2020年第2期;王冠、任建明:《特约(邀)监察员制度研究——基于规范性文件的考察与特邀监察员的实证分析》,载《学术界》2019年第1期;王立峰、李洪川:《特约监察员制度的演变逻辑、实践价值与完善路径》,载《党政研究》2020年第6期;肖巧平:《特约(邀)人员制度法制化进程及法律完善——基于中央法规性文件的考察》,载《中共党史研究》2011年第8期。

② 《邓小平文选》(第3卷),人民出版社2001年版,第154页。

第一任部长尉健行在监察部机关干部大会上传达第七届全国人大第一次会议精神的讲话中提出:"这次会议人们比较关心的或者说提意见较多的,就是关于党风政纪问题,代表们对这个问题反映是很强烈的。"①

党的十一届三中全会以来,纪检机关按照中央部署,开展了一系列党风廉政建设工作。1986年12月,第六届全国人民代表大会常务委员会第十八次会议决定,为了恢复并确立国家行政监察体制,加强国家监察工作,设立中华人民共和国监察部。② 行政监察工作逐步走向正轨。1987年,党的十三大提出了"从严治党"的方针;1988年3月,党的十三届二中全会提出"经济要繁荣,党政机关要廉洁"的目标。与此同时,纪检监察机关也不断研究和探索在改革开放的新形势下开展纪检监察工作的新路。1988年4月,尉健行提到监察机关要依靠群众问题时说:"监察部门必须依靠群众,我们不搞群众运动,但不能不依靠群众。来信来访是依靠,但不够。五十年代有群众监察员反映情况。帮助监察部门监督、检查。现在的形势下怎么依靠群众监督要研究。"③这里实际上提到了新中国成立初期的人民监

---

① 中华人民共和国监察部办公厅编:《行政监察工作文件选编(1988)》,地质出版社1989年版,第31页。
② 参见《全国人大常委会作出决定 设立中华人民共和国监察部》,载《人民日报》1986年12月3日。
③ 中华人民共和国监察部办公厅编:《行政监察工作文件选编(1988)》,地质出版社1989年版,第41页。

察通讯员制度，作为群众监督与专门监督相结合的制度化尝试，这一制度是监察实践留下的历史遗产。对于恢复不久的监察机关来说，由于各方面的制度亟待建构完善，因此必须借鉴过去监察工作的经验。

1988年10月，尉健行在一次讲话中分析了中央领导同志批评监察部没有抓到几个"官倒"的原因，主要是："我们没有掌握'官倒'案件，而不是有了案件办不下去，或者有谁不支持。现在实际上存在很多'官倒'现象，而我们手头又没有掌握多少，一个重要原因，就是监察部的信息渠道不通畅，掌握情况太少。"[1]尉健行强调："要彻底改变那种监督部门办案主要坐等信访和领导批办的状况，主动、广泛地去开辟信息渠道，建立一套秩序和制度，保证我们所需要的信息能源源不断地输送到监察部门来。"[2]那么，从哪些渠道能够获取信息呢？尉健行提出："要建立群众通讯网"，"应组织有关部门和单位聘请监察通讯员，或者叫监察信息员，请他们不断地反映情况"。[3]他还说到，监察工作如果不依靠群众，就没有出路。"群众监督网如何建立，如何聘请一些群众包括专家知名人士参加监察监督工作，

---

[1] 中华人民共和国监察部办公厅编：《行政监察工作文件选编（1988）》，地质出版社1989年版，第56页。

[2] 中华人民共和国监察部办公厅编：《行政监察工作文件选编（1988）》，地质出版社1989年版，第56页。

[3] 中华人民共和国监察部办公厅编：《行政监察工作文件选编（1988）》，地质出版社1989年版，第59页。

这些都要研究并建立一套制度。"①

综上,最早提出设置特邀监察员制度的是监察部首任部长尉健行,创设特邀监察员制度的初衷是解决监察工作信息渠道不畅、掌握情况不足的问题,努力探索不搞群众运动、依靠群众搞好监察工作的新路,更宏观的思考则是如何构建和完善有中国特色的、有效的监察体系,更好地发挥民主党派监督的优势,使中国的政党制度优势能进一步得到彰显。②

## 9 特邀(约)监察员是否兼具"双重监督"角色？是什么时候规定的？

2013年10月,监察部公布了经过修订的《监察机关特邀监察员工作办法》(已失效),其中针对特邀监察员制度作出了全新的规定。新规定增添了特邀监察员能够"对监察机关及其工作人员履行职责情况进行监督,提出加强和改进监察工作的意见、建议"这一内容,这使特邀监察员具备了"双重监督"的角色身份。2018年8月中央纪委国家监委印发的《国家监察委员会特约监察员工作办法》第9

---

① 中华人民共和国监察部办公厅编:《行政监察工作文件选编(1988)》,地质出版社1989年版,第62页。

② 参见邬思源:《改革开放新时期特邀监察员制度及其实践》,载《当代中国史研究》2016年第6期。

条第 1 项再次对此强化并作出规定,同时该办法明确要"推动监察机关依法接受民主监督、社会监督、舆论监督",而不再是对国家行政机关及其工作人员监督。从"双重监督"到"着重发挥对监察机关及其工作人员的监督作用"体现了特约监察员职责重心的转变。所谓"双重监督",具体而言,即特邀监察员不仅可以充当国家监察机关的辅助性角色,履行对国家行政机关及其工作人员进行监督的职责;同时也需要履行对国家监察机关及其工作人员进行监督的责任。[①] 2025 年 4 月 27 日国家监察委员会通过了新修订的《监察法实施条例》,第 287 条增加了"特约监察员对监察机关提出的意见、建议和批评,监察机关应当及时办理和反馈"的规定。

## 10 特约监察员与特邀监察员有什么不同?

特约监察员不但是一种新兴事物,亦呈现一定的"旧貌"。言其"新",乃因其随着新时期监察体制变革而产生,是对新组建之监察委员会的完善配套措施。称其"旧",则因其由特邀监察员演化而来,具有长达 30 余年的实践

---

[①] 参见邬思源:《改革开放新时期特邀监察员制度及其实践》,载《当代中国史研究》2016 年第 6 期;王冠、任建明:《特约(邀)监察员制度研究——基于规范性文件的考察与特邀监察员的实证分析》,载《学术界》2019 年第 1 期;元晓晓:《新时代基层特约监察员制度建设的现实问题及推进路径——以结构功能主义为视角》,载《中共南京市委党校学报》2020 年第 4 期。

根基。

1989年5月,监察部印发《关于聘请特邀监察员的几点意见》(已失效),确定建立特邀监察员制度。此制度乃监察部对构建中国特色监督制度的积极探求。

早期的监察通讯员制度规定,特约监察人员能够拥有信访接待、监督提议、参与调研等权利,行使原本属于专职监察干部的检查和调查等职权,并享受一定的政治待遇,凸显出以政治参与达成公民监督权利的真实性。特约监察员与特邀监察员制度存有差异,《国家监察委员会特约监察员工作办法》对特约监察员的职责与管理进行了较大幅度的调整。其中最为突出的是,着重强调特约监察员需发挥对监察机关及其工作人员的监督作用。也就是说,特约监察员的主要职责与监督重点在于对纪检监察机关及其工作人员予以监督,改变了以往特邀监察员"双重监督"的职责定位,如此规定更有益于特约监察员集中精力发挥监督效用。

相比之下,特约监察员制度由特邀监察员制度发展而成,二者之间既有千头万绪的关联,又有明确的不同,是变与不变的有机融合。

"变"涵盖了三大层面:选聘标准进行了调整,更加突出特约监察员的公信力;各项职能排序出现了新的变动,更加强调发挥特约监察员的监督作用;监督对象实现了"精简",更加注重对监督者实施监督。"不变"主要体现为监督的初志未改,兼职工作身份未变,严格要求未变。①

特邀监察员的职责归纳为反映情况、转递材料、参与法规研制、提供咨询、参加监察相关工作、参与宣传工作共6个主要方面。分析表明,《国家监察委员会特约监察员工作办法》在继承特邀监察员监督职责和桥梁纽带作用的基础上,对特约监察员职责进行了新的规定。一方面,进一步突出了特约监察员的智囊功能,即着力发挥参谋咨询作用;另一方面,进一步突出了特约监察员的公关功能,即着力发挥舆论引导功能。可见,在新的特约监察员的选聘中,相关领域的专家学者和媒体工作专家将受到监察机关更多的青睐。

监察员的品格素质是选聘的重要指标,历次制定的规范性文件都对此有明确要求。《关于聘请特邀监察员的几点意见》(1989年,已失效)和《监察部聘请特邀监察员办法》(1991年,已失效)中仅对特邀监察员的品格素质提出了一些正向的原则性要求。《监察机关特邀监察员工作办法》(2013年,已失效)一方面在强调正向要求的基础上,增加了国籍条款;另一方面增加了解聘规定,为特邀监察员划出了底线。其中,解聘规定包括兜底条款:"有其他原因,不宜继续担任特邀监察员的。"《国家监察委员会特约

---

① 参见王高贺:《特约监察员与特邀监察员的比较与启示》,载《河南社会科学》2020年第2期。

监察员工作办法》在品格素质方面的要求较1991年与2013年办法更高。首次在总则部分提出"优选聘请""公信人士"等要求,体现了对特约监察员更高的选聘标准。在特约监察员应当具备的条件中新增"受到党纪处分、政务处分、刑事处罚的人员,以及其他不适宜担任特约监察员的人员,不得聘请为特约监察员",这一规定清晰地划出底线,以确保特约监察员的纯洁性。解聘规定也包括兜底条款:"有其他不宜继续担任特约监察员的情形的。"考察表明,监察机关对特约(邀)监察员品格素质方面的规定呈现具体要求不断细化,总体标准不断提高的发展趋势。特约监察员作为自然人,其行为具有自主性和偶然性;特约监察员作为兼职身份,对聘任方来说,其行为具有不可控性。因此,《国家监察委员会特约监察员工作办法》中关于解聘规定了兜底条款。[①]

**11** 从特邀监察员制度的发展历程看,特约监察员制度有哪些主要变化?

《国家监察委员会特约监察员工作办法》汲取了以往

---

[①] 参见肖巧平:《特约(邀)人员制度法制化进程及法律完善——基于中央法规性文件的考察》,载《中共党史研究》2011年第8期;王冠、任建明:《特约(邀)监察员制度研究——基于规范性文件的考察与特邀监察员的实证分析》,载《学术界》2019年第1期。

特邀监察员的实践经验,为正处改革发展期的特约监察工作明晰了新的发展方向,在既往相关规定的根基上作出了部分改动。特约监察员制度的变更主要涵盖以下几个方面:

第一,选聘主体变更。特约监察员的选聘主体为国家监察委员会与地方监察委员会。《监察机关特邀监察员工作办法》(2013年,已失效)中特邀监察员的选聘工作由监察部及地方行政监察机关施行;在监察体制改革后,行政监察机关已由监察委员会取代,国家必须对特约监察员的选聘主体予以更正。在中央层面,以往特邀监察员由监察部遴择;《国家监察委员会特约监察员工作办法》对此予以修正,明确特约监察员由国家监委依程序选出。尽管前后选聘主体均为我国的监察机关,但是在政治地位、职责、权利等方面存在显著差异。现今的国家监察机关与国家行政机关并非隶属关系,而是平行关系,国家"一府两院"的格局亦转变为"一府一委两院"。特约监察员的选聘主体转变为监察委员会后,其政治地位显著提高。[1]

第二,选聘范围拓展。《监察机关特邀监察员工作办法》(2013年,已失效)中规定的特邀监察员的选聘范围偏窄;而《国家监察委员会特约监察员工作办法》对特约监察

---

[1] 参见王高贺:《特约监察员与特邀监察员的比较与启示》,载《河南社会科学》2020年第2期。

员的选聘范围进行了一定程度的扩大,并取消了年龄限制。可参选人员范围的扩大意味着特约监察员对监察机关的监督工作更具民主性和全面性,国家监察机关的相关措施、政策条例的宣传面更为广泛,促进了特约监察员制度的有效运行。[1]

第三,监督对象改变。《监察机关特邀监察员工作办法》(2013年,已失效)规定特邀监察员需充分发挥对国家行政机关及其工作人员的监督作用,而《国家监察委员会特约监察员工作办法》则要求特约监察员着重对监察机关及其工作人员发挥监督作用。在监察改革的背景下,原隶属行政体系的监察权已整合至监察机关,故而特约监察员的监督对象也由国家行政机关转为国家监察委员会。因此,为契合现行国家监察制度,更好地与国家监察机关的工作相接轨,转变特约监察员的监督对象成为必然之需。

第四,相关职责调适。随着监督对象的转变,特约监察员的相关职责也作出了相应调整。《国家监察委员会特约监察员工作办法》将对纪检监察机关的监督职责置于首位,并完善了对制定法律法规与重要文件等提供咨询意见以及参与监察机关相关工作的内容。删除了《监察机关特邀监察员工作办法》(2013年,已失效)中有关反映、转递

---

[1] 参见王冠、任建明:《特约(邀)监察员制度研究——基于规范性文件的考察与特邀监察员的实证分析》,载《学术界》2019年第1期。

人民群众检举信息的内容,然而,这并不意味着禁止特约监察员反映和转递人民提供的检举信息。特约监察员有权了解和反映有关行业廉洁从业的情况,而与人民群众接触是获取此类信息的重要途径。特约监察员这一职责的调整体现了国家监察机关作为监督者亦需接受监督的理念,亦是对"谁来监督监察部门"的一种回应。

第五,提出"优选聘请"诉求。"优选聘请"主要体现于两个方面:其一,提升了聘选人员的门槛;其二,对特约监察员的素质与工作进行考核。此举不仅有益于发现问题、纠正问题,还可以避免出现工作积极性偏低、形式大于内容等问题,发挥了良好的监督作用。特约监察员必须具备优良的素质,包括政治素质与业务素质。若因素质欠佳,导致基础工作不扎实,或是因害怕得罪人而不敢监督,将影响特约监察员制度的发展,使公众丧失参与监督的积极性,阻碍我国党风廉政建设的进程。

第六,任期方面变更。《关于聘请特邀监察员的几点意见》(1989年,已失效)设定了两年的任期要求。《监察部聘请特邀监察员办法》(1991年,已失效)将任期调整为三年。此后二十余载,一直沿用此规定。鉴于特邀监察员的聘任时点不固定,故三年任期可能与监察部领导班子的任期不同步,这显然无益于工作开展。《监察机关特邀监察员工作办法》(2013年,已失效)规定,特邀监察员于监察机关领导班子产生后换届,每届聘用期与本届领导班子的任期一致,特邀监察员聘用期满自然解聘。此规定使特邀监察员任期与监察机关领导班子的任期保持一致,《国家监察委员会特约监察员工作办法》也沿用了该规定。

第七,续聘方面变化。《关于聘请特邀监察员的几点意见》(1989年,已失效)指出可续聘,后续的相关文件均规定可连任两届。区别在于,《监察部聘请特邀监察员办法》(1991年,已失效)规定连续聘任通常不超过两届;《监察机关特邀监察员工作办法》(2013年,已失效)规定特邀监察员最多连续聘任两届;《国家监察委员会特约监察员工作办法》规定连续任职通常不得超过两届。可见,《监察机关特邀监察员工作办法》(2013年,已失效)规定较为严格;《监察部聘请特邀监察员办法》(1991年,已失效)、《国家监察委员会特约监察员工作办法》均为一般规定,不排除特殊情况。在实际工作中,有不少连任超过两届的特邀监察员。[①]

## 12 特约监察员制度的内在驱动力是什么?

权力监督理念是特约监察员制度的内在驱动力。身为

---

① 参见王冠、任建明:《特约(邀)监察员制度研究——基于规范性文件的考察与特邀监察员的实证分析》,载《学术界》2019年第1期。

纪检监察体制的关键构成部分,特约监察员制度背后隐含的是执政党的权力监督理念。中国共产党一直对权力来源持有高度的自觉意识,强调执政权力源自人民,执政权力应当接受人民的监督。在监督理念指引下的监督模式贯穿了权力监督的整个过程,特约监察员制度的理念历经了从监督所有权力到监督行政权力,再到监督监察权力的转变。

特约监察员制度的变迁受到纪检监察体制改革的制约。步入新时代后,党政机构改革协同推进纪检监察体制改革,而纪委监察委合署办公以及纪委监委权力的重新构建推动了特约监察员制度的革新,新构建的特约监察员制度在监督对象、监督方式、监督内容等方面与改革后的纪检监察体制相互契合。[1]

## 13 历史上有关特约(邀)监察员工作的规范性文件有哪些?这些规范性文件有何不同?

历史上有关特约(邀)监察员工作的规范性文件共有5个,即《关于聘请特邀监察员的几点意见》(1989年,已失效)[以下简称《意见》(1989)]、《关于改进特邀监察员工

---

[1] 参见王立峰、李洪川:《特约监察员制度的演变逻辑、实践价值与完善路径》,载《党政研究》2020年第6期。

作的几点意见》(1990年,已失效)[以下简称《意见》(1990)]、《监察部聘请特邀监察员办法》(1991年,已失效)[以下简称《办法》(1991)]、《监察机关特邀监察员工作办法》(2013年,已失效)[以下简称《办法》(2013)]、《国家监察委员会特约监察员工作办法》(2018年)[以下简称《办法》(2018)],这也是涉及特约(邀)监察员工作的核心制度。这5个文件的不同,主要体现在以下几个方面:

1. 从规定的时效上看

《意见》(1989)和《意见》(1990)是并存、互补的关系,即后者是对前者的补充和完善。两个"意见"和《办法》(1991)之间是替代关系,即新的规定与旧的规定不一致的,适用新的规定。《办法》(2013)、《办法》(2018)均在最后一条规定了新规定施行之时旧规定同时废止。

2. 从《办法》的比较上看

从中国共产党领导的多党合作和政治协商制度来看,《办法》(2018)是对之前相关工作的一种传承。但从立法的角度来看,《办法》(2018)是全新的制度,与之前的《办法》(1991)、《办法》(2013)主要有5点不同:上位法不同、立法主体不同、名称不同、立法目的不同、具体要求不同。

第一,上位法不同。《办法》(2018)是根据《监察法》制定的。《办法》(1991)是根据《行政监察条例》(于1997年废止)制定的。《办法》(2013)是根据《行政监察法》(于

2018年废止)和《行政监察法实施条例》(于2020年废止)制定的。

第二,立法主体不同。《办法》(2018)的立法主体是中华人民共和国国家监察委员会。《办法》(1991)和《办法》(2013)的立法主体是中华人民共和国监察部。

第三,名称不同。《办法》(2018)与《办法》(1991)、《办法》(2013)相比,在名称上将"特邀监察员"改为"特约监察员"。

第四,立法目的不同。《办法》(2018)第1条即明确了立法目的是"推动监察机关依法接受民主监督、社会监督、舆论监督"。《办法》(1991)和《办法》(2013)均在第1条表明特邀监察员制度要发挥"对国家行政机关及其工作人员的监督作用"。与此相对应的,《办法》(2018)第3条强调特约监察员制度是要"着重发挥对监察机关及其工作人员的监督作用"。这一改变也反映了监督重点的变化,表明了国家监察委员会主动接受外部监督、加强自身建设的意愿,是对"谁来监督监察部门"的回应。

第五,具体要求不同。《办法》(2018)对特约监察员的职责进行了修改。第9条规定特约监察员的首要职责是"对纪检监察机关及其工作人员履行职责情况进行监督,提出加强和改进纪检监察工作的意见、建议"。《办法》(2018)删除了《办法》(2013)中"反映、转递人民群众对监察对象违反行政纪律行为的检举、控告"的内容。这一改变体现了特约监察员工作重点的改变,突出对纪检监察机关的监督。《办法》(2018)还规定特约监察员要着力发挥参谋咨询、桥梁纽带、舆论引导等作用。①

---

① 参见元晓晓:《新时代基层特约监察员制度建设的现实问题及推进路径——以结构功能主义为视角》,载《中共南京市委党校学报》2020年第4期;王冠、任建明:《特约(邀)监察员制度研究——基于规范性文件的考察与特邀监察员的实证分析》,载《学术界》2019年第1期;王高贺:《特约监察员与特邀监察员的比较与启示》,载《河南社会科学》2020年第2期。

# 第三章

# 特约监察员的权利和义务

## 14 特约监察员应当履行哪些职责？

特约监察员应严格自我要求，自觉树立并维护良好的特约监察员形象。妥善处理本职工作与特约监察员工作的关系，强化对纪检监察工作的学习与了解，围绕监督、参谋咨询、桥梁纽带、舆论引导四项职责，积极参与各级纪委监委组织的各项活动，主动开展调查研究，为各级纪检监察工作以及纪检监察干部队伍建设贡献更多的智慧和力量。具体应履行以下职责：(1) 对纪检监察机关及其工作人员履行职责情况进行监督，提出加强和改进纪检监察工作的意见、建议；(2) 对制定纪检监察法律法规、出台重大政策、起草重要文件、提出监察建议等提供咨询意见；(3) 参加国家监察委员会组织的调查研究、监督检查、专项工作；(4) 宣传纪检监察工作的方针、政策和成效；(5) 办理国家监察委员会委托的其他事项。[①] 具体体现在以下几个方面：

1. 对监察机关之监督

自国家监察委员会创立以来，"谁来监督监察机关"的问题引发激烈讨论，特约监察员的诞生乃对此问题的回应。其对监察机关及工作人员的监督，乃对《宪法》与《监察法》

---

[①] 参见《国家监察委员会特约监察员工作办法》第9条。

中接受人民监督规定的落实,亦是对《国家监察委员会特约监察员工作办法》相关要求的贯彻,更是对监察机关进行外部监督的关键途径。在实践工作中,一方面,特约监察员需了解国家及各省、自治区、直辖市监察委员会开展监察工作与履行监察职责之状况,以提出意见、建议与批评的方式,确保国家法律法规的实施与重大方针政策的贯彻落实;另一方面,特约监察员需参与国家监察委员会组织的有关会议与专项活动,对监察工作进行监督。

2. 为监察机关提供咨询意见

监察机关的监督对象为一切行使公权力的公职人员,其权力涵盖监督、调查与处置。故而,如公安机关般对案件进行调查与收集证据乃监察人员之日常工作,而与检察机关、司法机关进行工作之衔接与配合更是其基本工作。这对监察机关工作人员的专业素质有极高要求,但是我国监察体制实行"一套人马,两块牌子",监察人员缺乏相关专业知识。尤其部分基层监察机关的人才队伍尚不完善,面对具体问题时无从下手。以四川省某县监察机关为例,2018年十七届人民代表大会确定该县监察委员会主任、副主任及委员共计6人。监察人员既须熟知党内法规,又须熟悉相关法律法规,还须了解调查取证与诉讼程序的相关规定,这在短时间内对他们而言无疑是巨大挑战。故而须具备专业知识之人为监察人员提供相应的咨询意见,以避免出现不符合法律法规规定之情形,为监察机关的反腐倡廉工作减少阻碍。此外,在监察机关制定部门规章与起草重要文件时,亦需具有较高专业素质之人及无党派人士、企事业单位代表与基层群众提出咨询意见,防止与法律法规和规章冲突,使其重大决策能充分听取民意,更具科学性。特约监察员的队伍丰富多元,涵盖各行各业的专家、无党派人士、企事业单位代表与基层群众。有这些人士的加入,并且充分发挥人民的智慧,可以为国家监察工作提供多角度思维,使监察工作取得事半功倍的成效。

3. 与群众密切联系

中国共产党的发展离不开群众的支持,密切联系群众乃中国共产党的三大作风之一。纪检监察工作亦应遵循此作风,深入群众中,与人民建立紧密联系。故《国家监察委员会特约监察员工作办法》要求特约监察员成为人民群众与监察机关之间的桥梁。特约监察员的聘选范围包括具一定影响力的企事业单位与社会团体代表等社会知名人士,其具备较好的群众基础,能在监督工作中充当群众之帮手。其作为群众一员,能够感受群众呼声,能够发现监察人员不易发现之问题,亦更能深入群众中充分集中与反映民意。虽《国家监察委员会特约监察员工作办法》未明确指出特约监察员需向监察机关传递有关信息,然通过其提供之有效信息可使监察机关更好地开展工作,对滥用公权力之人具有极强的威慑作用。

### 4. 积极引导舆论

若一项制度或工作未进行宣传，人民群众缺乏获取该信息的渠道，那么便难以对该制度或工作给予有效支持，在实践中将会遭遇较大困难。特约监察员身份之设定，本身即肩负着向广大人民群众宣传监察机关的性质与职能的职责，能够较快速地提高人民群众对监察工作的认识，为监察工作的有效开展做好前期工作。目前，多数人民群众对监察委员会的理解尚不够清晰，故监委会会接到较多不属自身职责范围内的投诉与举报信息，这将浪费大量信访与举报工作之人力与物力，最终导致案件的立案率与调查效率无法提高。故《国家监察委员会特约监察员工作办法》规定，特约监察员要宣传纪检监察工作之方针、政策与成效，此增加了人民群众获取监察信息的渠道，化解了人民群众对监察机关认识不足的问题，促进了社会舆论监督的有效进行，形成了良好的工作环境。①

## 15 特约监察员履行职责时享有哪些权利？

根据《国家监察委员会特约监察员工作办法》第 10 条的规定，特约监察员履行职责时享有以下权利：

---

① 参见王高贺、周华国：《监督监督者：新时代特约监察员制度的探索与突破》，载《理论探讨》2021 年第 1 期；王冠、任建明：《特约（邀）监察员制度研究——基于规范性文件的考察与特邀监察员的实证分析》，载《学术界》2019 年第 1 期。

（1）了解国家监察委员会和各省、自治区、直辖市监察委员会开展监察工作、履行监察职责情况，提出意见、建议和批评；

（2）根据履职需要并按程序报批后，查阅、获得有关文件和资料；

（3）参加或者列席国家监察委员会组织的有关会议；

（4）参加国家监察委员会组织的有关业务培训；

（5）了解、反映有关行业、领域廉洁从政从业情况及所提意见建议办理情况；

（6）受国家监察委员会委托开展工作时，享有与受托工作相关的法定权限。

## 16 特约监察员应当承担哪些义务？

根据《国家监察委员会特约监察员工作办法》第11条的规定，特约监察员应当履行以下义务：

（1）模范遵守宪法和法律，保守国家秘密、工作秘密以及因履行职责掌握的商业秘密和个人隐私，廉洁自律、接受监督；

（2）学习、掌握有关纪检监察法律法规和业务；

（3）参加国家监察委员会组织的活动，遵守国家监察委员会有关工作制度，按照规定的权限和程序认真履行职责；

（4）履行特约监察员职责过程中，遇有利益冲突情形时主动申请回避；

（5）未经国家监察委员会同意，不得以特约监察员身份发表言论、出版著作，参加有关社会活动；

（6）不得以特约监察员身份谋取任何私利和特权。

## 17 从特邀监察员制度的发展历程来看，特约监察员的工作职责有何变化？

《关于聘请特邀监察员的几点意见》（1989年，已失效）和《关于改进特邀监察员工作的几点意见》（1990年，已失效）初步规定了特邀监察员的任务，主要包括反映情况、转递材料、提供咨询、参加检查调查工作、参加宣传教育工作等。《监察部聘请特邀监察员办法》（1991年，已失效）对特邀监察员的职责进行了规定；明确了特邀监察员具有"双重监督"职责——特邀监察员的监督对象既包括国家行政机关及其工作人员，也包括行政监察机关；规定了反映情况、转递材料、参与法规起草提供咨询、参加调查工作等几个方面的职责。《监察机关特邀监察员工作办法》（2013年，已失效）在明确特邀监察员双重监督职责的基础上，规定了参与法律法规研制、参加监察工作、反映情况、参与宣传等几个方面的职责。总体上看，《监察机关特邀监察员工作办法》（2013年，已失效）关于特邀监察员的职责方面的规定是对《监察部聘请特邀监察员办法》(1991年,已失效)的进一步调整和完善。

《国家监察委员会特约监察员工作办法》明确要"推动监察机关依法接受民主监督、社会监督、舆论监督",而不再是对国家行政机关及其工作人员监督。从"双重监督"到"着重发挥对监察机关及其工作人员的监督作用"体现了特约监察员职责重心的转变;取消了"反映、转递人民群众对监察对象违反行政纪律行为的检举、控告"的规定,同样反映了特约监察员的工作重心是监督监察机关;还规定特约监察员要着力发挥参谋咨询、桥梁纽带、舆论引导作用。特约监察员履行5个方面的职责:对纪检监察机关及其工作人员履行职责情况进行监督,提出加强和改进纪检监察工作的意见、建议;对制定纪检监察法律法规、出台重大政策、起草重要文件、提出监察建议等提供咨询意见;参加国家监察委员会组织的调查研究、监督检查、专项工作;宣传纪检监察工作的方针、政策和成效;办理国家监察委员会委托的其他事项。①

---

① 参见王冠、任建明:《特约(邀)监察员制度研究——基于规范性文件的考察与特邀监察员的实证分析》,载《学术界》2019年第1期;陈磊:《监督监督者实现规范化》,载《法制日报》2018年9月19日;王高贺、周华国:《监督监督者:新时代特约监察员制度的探索与突破》,载《理论探讨》2021年第1期。

# 第四章

# 特约监察员的产生程序和工作方式

## 18 成为特约监察员应当具备哪些条件？

《国家监察委员会特约监察员工作办法》第4条规定：特约监察员一般应当具备以下条件：

（1）坚持中国共产党领导和拥护党的路线、方针、政策，走中国特色社会主义道路，遵守《中华人民共和国宪法》和法律法规，具有中华人民共和国国籍；

（2）有较高的业务素质，具备与履行职责相应的专业知识和工作能力，在各自领域有一定代表性和影响力；

（3）热心全面从严治党、党风廉政建设和反腐败工作，有较强的责任心，认真履行职责，热爱特约监察员工作；

（4）坚持原则、实事求是，密切联系群众，公正廉洁、作风正派，遵守职业道德和社会公德；

（5）身体健康。

## 19 特约监察员当选后如何履职？

特约监察员要充分认识到这是组织对其的厚爱和重托，是领导的信任和期待。要深刻认识到建立特约监察员制度的重大意义，要增强做好特约监察员工作的责任感和使命感。

特约监察员不仅是一份荣誉,更是一份责任;要在今后的履职工作中正确认识、正确定位、正确监督、正确履职。

要珍惜荣誉、不辱使命,要勇于担当作为,敢谏监督之言、勤献睿智之策、多担为民之责、善发正义之声。要严格按照规定行使权力、履行职责,切实做到政治过硬、能力过硬、作风过硬,要旗帜鲜明地讲政治,勤于学习强能力,履职尽责勇担当,遵纪守法严律己,自觉树立和维护知规明纪、崇法尚廉的良好形象。要广泛收集社会各界的意见和建议,发挥好智囊团的作用,从第三方视角助力提升纪检监督成效,主动宣传发声,把正风反腐肃纪的好经验、好做法、好故事带到群众身边。

要充分发挥自身行业优势、知识优势和资源优势、联系群众优势,当好履职尽责"监督员"、建言献策"参谋员"、为民服务"联络员"、舆论引导"宣传员"。唯有用心当好"监督员"、用智当好"参谋员"、用情当好"联络员"、用力当好"宣传员",才能真正做到监督有力、参谋有招、联络有效、宣传有方。当好"监督员"要立足于更广阔的视野,着眼于纪检监察机关的自身建设,多讲真话、多进箴言,履行好监督首要职责。当好"参谋员"要做智囊外脑,积极建言献策,主动提出有分析、有见地、有价值的对策建议,多渠道了解民意、收集建议、发现问题,帮助纪检监察机关更加精准有效地开展工作。当好"联络员"要广泛深入群众倾听呼声,及时反映民意,搭建"桥梁纽带",及时发现和反映群众身边的腐败和作风问题。当好"宣传员"要传递党的声音，注意舆论引导，弘扬主旋律、传播正能量，做好政策解读，讲好纪检监察机关的故事。

总之，特约监察员在工作中，要认真履职做好几个方面的工作：一是认真学习监察法律法规，切实提高履职能力。要全面学习监察法律法规，全面了解监察业务，要聚焦监察中心工作，专注服务于从严治党、党风廉政建设和反腐败工作大局，着重发挥监督作用，着力发挥参谋咨询、桥梁纽带、舆论引导的作用，不断提升自身业务水平，当好参谋，传递好监察好声音。二是要模范守纪遵法，切实履行好"四员"职责。紧紧围绕监督员、参谋员、联络员、宣传员"四员"职能职责，积极履职。其一，要积极参政议政，正确行使监督权，当好监督员，敢于讲真话、讲真言，助力监察工作发展；其二，要立足本职，充分发挥行业优势、专业优势，为监察机关提供好建议意见、咨询意见，当好参谋员，助推监察工作高质量发展；同时要积极反映社情民意和重要舆情，紧盯与群众利益相关的问题，当好联络员，发挥好桥梁纽带作用，助推纪检监察工作服务民生；其三，要围绕纪检监察工作精准发声，充分发挥代表性和影响力，当好宣传引导员，积极帮助纪检监察宣传各项工作不断巩固反腐倡廉建设成果成效，树立良好的舆论环境。三是要积极参与监察工作，切实传递监察声音。特约监察员虽然来自各条战线，工作不同、分工不同，但使命和目的相同。要不辱使命，积极履职切实传递监察机关好声音;做到坚持原则、实事求是,密切联系群众,公正廉洁、作风正派,遵守职业道德和社会公德;牢固树立纪律意识和规矩意识,严守工作秘密;珍惜荣誉不负重托,不利用特约监察员身份开展与监察工作无关的活动,不谋取私利。

## 20 特约监察员如何发挥作用?

1. 在参谋咨询、建言献策上发挥作用

特约监察员可以从其自身所处体系、职业特性着手,依据纪检监察机关的职责要务,积极贡献计策。例如,法学专家及法律工作者可以围绕健全纪检监察法规制度、增强制度有效性层面,提出针对性的意见建议;基层工作者可以围绕加强和改进基层监督方面建言献策;企业负责人可以深入摸索助力优化营商环境、推进国企全面从严治党等方面的办法和举措,辅助纪检监察机关破解难题、完善机制、提高质效。

2. 在反映民意、维护民利上发挥作用

每一届的特约监察员皆出自不同的地区与行业,诸多同志在贴近基层、联系群众、知悉实情等方面具备独特的优势。特约监察员应该全面施展桥梁纽带的作用,踊跃了解并反映群众的所思、所盼、所想,助力纪检监察部门科学确立专项整治以及重点监督的项目,精准地发现问题,令监督工作能够更好地服务群众。比如,在强国建设的进程中,怎样保障党中央惠民富民政策的落实,如何处理好群众"急难愁盼"的问题以及群众身边的腐败问题,使人民群众体会到公平正义,这些期望和要求需要特约监察员一同参与、一同回应、一同解决。

3. 在宣传引导、凝聚共识上发挥作用

特约监察员多数为社会公信人士,其中亦有一部分媒体从业者、教育工作者,众人皆能凭借自身的影响力与感召力,同各级党委、纪检监察机关一道,深入阐释党中央针对全面从严治党、党风廉政建设以及反腐败工作的坚定决心、科学决策、显著成效。引领党员干部正确对待形势,坚定发展信心,在推进强国建设、民族复兴方面发挥更大的作用。

## 21 特约监察员一般从哪些人中选聘产生?聘请流程是怎样的?

《国家监察委员会特约监察员工作办法》第2条第2款规定,特约监察员主要从全国人大代表中优选聘请,也可以从全国政协委员,中央和国家机关有关部门工作人员,各民主党派成员、无党派人士,企业、事业单位和社会团体代表,专家学者,媒体和文艺工作者,以及一线代表和基层群众中优选聘请。

根据《国家监察委员会特约监察员工作办法》第6条

的规定,特约监察员的聘请按照以下程序:一是根据工作需要,会同有关部门、单位提出特约监察员推荐人选,并征得被推荐人所在单位及本人同意;二是会同有关部门、单位对特约监察员推荐人选进行考察;三是经中央纪委国家监委对考察情况进行研究,确定聘请特约监察员人选;四是聘请人选名单意见抄送特约监察员所在单位及推荐单位,并在中央纪委国家监委组织部备案;五是召开聘请会议,颁发聘书,向社会公布特约监察员名单。具体流程见图4-1。

推荐人选 ➡ 进行考察 ➡ 确定名单 ➡ 组织备案 ➡ 对外公布

图4-1 特约监察员的聘请流程

## 22 出现哪些事项时,可以对特约监察员采取"一票否决"措施?

根据《国家监察委员会特约监察员工作办法》第5条的规定,受到党纪处分、政务处分、刑事处罚的人员,以及其他不适宜担任特约监察员的人员,不得聘请为特约监察员。

一般而言出现下列事项之一,可对特约监察员采取"一票否决"措施:

(1)发生泄密事件,造成恶劣影响和重大危害的;

(2)对重大舆情事件迟报、漏报、瞒报导致处置不力造成恶劣影响的;

（3）违规收受他人财物，帮助打听案情、干预案件查办的；

（4）积分申报存在提供虚假材料、数据作假等现象的；

（5）其他严重损害纪检监察机关形象、危害纪检监察事业的情形。

## 23 特约监察员解聘的情形有哪些？

根据《国家监察委员会特约监察员工作办法》第 8 条的规定，具有下列情形之一的，可以解聘特约监察员：

（1）受到党纪处分、政务处分、刑事处罚的；

（2）因工作调整、健康状况等原因不宜继续担任特约监察员的；

（3）本人申请辞任特约监察员的；

（4）无正当理由连续一年不履行特约监察员职责和义务的；

（5）有其他不宜继续担任特约监察员的情形的。

特约监察员具有解聘情形的，各级监察委员会商推荐单位予以解聘，由推荐单位书面通知本人及所在单位。

## 24 各级特约监察员的监督途径和工作方式有何区别？

作为国家和省一级的监委特约监察员，其不仅有权监督国家机关及部委(国家一级),还能够对各省、市、县各级监委,以及国企、高校的纪检监察工作和干部实施监督。总之,上一级特约监督员能够监督下一级的纪检监察机关与纪检监察干部。具体监督方式可依据所发现问题的领域,向不同部门进行反映。若发现涉及各级干部纪律作风问题,可向各级干部监督室反馈;涉及执纪执法办案问题的,可向各级案件监督管理室反映;涉及其他纪检监察具体工作的,则可向相关业务室反映。反映问题既可以打电话,也可以通过书面形式向纪委监委反映。总之,目的是借助特约监督员的监督,助力各级纪检监察机关和纪检监察干部持续发现问题并改进工作。

### 25 特约监察员参加活动怎样把握好选择性与适度性?

监察机关营造优良履职环境乃外因;特约监察员究竟可以发挥多大效用,关键取决于其自身的努力程度。

主动履职,实现自我身份认同。首先,一部分特约监察员尚未实现自我身份认同。有的将自身视作监察工作的附庸与装点,亦有的将特约监察员视作一种荣耀或者结交权贵之人的资源,此等认知实乃有误。其次,开展工作的主动意识欠佳。部分特约监察员静候监察机关直接安排工作,履职的主动性与创造性匮乏。此种问题在以往部分特邀监察员身上亦有不同程度的体现。特约监察员亦应凭借自身的优势主动开展工作,积极知悉并反馈有关行业、领域廉洁从政从业的状况,自行营造优良的履职环境。

妥善处理本职和兼职工作的关联。多数特约监察员身担两职,由代表委员中遴选出的特约监察员更是身兼三职,存在主观上欲做好与客观上工作繁忙、时间紧迫的矛盾。笔者认为,合理处置本职和兼职工作的关系,应着重把握选择性和适度性。多令其参与短期、重要的业务活动,以每月不逾4个工作日为宜。必须参与的活动涵盖监察机关组织的相关会议、年度动态考核等;可让特约监察员结合自身专长和优势选择参与或不参与某些活动。如舆论监督可着重让源自新闻媒体行业的特约监察员参与,理论研究和调查研究应重点发挥学者型特约监察员的作用,执法监察、查案办案的任务主要由来自政法系统的特约监察员承担。

强化监督本领。要充分借助监察机关给予的学习契机,加大自主学习的力度,针对新时代国家监察体制改革中的难题展开研究,提出具有创新性的意见建议。[①]

## 26 特约监察员评判纪检监察干部工作的标尺是什么?

特约监察员要善用纪律和法律"两把标尺"来评判纪

---

[①] 参见王高贺:《特约监察员与特邀监察员的比较与启示》,载《河南社会科学》2020年第2期。

检监察干部。

一是讲政治，以政治高度审视个案处置。众多实例表明，党员"破法"皆始于"破纪"，故而必须将纪律挺于前方，坚持纪严于法、纪挺法前。严明党的纪律，首要便是严明党的政治纪律与政治规矩，推动各项纪律全面从严。在具体案件中，需坚持从政治视角看待、依政治原则办理，首要审查党员干部能否做到"两个维护"、党中央决策部署是否得以落实，既要看到违纪违法行为本身及其后果，更要洞察违纪违法行为背后所呈现的政治生态，既见"树木"，亦见"森林"，以纪律的标尺进行衡量并充分评价。

二是讲证据，秉持纪法双施双守。准确把握"纪、法、罪"三类案件的证据标准，对违纪违法、职务犯罪问题同步审查调查、一体审核把关。要坚持以事实为本、以证据为要，全面查清事实，既收集固定证明有错或错重的证据，亦收集固定证明无错和错轻的证据，有条有理地作出综合考量。在处置上，需运用纪法"两把标尺"衡量，坚决防止"以纪代法"或"以法代纪"；同时，注重事实、性质认定与量纪轻重档次等方面相互匹配，达成纪法有效贯通且不相互替代。

三是讲情理，贯通运用政策策略。纪检监察工作终归是做人的工作；要切实达成教育人、改造人、挽救人的目的，就必须统筹运用党性教育、政策感召、纪法威慑；要坚持严格执纪执法与讲求政策策略相统一，准确规范运用"四种形态",综合考量事实证据、认识态度、纪法标准,具体问题具体分析,依据不同情形给予相应处置,达成纪法情理贯通融合。

四是讲效果,彰显办案目的。习近平总书记指出,全面从严治党的目的不是把人管死,而是要通过明方向、立规矩、正风气、强免疫,营造积极健康、干事创业的政治生态和良好环境[1]。要严格落实"三个区分开来",完善容错纠错机制,推动跟踪回访常态化、澄清正名制度化、关心关爱具体化,激励广大干部勇于担当、积极作为,实现政治效果、纪法效果、社会效果的有机统一。[2]

### 27 在发挥特约监察员作用和制度创新方面各地纪检监察机关都有哪些具体做法?

各地纪委监委注重发挥特约监察员的作用,积极保障特约监察员充分履职,通过开门纳谏提升监督质效。比如,邀请特约监察员列席会议、组织参加专项监督检查、参与综合业务培训班、庭审观摩、案后监督、体验接访等,切实推进特约监察员履职活动逐步走深走实。有些地方的纪委监委还邀请部分特约监察员及人大代表、政协委员组成专项监

---

[1] 2023年1月9日,习近平在二十届中央纪委二次全会上的讲话。
[2] 参见本报记者刘一霖:《促进执纪执法贯通 形成纪法合力》,载《中国纪检监察报》2024年3月27日。

督小组，走进群众关注度高的外卖食品安全、校外培训机构整治等项目现场开展监督，实地了解项目整治进展，提出工作意见建议，推动"点题整治"工作取得实效。[①] 比如湖北省纪委监委从创新工作模式、构建活动平台等层面，为特约监察员给予监督载体，完备保障体系，制发《湖北省监察委员会特约监察员工作办法（试行）》《关于加强省监委与省人大以及人大代表、党代表、特约监察员联系的工作意见》等文件。构建并优化重大活动参与、重要事项征求看法、信息通报与意见反馈、文件资料赠予和抄送、履职培训等联络交流体制，持续通过上门走访会谈、参与监督检查、组织参与接访、开展"电视问政"、设立"特约监察员开放日"等活动形式，借由特约监察员将群众的所思、所想、所盼传递上来。该省纪委监委连续多年邀请在鄂国家监委特约监察员和省监委特约监察员列席省纪委全会，参与分组探讨，提出意见建议等。

特约监察员仿若一面镜子，该省各地依据本地特点，拓展参与途径，助力纪检监察机关洞察不易察觉的细节。比如，襄阳市纪委监委开展"作风大转变"活动，邀请特约监察员担任作风监督员，按照相关规定参与"四风"整治、营商环境监督治理、群众身边腐败和作风问题整治等作风监

---

① 参见兰琳宗：《推动监察工作接受外部监督的重要制度保障》，载《中国纪检监察报》2018 年 9 月 7 日。

督工作,以更好地利用群众智慧、反映群众意见。武汉市纪委监委在举办的"电视问政·每周面对面"活动中,每次邀请特约监察员,围绕推进城市精细化管理、解决群众急难愁盼等主题现场发问,既充分发挥各自专业领域的才能,又持续沟通交流,发挥好政府与群众间的桥梁纽带作用。宜昌市纪委监委出台管理办法,首届 15 名特约监察员分别由 7 个市委机关部室对口联络,构建常态化联络机制,不定期组织特约监察员列席市纪委监委相关会议,邀请参与专项监督、信访接待等业务活动,切实为特约监察员履职提供坚实保障。[①]

---

[①] 参见易杰:《重大活动参与　重要事项征询》,载《中国纪检监察报》2023 年 1 月 7 日。

# 第五章

# 特约监察员的监督内容和监督形式

## 28 纪检监察机关的职责是什么？特约监察员对此如何理解和认识？

根据《监察法》及《监察法实施条例》的相关规定，纪委监委的职责一般包括监督、调查和处置。根据党的十九大修改的《中国共产党章程》和《中国共产党纪律检查委员会工作条例》的规定，党的各级纪律检查委员会的职责是监督、执纪、问责。习近平总书记在中央纪委历次全会上的重要讲话以及其他重要讲话中多次强调，纪委的职责就是监督、执纪、问责。《监察法》对监察委员会职责的规定，与党章规定纪委的监督、执纪、问责职责相一致，确保与纪委合署办公的监委在职责上与纪委相匹配，避免实际工作中的混乱和职责发散等问题。

纪检监察机关的职责主要包括政治监督、执纪执法、纠正行业不正之风、追责问责、纪律教育、自身建设等方面。建立特约监察员制度，就是要以不怕揭短更不怕亮家丑的底气主动接受外部监督，坚决维护纪检监察干部队伍的肌体健康，以更高标准、更严纪律锻造铁军。

《监察法》第 11 条规定："监察委员会依照本法和有关法律规定履行监督、调查、处置职责：（一）对公职人员开展廉政教育，对其依法履职、秉公用权、廉洁从政从业以及道德操守情况进行监督检查;(二)对涉嫌贪污贿赂、滥用职权、玩忽职守、权力寻租、利益输送、徇私舞弊以及浪费国家资财等职务违法和职务犯罪进行调查;(三)对违法的公职人员依法作出政务处分决定;对履行职责不力、失职失责的领导人员进行问责;对涉嫌职务犯罪的,将调查结果移送人民检察院依法审查、提起公诉;向监察对象所在单位提出监察建议。"

规定监委职责的主要目的是聚焦反腐败职能,将监察委员会负责履行的监督、调查、处置的责任、任务以法律的形式予以明确,将党中央深化国家监察体制改革方案中关于监察委员会职责的改革部署转化为国家意志,使监察委员会履职尽责于法有据。

一是监督职责。监督是监察委员会的首要职责。监察委员会代表党和国家,依照宪法、监察法和有关法律法规,监督所有公职人员行使公权力的行为是否正确,确保权力不被滥用、确保权力在阳光下运行,把权力关进制度的笼子。党的十八大以来,面对严峻复杂的反腐败斗争形势,以习近平同志为核心的党中央带领全党进行了艰苦的探索。2016年10月,党的十八届六中全会通过了《中国共产党党内监督条例》,明确规定了党内监督的原则、任务、主要内容和重点对象,针对不同主体,明确监督职责,规定具体监督措施,实现党内监督全覆盖。党内监督和国家监察都是中国特色治理体系的重要组成部分,是一体两面的关系,具有高度的内在一致性。国家监察是对公权力最直接最有效的监督；监察全覆盖和监督的严肃性、实效性，直接关乎党的执政能力和治国理政科学化水平。制定监察法，就是要通过制度设计实现对所有行使公权力的公职人员监察全覆盖，补上国家监察的"短板"，体现依规治党与依法治国、党内监督与国家监察的有机统一。

纪委、监委合署办公，要落实它们的双重职责。《中国共产党党内监督条例》明确规定，党的各级纪律检查委员会是党内监督的专责机关，履行监督执纪问责职责，加强对所辖范围内党组织和领导干部遵守党章党规党纪、贯彻执行党的路线方针政策情况的监督检查。《中国共产党党内监督条例》第 5 条规定，党内监督的主要内容是：(1) 遵守党章党规，坚定理想信念，践行党的宗旨，模范遵守宪法法律情况；(2) 维护党中央集中统一领导，牢固树立政治意识、大局意识、核心意识、看齐意识，贯彻落实党的理论和路线方针政策，确保全党令行禁止情况；(3) 坚持民主集中制，严肃党内政治生活，贯彻党员个人服从党的组织，少数服从多数，下级组织服从上级组织，全党各个组织和全体党员服从党的全国代表大会和中央委员会原则情况；(4) 落实全面从严治党责任，严明党的纪律特别是政治纪律和政治规矩，推进党风廉政建设和反腐败工作情况；(5) 落实中央八项规定精神，加强作风建设，密切联系群众，巩固党的执政基础情况；(6) 坚持党的干部标准，树立正确选人用人导向,执行干部选拔任用工作规定情况;(7)廉洁自律、秉公用权情况;(8)完成党中央和上级党组织部署的任务情况。党内监督的方式包括党委(党组)的日常管理监督、巡视监督、组织生活制度、党内谈话制度、干部考察考核制度、述责述廉制度、报告制度、插手干预重大事项记录制度,以及纪委的执纪监督、派驻监督、信访监督、党风廉政意见回复、谈话提醒和约谈函询制度、审查监督、通报曝光制度等。党内监督要求把纪律挺在前面,运用监督执纪"四种形态",经常开展批评和自我批评、约谈函询,让"红红脸、出出汗"成为常态;党纪轻处分、组织调整成为违纪处理的大多数;党纪重处分、重大职务调整的成为少数;严重违纪涉嫌违法立案审查的成为极少数。在合署办公体制下,纪委的监督、执纪、问责与监委的监督、调查、处置是对应的,既有区别又有一致性;纪检机关的监督和监察机关的监督在指导思想、基本原则上是高度一致的,目的都是惩前毖后、治病救人,抓早抓小、防微杜渐。党内监督的内容、方式和要求,也都适用于国家监察的监督。一定要准确把握、高度重视监察委员会的日常监督职责,把纪委监督与监委监督贯通起来。严格监督本身就是反腐败高压态势的组成部分。监察机关履行监督职责的方式包括教育和检查。廉政教育是防止公职人员发生腐败的基础性工作。廉政教育的根本内容是加强理想信念教育,使公职人员牢固树立马克思主义的世界观、人生观、价值观和正确的权力观、地位观、利益观,使讲规矩、守法律成为公职人员的自觉行动,不断增强不想腐的自觉。监督检查的方法包括列席或者召集会议、听取工作汇报、实施检查或者调阅、审查文件和资料等,内容是公职人员依法履职、秉公用权、廉洁从政从业以及道德操守情况。

二是调查职责。调查公职人员涉嫌职务违法和职务犯罪,是监察委员会的一项经常性工作。它是监察委员会开展廉政建设和反腐败工作,维护宪法和法律尊严的一项重要措施。对公职人员涉嫌职务违法和职务犯罪的调查,突出地体现了监察委员会作为国家反腐败工作机构的定位,体现了监察工作的特色;这项工作做好了,能有效地强化不敢腐的震慑,减少和遏制腐败行为的发生,维护宪法和法律尊严,保持公权力行使的廉洁性。调查的主要内容,包括涉嫌贪污贿赂、滥用职权、玩忽职守、权力寻租、利益输送、徇私舞弊以及浪费国家资财等职务违法和职务犯罪行为,基本涵盖了公职人员的腐败行为类型。《监察法》第11条列举了公职人员7类主要的职务违法和职务犯罪行为。这些行为都是党的十八大以来通过执纪审查、巡视等发现的比较突出的职务违法犯罪行为。其中,"贪污贿赂",主要是指贪污、挪用、私分公共财物以及行贿受贿等破坏公权力行使廉洁性的行为;"滥用职权",主要是指超越职权,违法决定、处理其无权决定、处理的事项,或者违反规定处理公务,致使公共财产、国家和人民利益遭受损失的行为;"玩忽职守",主要是指公职人员严重不负责任,不履行或者不认真、不正确履行职责,致使公共财产、国家和人民利益遭受损失的行为;"徇私舞弊",主要是指为了私利而采用欺骗、包庇等方式从事违法的行为。有的行为与刑法规定的罪名和有关法律法规规定的违法行为不完全一一对应,但其实质是相同的。比如,"权力寻租",主要是指公职人员利用手中的公权力,违反或者规避法律法规,谋取或者维护私利的行为;"利益输送",主要是指公职人员利用职权或者职务影响,以违反或者规避法律法规的手段,将公共财产等利益不正当授受给有关组织、个人的行为;"浪费国家资财",主要是指公职人员违反规定,挥霍公款,铺张浪费的行为。

三是处置职责。这项职责主要包括 4 个方面内容:(1)对违法的公职人员依法作出政务处分决定。监察委员会根据监督、调查结果,对违法的公职人员依照法定程序作出警告、记过、记大过、降级、撤职、开除等政务处分决定。(2)对履行职责不力、失职失责的领导人员进行问责。这里所谓的"问责",是指监察委员会根据问责的有关规定,对不履行或者不正确履行职责的,按照管理权限对负有管理责任的领导人员作出问责决定,或者向有权作出问责决定的机关提出问责建议。问责的对象是公职人员中的领导人员,主要是指中国共产党机关、人大机关、行政机关、监察机关、审判机关、检察机关、政协机关、民主党派和工商联机关中担任各级领导职务和副调研员以上非领导职务的人员;参照公务员法管理的单位中担任各级领导职务和副调研员以上非领导职务的人员;大型、特大型国有和国有控股企业中层以上领导人员,中型以下国有和国有控股企业领导班子成员,以及上述企业中其他相当于县处级以上层次的人员;事业单位领导班子成员及其他六级以上管理岗位人员。(3)对涉嫌职务犯罪的,将调查结果移送人民检察院依法审查、提起公诉。被调查人涉嫌职务犯罪,监察机关经调查认为犯罪事实清楚,证据确实、充分的,制作起诉意见书,连同案卷材料、证据一并移送检察机关依法审查、提起公诉。(4)对监察对象所在单位提出监察建议。监察建议是监察委员会依照法定职权,根据监督、调查结果,对监察对象所在单位廉政建设和履行职责存在的问题等提出的。监察建议不同于一般的工作建议,它具有法律效力,被提出建议的有关单位无正当理由必须履行监察建议要求其履行的义务,否则,就要承担相应的法律责任。

需要注意的是,监督是从"正面"规定的职责,范围宽,比较原则,公职人员依法履职、秉公用权、廉洁从政从业以及道德操守情况都包括在内,《监察法》采取了概括的方式规定;调查是采用具体列举方式,将涉嫌贪污贿赂、滥用职权、玩忽职守、权力寻租、利益输送、徇私舞弊以及浪费国家资财等职务违法和职务犯罪规定为调查范围,以增强调查职责的针对性、实效性。根据《监察法》的规定,监察机关对所有行使公权力的公职人员的职务犯罪行为都可以进行调查;但是基于工作的便利性和实效性,也可以考虑部分职务犯罪的调查由有关机关负责。①

## 29 特约监察员进行监督的总体工作思路是什么?

应当以习近平新时代中国特色社会主义思想为指导,认真落实二十届中央纪委三次全会精神和各省、市纪委全会精神部署要求,聚焦中央及省市纪律检查委员会和国家及省市监察委员会中心工作,专注服务于全面从严治党、党风廉政建设和反腐败工作大局,突出发挥特约监察员监督、参谋咨询、桥梁纽带、舆论引导作用,积极搭建活动平台,不断创新方式方法,建立健全工作机制,切实推动监委特约监察员工作更上一层楼。②

## 30 特约监察员需要了解的对纪检监察人员的专项整治有哪些?

中央纪委国家监委通报 2023 年对纪检监察干部监督检查审查调查情况:全年共处置涉及纪检监察干部问题线

---

① 参见中共中央纪律检查委员会法规室、中华人民共和国国家监察委员会法规室编写:《〈中华人民共和国监察法〉释义》,中国方正出版社 2018 年版。

② 参见王海军:《新时代我国特约监察员制度的设立与优化》,载《人民论坛》2020 年第 24 期。

索 4.37 万余件，立案 8977 人，处分 7817 人，运用"四种形态"批评教育和处理 3.72 万余人次。纪检监察机关坚持严字当头，部署开展纪检监察干部网络言行、压件不查、违规办案、案件质量问题、重复举报化解不力等专项整治；出版发行《纪检监察干部违纪违法典型案例警示录》等，释放出从严整肃队伍、永葆铁军本色的鲜明导向。[1]

具体而言，对纪检监察人员的专项整治包括但不限于：

1. 以案促改专项教育整治。一是以"深学"为"出发点"，常态化开展警示教育，做到警钟必须长鸣。纪检监察机关要带头遵守党章，做党章的坚定执行者和忠实捍卫者，对于一些纪检监察干部违纪违法案件暴露出的问题深刻反思，切实从中受警醒、明底线、知敬畏，要不断提高党性修养，真正明白"什么该做，什么不该做"，在心中筑起"防火墙"、拉起"警戒线"、敲响"警示钟"，达到用"案中事"警示"身边人"的效果。二是以"敬畏"为"关键点"，严格执行廉洁纪律，做到执纪必先守纪。纪检监察干部要做到凡事心中有杆秤，在重大问题和关键环节上政治坚定，保持头脑特别清醒、眼睛特别明亮，勇挑重担、冲锋在前。要心怀敬畏之心、戒惧之意，高悬纪法明镜，对标纪法戒尺，检视自我，做到任何时候、任何情况下都不能触碰、不能逾越纪法

---

[1] 参见本报记者李文峰：《以彻底的自我革命精神锻造纪检监察铁军》，载《中国纪检监察报》2024 年 3 月 3 日。

红线。三是以"执行"为"落脚点",狠刹违规吃喝歪风,防止"四风"反弹回潮。每一位纪检监察干部要在工作中立起"硬标尺",以"典型案例"之镜映照"问题整改"之效,勤打"免疫针"、常敲"整改钟",通过"以案为鉴、以案说法、以案讲德、以案诉责",狠抓整改落实,让纪律真正成为不可触碰的"警戒线"。要时刻把纪律规矩挺在前面,勤掸"思想尘"、多思"贪欲害"、常破"心中贼",将铁的纪律印进头脑、见在行动。

2. 案件质量问题专项整治。河北省纪委监委组织开展案件质量问题等专项整治,深入剖析症结根源,坚决纠正问题背后的形式主义、官僚主义。湖南省纪委监委2023年以"案件质量提升年"活动为抓手,深入推进执纪执法规范化、法治化、正规化建设。制定省纪检监察机关(机构)案件质量评查实施办法,通过在审查调查组设置专职证据审核员、填写案件质量自评表等,压紧压实办案部门案件质量主体责任;制定提前介入审理工作办法,完善程序规定和操作规范,实现内部办案力量充分有效协同,为重大复杂疑难案件查办提供有力保障,从源头上抓好案件质量。

3. 纪检监察干部作风问题专项整治。吉林省组织开展纪检监察干部作风问题专项整治,对颐指气使、口大气粗、任性用权等问题严肃处理。

4. 利用纪检监察权谋取私利问题专项整治。山西省组织开展利用纪检监察权谋取私利问题专项整治,抓住"关键少数",实行省市县三级联动,彻查严处利用职权或影响力违规打招呼、办私事、谋私利等问题。

### 31 特约监察员参加纪委监委工作通报会的重要意义是什么?

2020年11月26日,中央纪委国家监委召开向国家监委特约监察员通报工作会,就特约监察员关注的整治形式主义官僚主义、整治扶贫领域和群众身边腐败和不正之风、惩治涉黑涉恶腐败和"保护伞"问题、增强问责的精准化规范化等方面工作做了通报。来自中央国家机关、高校、企业、基层等不同行业领域的12名特约监察员参加会议。

中央纪委国家监委为切实做好特约监察员工作,不断丰富与特约监察员沟通交流的形式,为特约监察员履职尽责创造有利条件,决定组织委机关有关单位不定期召开工作通报会,向特约监察员通报本单位重点工作情况,并进行现场交流,接受特约监察员的监督。这次通报工作会议系首次召开,由中央纪委国家监委党风政风监督室主办。

会议采取情况通报与互动交流相结合的方式进行。会前,中央纪委国家监委办公厅征询了特约监察员重点关注的工作和需要解答的问题。会上,中央纪委国家监委党风政风监督室有关负责同志通报了监督落实中央八项规定精神、推动规范精准问责、整治扶贫领域和群众身边腐败和不正之风、惩治涉黑涉恶腐败和"保护伞"及统筹推进疫情防控和经济社会发展监督等5个方面工作情况,集中解答了前期收集到的特约监察员重点关注的问题。在互动交流环节,特约监察员结合自己在调研、工作、生活中遇到的问题各抒己见,既对纪检监察工作取得的成绩给予充分肯定,也提出了一些有针对性的意见建议。①

采取工作通报会的形式,充分彰显了中央纪委国家监委主动接受监督的诚意。中央纪委国家监委以通报会的形式介绍重点工作,有助于更为深入地了解纪检监察工作,有助于更好地履行监督职责。经由工作通报与交流互动,让特约监察员们更具体、更全面地了解了党风政风监督工作,能够进一步发挥好特约监察员的作用。

### 32 对监察机关和监察人员的监督可以分为哪几类?

根据《监察法》的规定,对监察机关和监察人员的监督可以分为以下几类:

(1)人大及其常委会的监督,方式包括听取和审议专项工作报告、组织执法检查、提出询问或质询,以及进行规范性文件备案审查、对特定问题调查、对撤职案件审议和决

---

① 参见本报记者张胜军、陆丽环:《中央纪委国家监委召开向特约监察员通报工作会》,载《中国纪检监察报》2020年11月30日。

定等其他监督方式。

(2)民主监督,主要指人大、政协的监督。

(3)社会监督,主要指社会组织、团体、民主党派以及公民、法人和其他组织的监督。

(4)舆论监督,即通过报纸、杂志、广播、电视、互联网等各种媒体进行的监督。

(5)被调查人及其近亲属的申诉监督,属于广义的社会监督范畴,为被调查人及其近亲属提供权利救济。可以通过申诉和申请复查进行,受理申诉的主体为作出被申诉行为的监察机关,受理复查申请的主体是上一级监察机关。

(6)监察机关内部专门监督和自律,通过设立内部专门监督机构,加强对监察人员职务执行和法律遵守情况的监督,建设忠诚、干净、担当的监察队伍。[1]

其中,民主监督、社会监督和舆论监督三者既有联系又有区别。例如,人民群众的监督既可视为社会监督,也可看作民主监督,同时可以当作舆论监督。[2]

---

[1] 参见马春晓:《监察委员会监督机制的比较研究》,载《河南社会科学》2019年第10期。

[2] 参见姜明安:《监察法研究》,法律出版社2023年版,第299~307页。

## 33 特约监察员需要了解纪检监察部门制定的制度规范有哪些？

纪检监察机关的权力由党章与宪法和监察法赋予,其职责由纪律确定、法律明确,依规依纪依法履职并非普通的工作需求,而是严肃的政治要求与政治责任。需着重加强监督执纪执法标准化建设,持续完善纪检监察建议、问题线索处置、案件质量评查、办理跨境腐败案件等制度。要落实《纪检监察规范性文件备案审查规定》,进一步规范纪检监察规范性文件的备案审查工作,维护纪检监察法规制度体系的协调一致。要健全监督执纪执法操作流程,优化办案程序衔接机制,提升以法治理念和法治方式正风肃纪反腐的能力水准。①

具体而言,除《监察法》《监察官法》《监察法实施条例》《中国共产党纪律处分条例》外,中央纪委国家监委还制定或协同有关单位颁布了《中国共产党纪律检查机关监督执纪工作规则》《监察机关监督执法工作规定》《纪检监察机关监督检查审查调查措施使用规定》《查办党员和公职人员涉嫌违纪职务违法职务犯罪案件协作配合工作机制》《关于加强和完善监察执法与刑事司法衔接机制的意

---

① 参见张洪伟:《依规依纪依法履行监督职责》,载《中国纪检监察报》2019年1月3日。

见（试行）》《关于加强新时代纪检监察干部监督工作的意见》《关于进一步加强和规范案件质量评查工作的意见》《中央纪委国家监委机关审查调查工作人员"十不准"》《纪检监察干部网络行为十条禁令》《关于严禁纪检监察干部违规饮酒的规定》等一系列规范制度。①

## 34 如何理解特约监察员制度是回答"谁来监督监督者"的重要制度安排？

中共中央办公厅于2018年12月28日印发的《中国共产党纪律检查机关监督执纪工作规则》乃是针对"谁来监督监督者"问题作出的制度回应，属于进一步的制度构建。印发《中国共产党纪律检查机关监督执纪工作规则》并同步发出通知明确："打铁必须自身硬。各级纪委监委（纪检监察组）要以党的政治建设为统领，全面推进党的政治建设、思想建设、组织建设、作风建设、纪律建设，把制度建设贯穿其中……要带头建设让党中央放心、让人民群众满意的模范机关，严格遵守执纪执法各项制度规定，在行使权力上慎之又慎，在自我约束上严之又严。要把执纪和执法贯通起来，监督执纪和监察执法一体推进，统筹运用纪法'两

---

① 参见本报记者刘一霖：《促进执纪执法贯通　形成纪法合力》，载《中国纪检监察报》2024年3月27日。

把标尺',贯通运用监督执纪'四种形态',既坚持执纪必严,又坚持纪法协同,实事求是、精准科学,进一步推进反腐败工作法治化、规范化。要主动开展自我监督、自觉接受外部监督,对执纪违纪、执法违法者'零容忍',坚决防止'灯下黑',做党和人民的忠诚卫士。"

特约监察员制度是以习近平同志为核心的党中央立足新时代深化国家监察体制改革作出的重要制度设计,是具有中国特色的国家监察制度的关键组成部分。监察体制改革后,纪委监委合署办公,既执纪又执法,监督对象范围扩大,监督权限增加,承担的任务更为繁重,面临的挑战更为严峻,权力运行中的风险也相应增加。纪检监察机关的工作状况,关系到全面从严治党、党风廉政建设和反腐败工作的成效;纪检监察权力能否正确运行,既关乎纪检监察机关的公信力,又影响党和国家的形象。

习近平总书记高度重视纪检监察机关队伍建设与权力运行,寄予厚望,提出"谁来监督纪委"这一重大命题,反复强调"打铁必须自身硬""执纪者必先守纪,律人者必先自律",要求"接受最严格的约束和监督"。2023年,习近平总书记亲自点题、亲自部署开展全国纪检监察干部队伍教育整顿,从中央纪委至地方各级纪检监察干部全员参与,自觉接受革命性锻造和精神洗礼。党中央为纪检监察机关制定制度、确立规矩,颁布实施《纪律检查机关监督执纪工作规则》,批准《监察机关监督执法工作规定》。《监察法》专章对"对监察机关和监察人员的监督"作出规定,《监察法实施条例》明确"各级监察机关可以根据工作需要按程序选聘特约监察员履行监督、咨询等职责"。这是特约监察员制度设立的法律依据。当前全国各级纪检监察干部队伍总体良好,但对照习近平总书记和党中央的重要要求,对照纪检监察机关肩负的职责使命,对照人民群众的期待,在政治素质、专业能力、纪律作风等方面仍存在不够匹配、不相适应的地方,特别是少数干部不担当、不作为、乱作为甚至违纪违法问题时有发生。解决这些问题,一方面要加强制度建设,不断完善权力运行监督制约机制,推动纪检监察机关以自我革命精神正风肃纪,坚决防治"灯下黑";另一方面也要接受社会各方面的监督。[①]

建立特约监察员制度,既是落实《监察法》和《监察法实施条例》的要求,也是回应"谁来监督纪委"问题的具体举措。自 2019 年起,全国各省、市监委聘请了第一届特约监察员,特约监察员们以高度的政治责任感投身纪检监察事业,开展了大量卓有成效的工作,为加强和改进纪检监察工作、锻造忠诚干净担当的纪检监察队伍贡献了重要力量。实践证明,特约监察员制度能够有效发挥重要作用,必须长期坚持。要深刻领会党中央建立特约监察员制度的政治考

---

① 参见张翔:《对"谁来监督监督者"的制度回应》,载《中国纪检监察》2019 年第 3 期。

量,以强烈的责任感和使命感做好特约监察员工作,共同推动全面从严治党、党风廉政建设和反腐败工作取得新的成效。①

## 35 如何理解特约监察员制度与党外民主监督的协调与衔接?

特约监察员制度不仅是国家监察体制改革的重要举措,还蕴含着中国特色政党制度的丰富内涵,是民主监督的重要形式。《监察法》《监察法实施条例》的颁布和《中国共产党统战工作条例〈试行〉》《国家监察委员会特约监察员工作办法》的制定为特约监察员制度与民主监督职能的衔接提供了文本规范,也为国家监察体制改革与中国多党合作制度的衔接提供了可能。民主监督作为人民政协和民主党派的主要职能之一,是推动我国社会主义民主政治建设的重要途径,二者在本质上是民主与法治的深层次互动。

特约监察员制度由特邀监察员制度发展而来。特邀监察员制度在成立之初就是为了能够充分发挥民主党派和无党派人士在反腐倡廉工作中的民主监督作用,实现通报信息、互相沟通的效果,这是二者衔接的渊源依据。《中国共

---

① 参见中共中央纪律检查委员会法规室、中华人民共和国国家监察委员会法规室编写:《〈中国共产党纪律检查机关监督执纪工作规则〉释义》,中国方正出版社2018年版,第2页。

产党统战工作条例(试行)》第 14 条第 10 款的规定与《国家监察委员会特约监察员工作办法》第 2 条关于特约监察员选任要求是实现二者衔接的重要法律依据。只有实现特约监察员制度与民主监督在实施过程中的具体衔接,才能确保特约监察员制度行之有效、民主监督实至名归。具体分析如下:

首先,从认识上应确立二者的系统性思维。要将两者置于提升国家治理体系与治理能力现代化视野下进行考量:既要防止以"法律工具论"的狭隘思想破坏国家监察体制的独立性,又要防止民主监督"不具约束力"的偏颇思想使特约监察员制度游离于反腐败工作外,妨碍民主与法治价值目标的实现。民主监督与特约监察员同处于权力监督与制约体系之内,在特约监察人员选聘、管理、职责、能力的确定上,要确立系统性思维,实现工作的配合与统一。监察机关应当加强与党委、政协、民主党派、工商联等部门的密切联系,强化服务意识,主动为特约监督员参与监察委员会的外部监督创造条件;各级党委应当充分支持民主党派和无党派人士以特约监察员的形式开展民主监督;而担任特约监察员的民主党派、无党派人士则要加强自身专业素质与能力的锻炼,不断提高民主监督水平。

其次,要实现民主监督与特约监察员制度的优势互补,形成监督合力。民主监督是中国特色社会主义监督体系的重要内容,是经过长期实践证明行之有效的反腐败举措。

我国的参政党民主监督是在多党合作制度框架内,具有典型社会主义民主特色的政党监督,较高的监督层级、较大的社会影响力、相对超脱的政治地位和广泛的社会联系使民主监督具有其他外部监督所不具有的优势。在实践中,民主监督通常寓于参政议政中,这意味着特约监察员在对监察机关行使监督权时,既可以与调研相结合,并依据调查结果向监察部门提出意见和建议;同时也可依职责及时向监察机关反映社情民意,畅通监察渠道,搭建监督平台。这恰恰正是包括我国在内的世界各个国家和地区在反腐败工作中富有成效的经验。[①]

## 36 如何正确理解监察委员会独立性与特约监察员外部监督之间的关系?

虽然《监察法实施条例》第 287 条规定,特约监察员对监察机关提出的意见、建议和批评,监察机关应当及时办理和反馈。但是,确保监察权的独立是各国监察制度在沿袭发展中总结出来的普遍性规律,也是我国监察体制改革中坚持的主线原则。为此,应当做到以下两点。

第一,监督不等同于干涉。监察委员会独立行使监察

---

① 参见张淑瑛:《特约监察员制度视阈下监察委员会权力监督问题探究》,载《广西社会科学》2020 年第 2 期;王立峰、李洪川:《特约监察员制度的演变逻辑、实践价值与完善路径》,载《党政研究》2020 年第 6 期。

权,是国家监督权得以权威高效运行的基础与前提。因此《宪法》第 127 条第 1 款与《监察法》第 4 条明确了监察委员会依法独立行使监察权,不受行政机关、社会团体和个人的干涉。宪法和法律中所设定的监察机关的"独立性"是指在合法、合理行使监察权时不受"非法"干涉,但这并非意味着将依法对监察权力运行的监督和公民监督权之行使视为对监察机关监察工作的"干涉"。另外,宪法所规定的是监察委员会依法独立行使监察权,而非监察人员或监察个体依法独立行使监察权;简言之,监察权的独立性是组织化权力的独立性。在实行议会监督专员的欧洲国家,监督专员在职权上更接近于行政监察部门,但在权力行使中,更倾向于"代理人"角色,个体性较强。我国的监察委员会作为行使监察权的专责机关,则是以组织非个人为单位行使独立监察权。基于此,特约监察员在行使再监督权时,一方面要尊重和支持国家监察机关依法独立行使职权,坚持法治原则,严格遵守法定程序,不干涉监察机关监察权的具体运行,坚决杜绝再监督的人为性、随意性和私利性,确保其能在监察过程中公平、准确行使职权;另一方面,基于特约监察员再监督权的本质属性,同样要赋予特约监察员相对独立的政治地位。这意味着在特约监察员选聘、评价、管理、考核中,应建立综合完善的特约监察员评价体系,而不应由被监督机关单方主导。

第二,积极发挥特约监督员在监察机关与社会监督之间的桥梁纽带作用。以欧洲国家的监察专员制度为例,欧洲监察专员自其产生之日起,就扮演着双重角色。监察专员自视为共同体行政程序的"参与者",而在对抗不当行政行为和保障公民权利时,又履行一种预防性措施,缓解了政府与公民之间的张力,在公权力行使和公民权利监督权享有之间搭建了一条畅通的渠道。在我国,特约监察员具有一定的人民民主性。因此,在特约监察员对监察机关行使再监督权时,也应该充分发挥在社会监督方面的舆论引导和桥梁纽带作用:一方面,监察机关可以通过特约监察员及时了解公众的需求;特约监察员也可以及时向监察部门反馈公众对反腐败工作的评价。另一方面,特约监察员可以在不违背保密原则的情况下,让民众了解监察工作信息,向民众宣传反腐工作;同时,加强与社会监督的良性互动与联系,确保监察工作的透明和公正。①

### 37 如何理解特约监察员是监督纪检监察机关及其工作人员的新生力量?

1. 改革后纪检监察机关的监督范围与权限均明显扩大

组建监察委员会且和同级党的纪律检查机关合署办

---

① 参见张淑瑛:《特约监察员制度视阈下监察委员会权力监督问题探究》,载《广西社会科学》2020 年第 2 期;马春晓:《监察委员会监督机制的比较研究》,载《河南社会科学》2019 年第 10 期。

公，此乃新时代我国纪检监察体制改革的重大创新，亦是推进我党持续自我革命的关键举措。纪检监察机关身为党内监督、国家监察的专职机构，相较改革之前发生了显著变化。首先是监督监察对象越发广泛，涵盖了全体公职人员。习近平强调："深化国家监察体制改革的初心，就是要把增强对公权力和公职人员的监督全覆盖、有效性作为着力点，推进公权力运行法治化，消除权力监督的真空地带，压缩权力行使的任性空间，建立完善的监督管理机制、有效的权力制约机制、严肃的责任追究机制。"原有纪检监察体制的突出问题是监督监察范围较窄，党内监督虽已实现全覆盖，但是行政监察对象仅是行政机关及其工作人员，大量行使公权力的人员处于监督监察的范围之外。纪检监察体制的全新改革有效解决了此问题，将党政机关工作人员、法律法规授权或者受国家机关依法委托管理公共事务的组织中从事公务的人员、国有企业管理人员、公办单位中从事管理的人员、基层群众性自治组织中从事管理的人员以及其他依法履行公职的人员皆纳入监督监察范围，达成了对公职人员监督监察的全覆盖。其次是监督监察权限得到扩展，实现了党内监督和国家监察的有机融合。国家监察体制改革要"打破监督力量交叉重叠、各自为战的困局，体现全面覆盖、全面监察的深化改革要求"。据相关统计，我国80%的公务员和95%以上的领导干部皆为中共党员，党内监督和国家监察对象具备高度一致性。然而原有纪检监察体制未兼顾好这种内在一致性,监督监察的权力和资源分散于党的纪律检查机关、行政监察部门、预防腐败机构和监察机关等不同单位,职能交叉重叠,合力未能得到有效发挥。新的纪检监察体制把上述部门的工作有机整合,不仅完成了"形"的重塑,亦实现了"神"的重铸。新的纪检监察机关获授谈话、询问、讯问、查询、冻结、搜查、调取、查封、扣押、鉴定、勘验监察、留置、通缉、限制出境等权限,形成了集巡视、派驻、监察于一体的权力监督格局,达成了党内监督和国家监察的真正统一。

2. 设立特约监察员制度乃是对由谁监督监督者的积极回应

改革后的纪检监察机关拥有空前的监督权力,随之而来的突出问题便是——由谁监督纪检监察机关及其工作人员。从理论角度而言,绝对的权力会导致绝对的腐败,只要公权力存在,就需对其进行监督和制约,否则公权力就容易被滥用。从实践情况来看,监督者并不具备天然免疫力,大量案例显示,监督权力越大,越容易引发"灯下黑"。习近平指出:党的十八大以来,我多次谈到"谁来监督纪委"、防止"灯下黑",这就是监督者要接受监督的问题。这对行使监督权的机构和同志同样适用。[①] 监督纪检监察机关及其工作人员属于系统工程,强化纪检监察机关的内部监督是根

---

① 2018年12月13日,习近平在十九届中央政治局第十一次集体学习时的讲话。

本,然而外部监督亦不可或缺,应以内部监督带动外部监督,畅通群众监督渠道。设立特约监察员制度正是基于此考虑,是对由谁监督纪检监察机关及其工作人员这一社会关切的回应,为监督监督者提供了新兴力量。选聘特约监察员旨在更好地发挥纪委监委合署办公优势,推动纪检监察机关及其工作人员依法接受民主监督、社会监督、舆论监督。特约监察员肩负着监督监察、参谋咨询、桥梁纽带、舆论引导等职能,其中,监督监察系首要职能。一是对纪检监察机关及其工作人员履行职责的情况予以监督。纪检监察机关承担着对公职人员开展廉洁教育及其从政从业情况进行监督检查、对涉嫌职务违法和职务犯罪的公职人员进行调查、对违法公职人员依法作出处理的职责。特约监察员作为监督者的监督者,应从日常工作中了解纪检监察机关及其工作人员职责的履行情况,收集问题线索,提出改进意见和建议。二是对纪检监察法律法规、重大政策、重要文件的出台和执行提出意见。通常而言,纪检监察法律法规的制定、重大政策的出台、重要文件的起草等工作会向特约监察员开放,这对于发挥特约监察员的专业特点和优势、增强纪检监察工作的民主性和科学性具有重要意义。在纪检监察工作法律法规政策的执行过程中,特约监察员要积极宣传,主动寻找问题,为修订和完善法律法规政策及时提供反馈意见。三是参与纪检监察机关组织的监督检查、调查研究、专项工作等事务。从性质上讲,特约监察员监督属于群众监督,但又有别于一般非强制性的群众监督,是通过一定方式将非强制性监督转化为强制性监督的制度探索。[①]

## 38 特约监察员如何判断监察人员是否具备良好的素质?

通常来说,对于监察人员的素质要求,有以下四项:其一,必须拥有优良的政治素质。此乃对监察人员最为关键的要求;若无良好且过硬的政治素养,便难以做好监察工作。监督他人,自身首先必须在政治、思想与品质上过硬。其二,熟悉监察业务。这是做好监察工作的根基,要做好此项工作,需全方位通晓有关监察的知识、理论与技能,成为监察的行家。其三,具备运用法律法规、政策以及调查取证等本领。做好监察工作不仅需全面把握相关知识与理论,更要全面培育、训练和提升工作能力,尤其是培育、训练和提高运用法律、法规、政策办案的能力以及调查取证的能力。其四,自觉接受监督。律人须先律己,监督他人者,自身必须接受监督。此乃现代法治的需求,亦是中国特色监察制度对监察人员的素质规定。[②]

---

① 参见王高贺、周华国:《监督监督者:新时代特约监察员制度的探索与突破》,载《理论探讨》2021 年第 1 期;晨风:《监察法:反腐败国家立法走上快车道》,载《法治与社会》2018 年第 1 期。

② 参见姜明安:《监察法研究》,法律出版社 2023 年版,第 309 页。

## 39 特约监察员为什么要对纪检监察干部进行监督?

纪检监察干部之所以应依规依纪严格监督执纪,是因为他们肩负着党和人民的重托,必须谨遵"打铁必须自身硬"这一政治要求。纪检监察机关承担着重要职责,而纪检监察干部处于正风肃纪反腐的前沿,时刻都面临被腐蚀和反腐蚀的考验,极易成为"围猎"的目标。既然要求其他国家机关和公职人员做到,那么纪检监察干部就必须率先做到,坚决不可滥用职权、以权谋私。[1]

纪检监察干部履行监督执纪问责与监督调查处置两项职责:既需监督他人,亦须接受他人监督;既要确保其他党员干部及监察对象秉正用权、公正用权,也要保证自身在行使职权过程中做到秉正用权、公正用权。

## 40 特约监察员为什么要对纪检监察机关进行监督?

特约监察员除了对纪检监察机关人员的监督之外,还需要对纪检监察机关进行监督。具体而言,要监督纪检监察机关是否遵守了以下四项规定:

其一,纪检监察机关应当严格依照党内法规和国家法

---

[1] 参见中共中央纪律检查委员会法规室、中华人民共和国国家监察委员会法规室编写:《〈中国共产党纪律检查机关监督执纪工作规则〉释义》,中国方正出版社2018年版,第39页。

律,在行使权力上慎之又慎,在自我约束上严之又严,强化自我监督,健全内控机制,自觉接受党内监督、社会监督、群众监督,确保权力受到严格约束,坚决防止"灯下黑"。纪检监察机关应当加强对监督执纪工作的领导,切实履行自身建设主体责任,严格教育、管理、监督,使纪检监察干部成为严守纪律、改进作风、拒腐防变的表率。

其二,纪检监察机关应当严格干部准入制度,严把政治安全关;纪检监察干部必须忠诚坚定、担当尽责、遵纪守法、清正廉洁,具备履行职责的基本条件。

其三,纪检监察机关应当加强党的政治建设、思想建设、组织建设,突出政治功能,强化政治引领。审查调查组有正式党员3人以上的,应当设立临时党支部,加强对审查调查组成员的教育、管理、监督,开展政策理论学习,做好思想政治工作,及时发现问题、进行批评纠正,发挥战斗堡垒作用。

其四,纪检监察机关应当加强干部队伍作风建设,树立依规依法、纪律严明、作风深入、工作扎实、谦虚谨慎、秉公执纪的良好形象,力戒形式主义、官僚主义,力戒特权思想,力戒口大气粗、颐指气使,不断提高思想政治水平和把握政策能力,建设让党放心、人民信赖的纪检监察干部队伍。①

---

① 参见《中国共产党纪律检查机关监督执纪工作规则》第60~63条。

## 第六章

# 特约监察员的考核

## 41 对特约监察员工作考核的方式和内容有哪些？

对特约监察员工作进行考核，一般可以采取积分制的方式，累计积分可采取上不封顶的原则。

考核内容一般包括但不限于以下内容，每项均可采取积分制：

(1) 是否列席纪委监委重要会议，参加机关组织的各项活动。

(2) 是否协助开展监督检查和明察暗访。

(3) 是否参与接访工作，依托其专业知识协助做好来访疏导。

(4) 是否积极建言献策，提出每条意见建议以及意见建议被采纳均给予一定积分。

(5) 是否针对全面从严治党热点、难点问题，完成一项调研课题任务。

(6) 是否撰写纪检监察理论文章和工作体会，被中央级刊物采用、省级采用、市级采用的，每篇均从高到低进行积分；根据刊载刊物级别分值翻倍。

(7) 是否做客访谈节目，参与拍摄制作宣传片、微视频、公益广告。

(8) 是否为纪检监察干部培训授过课。

(9)能否发现并反映一条涉及纪检监察机关和干部问题线索,查实一件另外给予积分。

## 42 如何对特约监察员进行监督和考核？考核的原则是什么？

国家监察委员会负责特约监察员工作的办事机构,协调有关部门,定期向特约监察员提供有关刊物、资料,组织开展特约监察员的业务培训。国家监察委员会负责特约监察员工作的办事机构对特约监察员进行动态管理和考核。

对特约监察员进行考核的目的,是充分调动特约监察员参与党风廉政建设和反腐败工作的积极性,充分发挥参谋咨询作用。考核时,一般坚持以下原则：

第一,实事求是,客观公正；

第二,简明扼要,简便易行；

第三,注重日常,注重实绩。

对特约监督员进行考核,可以采用积分制,可以通过积分制对特约监察员进行不同情况的处理：

1. 申报资料。特约监察员每季度最后一个月30日前向办公室递交印证资料,同一工作成果不得重复申报。

2. 复核通报。办公室对申报资料进行复核,每半年通报一次积分结果,每年底前计算全年得分。

3. 结果运用。积分前6名的特约监察员授予"优秀特约监察员"称号；发生"一票否决"情形或连续两年排名倒数第一的，报请相应级别纪委常委会研究后解聘并通报所在单位。

## 43 各级监委提出的特约监察员工作清单通常包括哪些内容？

为了进一步加强对纪检监察机关及纪检监察干部的监督，充分发挥特约监察员参谋咨询、桥梁纽带、舆论引导作用，各级监委按年度列出了特约监察员一系列工作清单，一般包括以下内容：

（1）邀请特约监察员为纪检监察干部授课，面对面交流研讨。

（2）邀请特约监察员参加纪委监委自办案件的庭审观摩，对加强反腐败制度建设、以案促改等工作提出意见建议。

（3）听取特约监察员对纪律教育、廉政建设推进落实和考核评价的意见建议。

（4）邀请特约监察员对学习新修订的《中国共产党纪律处分条例》进行解读宣传。

（5）邀请特约监察员对纪检监察工作做法成效，在公开媒体相关报道中开展微点评。

（6）邀请特约监察员对政治生态分析研判集中研究对

象提出意见建议。

（7）邀请特约监察员参与群众身边不正之风和腐败问题集中整治等专项监督，参与监督检查和调研督导，监督并促进纪检监察机关的正风肃纪、反腐行动持续发力、向纵深推进。

（8）邀请特约监察员到纪委监委机关接访场所参与来访接待、来电办理工作，发挥其参谋咨询、桥梁纽带作用。

（9）邀请特约监察员参加疑难复杂案件咨询论证会，交流法律适用疑难问题。

（10）邀请特约监察员列席专题学习、支部主题党日、青年论坛等活动，近距离了解纪委监委机关干部的政治素养、业务水平、精神面貌和工作作风。

（11）组织特约监察员深入纪委监委驻村联系点，对巩固拓展脱贫攻坚成果与乡村振兴有效衔接开展调研指导。

（12）在起草纪委全会工作报告、制定重要法规制度、深化纪检监察体制改革等重要工作中，征求相关领域特约监察员的意见建议。

（13）邀请特约监察员参加纪委监委领导同志出席的座谈交流活动，参与委机关年度重点课题调研，为纪检监察工作决策提供智力支持。

（14）健全特约监察员日常联络机制，为特约监察员订阅《中国纪检监察报》，定期寄送党纪法规资料、《纪检监察信息》、《典型案例通报》等，服务保障特约监察员全面了解纪检监察工作。

(15)加强与特约监察员所在单位和推荐单位的沟通,了解特约监察员的思想和工作情况,反馈特约监察员履职情况,听取有关人员对特约监察员的意见建议。向特约监察员通报纪委监委有关重点工作开展情况,主动回应特约监察员的关切。

(16)对特约监察员收到或发现的关于纪检监察机关及纪检监察干部的信访举报和问题线索,转交相关单位办理,并及时反馈处理结果。

(17)梳理汇总特约监察员参加活动、履行职责情况,建立特约监察员履职工作台账。

(18)开展优秀特约监察员评选活动。

## 44 如何构建独立、科学、有效的特约监察员考核机制?

仅仅凭借特约监察员自我约束和自我管理很难解决特约监察员工作积极性不高、工作不规范等问题。为了不使特约监察员的工作沦为空谈,必须有科学有效的考核机制。由于特约监察员具有兼职性,所以不能照搬其他政府机关或事业单位工作人员的考核机制,必须根据特约监察员的特有性质构建独立的新型考核体系:

1.特约监察员的监督对象是纪检监察机关,有人认为,纪检监察机关为直接负责特约监察员考核工作的单位,会出现"被监督者管理监督者"的现象。建议考核管理主体与选聘主体为同一单位，这样才能保证选聘工作和管理工作的统一性和高效性。

2.特约监察员的考核内容不能仅包括工作能力和监督业绩等，还应该包括政治素养、宣传报道、群众基础、专业知识以及保密义务等各项指标。这是因为特约监察员除了监督职能以外，还包括紧密联系群众、积极引导社会舆论以及对相关监察决策提供咨询，所以对特约监察员的考核应该是全面综合的。同时，这样的综合考核制度也能够满足特约监察员"优选聘请"的要求。

3.建立差异性考核机制。由于特约监察员来自不同领域，其工作内容和性质也有所不同。因此，在考核时，不能一概而论，应根据不同领域进行分类，对不同类型的特约监察员设定不同的考核标准和权重，以确保考核结果的公平性和公正性。比如，对专家学者型的特约监察员，可以适当降低群众基础和宣传报道方面的分值比重，更加注重其专业素养和建设性的意见建议。此外，考核主体还可以参考特约监察员本职单位的考核结果，对其进行全面、科学的评价。

4.根据考核分值，将特约监察员分为优秀、良好、合格和不合格4个等级。每季度进行一次考核，每年进行一次综合评比。对于连续多次考核优秀的特约监察员，给予表彰和奖励，并向其所在单位通报表扬，以增强其成就感和荣誉感。对于累计两次考核不合格的特约监察员，予以解聘，以保持特约监察员队伍的整体素质和水平。对于多次仅合格的特约监察员，进行劝诫，并将其列为重点培训对象，以提升其工作能力和水平。

## 45 纪委监委完善特约监察员考核的路径有哪些？

纪委监委机关可将特约监察员工作纳入全年工作规划中，放置在重要层面，踊跃构筑平台，助力特约监察员深度知晓机关工作，在强化对纪检监察机关及工作人员履职情况进行监督的同时，进一步完善对特约监察员的考核路径：

其一，特约监察员列席纪委全会，聆听纪委工作报告，参与分组研讨及有关议程，明晰纪检监察系统年度主要工作决策流程，听取特约监察员的意见和建议。

其二，邀请特约监察员加入各地各种专项监督工作，参与监督纪检监察机关开展的政治监督。

其三，邀请特约监察员参与基建工程和招投标领域、统计造假专项整治、生态环保领域监督执纪问责，以及深化整治群众身边腐败问题、乡村振兴领域不正之风和腐败问题、国企领域腐败问题、落实中央八项规定精神、优化营商环境等的监督检查和调研督导，监督纪检监察机关正风肃纪反腐持续发力、向纵深推进。

其四，在起草纪委全会工作报告、制定重要法规制度、深化纪检监察体制改革等关键工作中,征求相关领域特约监察员的意见建议。

其五,邀请特约监察员至纪委监委接访场所感受来访接待、来电办理工作,发挥特约监察员的参谋咨询、桥梁纽带作用。

其六,邀请特约监察员参加纪委监委组织开展的述学、述职、述责、述廉民主测评活动,对纪检监察机关履职尽责情况实施监督。

其七,邀特约监察员列席专题学习、主题党日活动、青年论坛等活动,近距离了解委机关干部的政治素养、业务水平、精神风貌和工作作风。

其八,针对特约监察员接收或发觉的有关纪检监察机关及纪检监察干部的信访举报和问题线索,及时转至相关单位办理。

## 46 纪委监委如何创新方式方法,更好发挥特约监察员参谋咨询、舆论引导和桥梁纽带作用?

为了更好发挥特约监察员参谋咨询、舆论引导和桥梁纽带作用,各级纪委监委纷纷采取了以下创新方式方法:

第一,组织特约监察员参加纪委监委领导出席的座谈交流活动;可邀特约监察员介入纪委监委机关年度重点课题调研,为纪检监察工作决策提供智力支持。

第二,邀请特约监察员参加各级省市和直属单位"一把手"述责、述廉活动,参与党委(党组)推进党风廉政建设和反腐败工作情况民主测评。

第三,邀请特约监察员参与加强和改进基层监督改革试点调研以及效果评估,对加强和改进基层监督工作提供建议。

第四,邀请特约监察员结合职业特性、发挥专长,对政治生态分析研判集中研究对象提出看法和建议。

第五,邀请特约监察员就纪律教育、清廉建设的推进落实和考核评价,提出意见建议。

第六,邀请特约监察员参加纪委监委自办案件的庭审观摩活动,就加强反腐败制度建设、以案促改等工作提出意见建议。

第七,邀请法律行业的特约监察员参加疑难繁杂案件的咨询论证会,交流法律适用疑难问题。

第八,邀请高等院校的特约监察员参与纪检监察学科建设;发挥专业优势为纪检监察干部授课,进行面对面交流研讨。

第九,激励、支持或委托特约监察员结合自身工作开展自主调研,反映纪检监察工作的短板弱项、协助找准问题症结,助力纪检监察工作规范化、法治化、正规化建设。

第十,组织特约监察员深入乡村基层,就巩固拓展脱贫攻坚成果与乡村振兴有效衔接开展调研指导。

第十一，邀请特约监察员就贯彻落实纪委历次全会精神和学习宣传新修订的《监察法》《中国共产党纪律处分条例》等法律法规，接受媒体采访、进行解读宣传等。

第十二，邀请特约监察员就各级纪检监察工作做法成效，在公开媒体的相关报道中开展微点评。

## 47 在保障和推进特约监察员工作高质量发展方面的考核内容有哪些？

纪检监察机关应大力加强服务保障，全力构建健全的信息交流、日常联络、意见处理、队伍构建、调研指引等长效体制，在保障和推进特约监察员工作高质量发展方面，为特约监察员充分发挥作用打造优越条件：

第一，大力强化特约监察员日常联络体制以及监委机关相关部门同特约监察员的工作联络体制，向特约监察员寄送有关文件资料以及《中国纪检监察报》《中国纪检监察》等报纸杂志以及与监委工作有关的业务书籍，助力特约监察员全方位了解纪检监察工作。

第二，制作专用的"特约监督员信封"，设置"特约监察员信箱"，可以直接寄送至监委主要负责人，从而有效收集处理特约监察员的意见建议。实施台账式管理，加大跟踪督办力度，做到每件事都有结果、每件事都有回应。

第三，积极探索创建工作通报机制，与督查督办工作相互融合，协调有关部门向特约监察员通报监委有关重点工作的开展情况，主动回应特约监察员的关注要点。

第四，建立特约监察员年度履职台账，及时梳理整合特约监察员参与活动、履行职责的情况；对于特约监察员履职中需要协调的事项，及时给予帮助解决；针对履职不到位、自律不严格的问题，及时加以提醒并督促改正，问题严重的予以解聘。

第五，大力强化与特约监察员所在单位以及推荐单位的沟通交流，全面了解特约监察员的思想和工作情况，反馈特约监察员的履职情况，听取有关人员对特约监察员的意见建议。

第六，适时开展地方监委特约监察员工作专题调研，深入探究制度建设、人员聘任、作用发挥等情况，有针对性地加大工作指导力度。

第七章

# 特约监察员如何正确理解和看待纪检监察工作

## 48 如何正确看待纪检监察机关要做实做细对"一把手"监督？

单位"一把手"乃党的事业发展之"领头雁"，亦为"关键少数"中的关键所在。聚焦"关键少数"，完善并加强对"一把手"与领导班子监督的制度举措是二十届中央纪委三次全会所提出的明确要求。围绕对全会要求的贯彻落实，各地纪检监察机关通过进行集体谈心谈话、拟定监督履职清单、听取同级监督情况等诸多形式，筑牢织密监督网，切实精细地对"一把手"予以监督。

以苏州市纪委监委为例，出台了《纪检监察机关负责人同下级党委（党组）"一把手"开展谈话的工作指引》，规定因地制宜地细化谈话工作规划，优化专项谈心谈话机制，强化对"一把手"与领导班子的监督。苏州市纪委监委将谈心谈话作为加强对"一把手"监督的关键手段，以日常谈话、提醒谈话、约谈等方式向各地各部门"一把手"传递要求、传导压力，"谈话不可'泛泛而论'，更不可'一谈便罢'"。谈话前，结合日常监督、巡视巡察、信访举报等渠道中察觉的问题，综合分析研判，拟定谈话方案；谈话后，按照谈话情况记录表上的主要内容做好跟踪问效工作，根据实际情况开展"回访"、更新廉政档案,确保谈至内心、谈出实效。①

## 49 如何正确看待纪检监察机关在推进优化营商环境方面大有作为?

优化营商环境是一项系统工程,需要各方的协同配合。纪检监察机关发挥党内监督和国家监察专责机关职能作用,找准履职切入点,在机制化、常态化上发力,探索完善与党委、政府以及职能部门的联席联动、协作配合机制,凝聚各方力量,助推营商环境优化。② 2024 年修正的《监察法》第 43 条第 3 款规定:"监察机关及其工作人员在履行职责过程中应当依法保护企业产权和自主经营权,严禁利用职权非法干扰企业生产经营。需要企业经营者协助调查的,应当保障其人身权利、财产权利和其他合法权益,避免或者尽量减少对企业正常生产经营活动的影响。"

各地纪检监察机关精准把握从严管理监督和鼓励担当作为的内在统一关系,既维持对损害营商环境违纪违法行为露头就打的高压态势,又持续激发干部干事创业、服务企

---

① 参见本报记者李灵娜:《做实做细对"一把手"监督》,载《中国纪检监察报》2024 年 4 月 5 日。

② 参见本报记者李玉长:《同题共答优化营商环境》,载《中国纪检监察报》2024 年 4 月 4 日。

业的动力。长期秉持综合施治理念,锲而不舍,持续助推创建亲清合一的新型政商关系,助力民营经济实现高质量发展。全力增进监督治理效能,探索针对营商环境的智慧监管,开展优化营商环境专项巡察,构建"问题整改—通报约谈—追责问责"制度,推动优化营商环境专项监督、专项整治更为精准有力。进一步深化清廉市场、清廉企业等清廉单元建设,督促相关部门在市场准入、行政审批、工程建设、招商引资等关键领域强化内部监管体系建设,充分保障市场主体的合法权益。[1] 具体来讲:

1.立足自身职责定位,联合市场监管、行政审批等涉企职能部门,打造平台构建政企面对面沟通机制。履行监督专责、运用协同联动机制、携手职能部门营造良好的发展环境。例如,不少地方纪委监委举办沙龙,每次沙龙开始之前都要预先准备惠企政策议题清单、到会部门责任清单,会上企业家"点单"发问、相关部门对题解答,纪检监察机关根据职能部门的履职情况同步开出督责清单,推动其对症下药,切实解决企业的急难愁盼问题。

2.完善营商环境监督联系点机制,公开选聘涵盖企业、商协会等联系点,把触角延伸至经营主体;构建与工信、商务、市场监管等涉企职能部门工作会商、信息交流、联合检

---

[1] 参见本报记者李张光:《从严纠治破坏营商环境作风问题》,载《中国纪检监察报》2024年3月5日。

查、线索移送等全链条协作机制。纪委监委持续深化营商环境监督常态化联系机制，引导各方力量参与到"问题收集—分析研判—推动整改—深化治理"的工作闭环中，把纪委监督专责和部门行业监管责任贯通起来，精准解决涉企问题。

3. 围绕政务服务、行政审批等领域突出问题开展专项监督，组织干部定期赴企调研，建立与市优化营商环境办、市场监管、政务服务中心等职能部门的协作会商机制。从监督入手，由问题切入，贯通"找问题—商对策—督办理—问实效"全流程，助企纾困解难、安心发展。对于在专项监督中发现的各类问题，纪检监察机关及时会商、反馈、交办，完善台账管理、跟踪问效、督查问责、整改"回头看"等各项监督机制，推动责任落地、措施见效、问题解决。

4. 加强与地方党委政府督查室的协同配合，在信息互通、监督协同、线索移交、通报曝光等全流程、各环节建立协作机制，跟进督促解决"民声呼应"平台中企业反映的突出问题，推动切实整改到位，同步深挖细查背后责任、腐败和作风问题，清除影响营商环境的"绊脚石"。[1]

5. 压实优化营商环境的政治责任。坚持把政治监督与作风建设有机融合，综合运用提醒函、约谈、通报等手段，督

---

[1] 参见本报记者李玉长：《同题共答优化营商环境》，载《中国纪检监察报》2024年4月4日。

促各级党委政府切实担负起优化营商环境的主体责任,推动职能部门认真履行好"管行业就要管行风"的监管责任,实现同向发力、同时发力、同题共答。

6.严肃纠治漠视侵害企业合法权益的突出问题。聚焦权力集中、资金密集、资源富集的行业领域,聚焦关键部门、关键岗位的领导班子、领导干部,聚焦与企业群众密切关联的管理部门、服务窗口,着力发现和查处吃拿卡要、推诿扯皮、搞歧视性对待等漠视侵害企业权益的行为,公开曝光典型案例,持续释放全面从严、一严到底的强烈信号。

7.把纠风治乱、查处案件与推动发展有机结合起来。进一步用好"专"的手段,推动各地区各部门及时总结专项监督、专项整治等有效经验做法,准确把握营商环境领域不正之风的地区性、行业性、阶段性特点,聚焦小切口,一个问题一个问题地进行专项纠治,积小胜为大胜,不断优化营商环境。同时,坚持行贿受贿一起查,严肃查处企业人员违规违法问题,让不法商人付出应有代价;坚持实事求是,综合考虑案件情节、性质和企业发展、社会就业等因素,依规依纪依法处置,把查处案件与保障企业合法权益、促进企业合规经营贯通起来,实现政治效果、纪法效果、社会效果的有机统一。

8.推动构建亲清合一的新型政商关系。把规范政商交往摆在突出位置,推动各地区各部门从实际出发,既规范权力行使,防止权力对微观经济活动的不当干预,又依规依纪依法明晰政商交往界限,消除干部与企业正常交往的顾虑,推动广大党员干部担当作为,着力为企业解难题、办实事。

## 50 如何正确理解纪检监察机关在党的自我革命中的职责定位?

执纪者必先守纪,律人者必先律己。近年来,中央纪委国家监委围绕案件监督管理、监督检查、审查调查等出台一系列监管制度,如《关于加强新时代纪检监察干部监督工作的意见》《中央纪委国家监委机关审查调查工作人员"十不准"》等,进一步规范业务流程。纪检监察机关要紧紧围绕权力运行的关键环节,健全完善回避、保密和过问干预案件登记备案等工作机制;要加强对业务工作全流程监督管控,定期对监督检查、审查调查情况分析通报,确保纪检监察权在正确轨道上行使。

新时代以来,一批标志性、关键性、基础性法规制度先后出台,各级纪检监察机关结合工作实际将行之有效的做法固化为制度。制定《纪检监察干部网络行为十条禁令》《关于严禁纪检监察干部违规饮酒的规定》,一些地方发布纪检监察干部行为"负面清单"、离岗离职从业限制、"八小时外"监督措施……纪检监察机关坚持以严的标准审视自己,坚决防止"护犊子"心态,对问题睁一只眼闭一只眼;坚决防止"带病提拔""带病上岗"。自我约束的"紧箍"越收越紧。①

纪检监察机关是推进党的自我革命的重要力量,肩负特殊政治责任和光荣使命任务,必须始终做到绝对忠诚、绝对可靠、绝对纯洁。在二十届中央纪委三次全会上,习近平总书记对纪检监察机关寄予殷切期望、给予深切信任、提出严格要求。中央纪委三次全会工作报告贯彻落实习近平总书记重要讲话精神,作出"八个突出、八个深化"工作部署,其中之一便是"突出发扬彻底自我革命精神深化纪检监察机关自身建设"。纪检监察人员需准确把握纪检监察机关在党的自我革命中的职责定位,坚决贯彻"九个以"的实践要求,不折不扣落实到纪检监察工作全过程各方面。

1. 纪检监察部门应在聚焦主责主业上发力,更优地将正风肃纪反腐融会贯通。反腐乃是最为彻底的自我革命,是党的自我革命必须长期紧抓的关键任务。要紧密联系实际,坚定不移地贯彻落实。在惩治腐败上需维持高压状态,紧盯金融、国企、工程建设等重要领域,紧盯新型腐败、隐性腐败,紧盯群众身边的"蝇贪蚁腐",勇于斗争、深入彻查。在风腐同查同治上要勇于动真碰硬,紧盯领导机关和领导干部,紧盯违规吃喝等突出问题,既要"由风查腐",深入挖掘不正之风背后的请托办事、利益输送等腐败问题;又要

---

① 参见本报记者李文峰:《以彻底的自我革命精神锻造纪检监察铁军》,载《中国纪检监察报》2024年3月3日。

"由腐纠风",细致探查腐败背后的作风问题。在铲除腐败滋生的土壤和条件上要加强实践摸索,强化监督检查与审查调查的贯通协同,结合实际分析研究腐败滋生的土壤和条件,在以案促改、以案促治上显真效、出实绩,督促相关单位深化改革、建章立制、堵塞漏洞,持续加强正反两方面教育,维持风清气正的政治生态。

2. 在服务保障大局上聚力,更好地以自我革命引领社会革命。以中国式现代化全面推进强国建设、民族复兴伟大事业,乃是新时代新征程党和国家的核心任务,是新时代最大的政治。我们需紧紧围绕中心大局谋划和推进党的自我革命,将日常监督从严、问题线索处置从严、执纪执法从严、廉政审核从严等全面从严的要求树立起来、落实下去,令党员干部切实领悟"严"、接纳"严"、习惯"严"、自觉"严",更好地以严的举措、严的氛围促成实的作风。全力提升服务保障之效,把从严管理监督和鼓励担当作为高度统一起来。

3. 在强化自身建设上发力,更好地担当推进党的自我革命的使命责任。深入推进党的自我革命,铲除腐败滋生的土壤和条件任务艰巨,对纪检监察机关自身建设是一场新的大考。要率先发扬彻底自我革命精神,持续巩固并拓展教育整顿成果。进一步筑牢政治忠诚。常态化开展政治教育、党性教育、纪律教育,引领干部永不休止地纯洁思想、铸就忠诚,自觉运用习近平新时代中国特色社会主义思想凝聚心神，将增强"四个意识"、坚定"四个自信"、做到"两个维护"转化为听党指挥、为党尽责的实际行动，始终做到绝对忠诚、绝对可靠、绝对纯洁。进一步发扬斗争精神。引领干部自觉将斗争当作必备的品格、工作的常态，坚定斗争意志，增强斗争本领，坚决舍弃瞻前顾后、心慈手软、给自己留后路的想法，始终做到坚持原则、勇于亮剑、敢斗善斗、担当尽责。进一步强化严管严治。坚持严在日常、管在经常，从具体事情着手、从小事小节抓起，压紧压实各方面从严教育管理监督责任，持续纯洁组织、整肃队伍，持续检视问题、狠抓整改，不断擦亮忠诚干净担当、敢于善于斗争的铁军本色，更加积极有为地创造新业绩、交出新答卷。

## 51 锻造对党绝对忠诚的纪检监察铁军的重要性体现在哪里？

习近平总书记在二十届中央纪委二次全会上强调，纪检监察机关是推进全面从严治党的重要力量，使命光荣、责任重大，必须忠诚于党、勇挑重担，敢打硬仗、善于斗争，在攻坚战持久战中始终冲锋在最前面。中央纪委二次全会要求，锻造堪当新时代新征程重任的高素质纪检监察干部队伍。新时代新征程上，纪检监察工作任重而道远。要坚持政治机关首先必须政治过硬，进一步加强政治建设、能力建设、廉洁建设，自觉接受各方面监督，坚决防治"灯下黑"，以铁的纪律打造忠诚干净担当、敢于善于斗争的纪检监察铁军。[①] 具体而言，锻造对党绝对忠诚的纪检监察铁军的重要性主要体现在以下几个方面：

1. 保障党的纪律和规矩的执行

纪检监察机关作为党的纪律部队，是推进全面从严治党的重要力量。它们负责监督和执行党的纪律和规矩，确保党的路线、方针、政策得到有效贯彻落实。只有纪检监察干部对党绝对忠诚，才能确保他们在工作中不偏不倚，严格执行党的纪律，维护党的团结统一。

2. 护国家政权和捍卫民族复兴

纪检监察机关被视为党和人民维护国家政权、捍卫民族复兴的利剑。在推进中国式现代化进程中，纪检监察机关肩负着重要使命，发挥着重要作用。因此，锻造一支对党绝对忠诚的纪检监察铁军，对于维护国家安全和社会稳定，推动国家繁荣昌盛具有重要意义。

3. 提升纪检监察工作的质量和效率

通过对纪检监察干部进行系统的政治建设和教育培训，可以提升他们的政治觉悟和业务能力，使其在工作中更加专业、高效。这不仅有助于提高纪检监察工作的质量和效率，也有助于增强纪检监察干部的斗争精神和工作热情，

---

① 参见本报记者柴雅欣：《以铁的纪律打造忠诚干净担当铁军》，载《中国纪检监察报》2023年2月6日。

进一步增强工作积极性和主动性。

4. 确保纪检监察队伍的纯洁性和可靠性

纪检监察干部是党的纪律执行者,其自身的纯洁性和可靠性直接影响纪检监察工作的权威性和公信力。通过严格的教育整顿和自我革命,可以清除队伍中的害群之马,防止"灯下黑",确保纪检监察队伍始终保持纯洁、可靠、忠诚。

5. 推动全面从严治党不断取得新成效

纪检监察机关在全面从严治党中发挥着关键作用。通过锻造对党绝对忠诚的纪检监察铁军,可以更好地履行监督执纪问责职责,推动全面从严治党向纵深发展,不断取得新的成效。

综上,锻造对党绝对忠诚的纪检监察铁军,不仅是纪检监察机关自身建设的需要,也是党和国家事业发展的重要保障。它对于维护党的纪律、推进全面从严治党、保障国家长治久安具有深远意义。[①]

## 52 如何正确理解纪检监察机关"刀刃向内"?

纪检监察机关"刀刃向内"主要体现在以下几个方面:

---

[①] 参见本报记者文子玉:《锻造对党绝对忠诚的纪检监察铁军》,载《中国纪检监察报》2024 年 3 月 25 日;本报记者李文峰:《以彻底的自我革命精神锻造纪检监察铁军》,载《中国纪检监察报》2024 年 3 月 3 日。

第一，纪检监察机关乃是维护党纪国法的纪律部队，一旦出现问题，对党的执政根基和信用的损害会比普通党员严重许多。故而，习近平总书记强调执纪者必先守纪，律人者必先律己，对纪检监察干部，既赋予其权、给予其誉，又明确其责，以法约束，打造一支忠诚坚定、担当尽责、遵纪守法、清正廉洁的纪律强军。① 严肃查处违纪违法纪检监察干部并公开通报相关数据，释放出纪检监察机关从严整肃队伍、坚决清除害群之马、"刀刃向己"、一严到底的强烈信号，彰显了以彻底的自我革命精神加强自身建设，用实际行动践行忠诚干净担当的坚定决心。

第二，纪检监察机关是党的"纪律部队"，是推进全面从严治党的重要力量，在推进中国式现代化进程中肩负重要使命、发挥重要作用。党的十八大以来，以习近平同志为核心的党中央高度重视纪检监察干部队伍，始终寄予极大期望，给予极大信任，提出严格要求。越是党和人民充分信任、高度肯定，越要谦虚谨慎、戒骄戒躁，越要保持如临深渊、如履薄冰的警醒。从现实情况看，纪检监察干部队伍的主流是好的，但还存在管党治党不严、"灯下黑"问题，存在思想不纯、政治立场不坚定的"两面人"问题。通报曝光的数据再次说明，纪检监察机关不是"保险箱"，纪检监察干

---

① 2018年1月11日，习近平总书记在中国共产党第十九届中央纪律检查委员会第二次全体会议上的重要讲话。

部没有天然的"免疫力",必须接受最严格的约束和监督,敢于"刀刃向内"自剜腐肉,加大严管严治、自我净化力度,以铁的纪律锻造纯度更高、成色更足的铁军。

第三,必须以最鲜明的态度、最有力的措施、最果断的行动坚决查处"两面人"、坚决防治"灯下黑"。开展教育整顿,关键就是一个"严"字,必须严明法纪,从严整肃队伍。自教育整顿开展以来,各级纪检监察机关将严的基调贯穿全过程,将严的要求传导到每一名纪检监察干部,从一开始就把严的态度亮出来、把严的标准立起来、把严的纪律执行起来,真刀真枪、动真碰硬解决问题。当前,要进一步夯实严的氛围,坚持不懈把严的基调、严的措施、严的氛围传递下去,在"严"字上下实劲见真章。要严肃认真坚决清理门户,对那些线索反映具体、指向明确、核查条件成熟的立案查处,对那些不收敛不收手、问题反映集中、群众反映强烈的彻查严处,对那些教育整顿期间欺瞒组织、顶风违纪的依规依纪依法从严处理,持续保持高压态势。同时,要深化以案为鉴、以案明纪、以案说法,深刻剖析典型案例中暴露出来的突出问题和风险隐患,教育纪检监察干部知敬畏、存戒惧、守底线。

第四,要统筹抓好主题教育和教育整顿,以更高标准、更严要求纯洁思想、纯洁组织。主题教育和教育整顿是有机统一的,要把教育整顿同主题教育统筹衔接起来、有机嵌入进去,推动整个系统对自身存在的问题进行一次大扫除,在思想政治、纪律作风、管理监督、履职本领上有一个大提高。要在强化教育纯洁思想上下更大功夫，不断夯实对党绝对忠诚、政治上绝对可靠的思想根基；在清理整顿纯洁组织上下更大功夫，坚决清除对党不忠诚不老实的害群之马；在健全完善严管体系上下更大功夫，进一步加强对纪检监察干部的全方位管理和经常性监督；在以身作则示范引领上下更大功夫，把严的要求传导到全系统每一名干部，走好拥护"两个确立"、做到"两个维护"的第一方阵。

总之，监督者，自身要接受监督；执纪者，自身要严守纪律；反腐者，自身要廉洁不腐。各级纪检监察机关和广大纪检监察干部要更加自觉地接受刻骨铭心的革命性锻造和深入灵魂的精神洗礼，铸就政治忠诚、清除害群之马、健全严管体系、增强斗争本领，着力打造忠诚干净担当、敢于善于斗争的纪检监察铁军，真正做到让党中央和习近平总书记放心、让人民群众满意。[①]

### 53 如何正确理解怎样让"打铁的人"首先成为"铁打的人"？

随着国家监察体制改革的深入推进，纪委和监察委员

---

① 参见兰琳宗：《刀刃向己一严到底　永葆铁军本色》，载中央纪委国家监委网站，https://www.ccdi.gov.cn/toutiaon/202307/t20230724_277771.html。

会合署办公,监督范围扩大了、手段丰富了,经受的考验也将更加严峻。"打铁必须自身硬",自身廉洁过硬才是执纪执法者最足的底气、最大的硬气。

习近平总书记高度重视纪检监察队伍建设,多次指示要求解决好"谁来监督纪委"问题,强调纪委要严防"灯下黑",保持队伍纯洁。中央纪委贯彻落实党中央决策部署,坚持信任不能代替监督,反复强调纪检监察机关不是"保险箱",纪检监察干部也没有天生的免疫力。党的十八大以来,中央纪委成立纪检监察干部监督室,强化内部监督;制定监督执纪工作规则,把纪委的权力关进制度"笼子";严明审查纪律,"刀刃向内"、清理门户,对执纪违纪的坚决查处、失职失责的严肃问责、不适合从事纪检监察工作的坚决调离。一系列强化自我监督的有效举措,有力地回应了党内关切和群众期盼。

国家监察体制改革后,纪检监察机关既是执纪机关又是执法机关,承担着监督执纪问责和监督调查处置双重职责,承载着广大人民群众对于严惩腐败、弘扬正气的殷殷期盼。执纪执法者一旦出问题,就会被放大甚至引起对改革的质疑,乃至损害党的光辉形象。我们还必须清醒地看到,目前,"围猎"和甘于"被围猎"的问题交织存在,纪检监察干部被"围猎"的风险更大,必须始终保持如临深渊、如履薄冰的心态,时刻警惕"糖衣炮弹",时刻绷紧纪律这根弦,守住政治生命线、守住廉洁自律底线。

在十九届中央纪委二次全会上，习近平总书记强调，执纪者必先守纪，律人者必先律己，要求纪检监察机关增强自身的免疫力，可谓字字千钧、振聋发聩。对纪检监察机关的监督，首先是党委全面监督。监察法草案明确写入"坚持中国共产党对国家监察工作的领导"。党政军民学，东西南北中，党是领导一切的，党的领导本身就包含教育管理和监督。纪委和监察委员会合署办公，在党委领导下开展工作，对党委全面负责，党委监督是第一位的。纪检监察机关应认真执行党的路线方针政策和党委决策部署，重大事项及实施过程及时主动向同级党委报告，自觉接受党委监督。

《监察法》在内部制约和监督方面规定了严格措施，与监督执纪工作规则相衔接，将实践中行之有效的做法上升为法律规范。例如，要求设立内部专门的监督机构，对于监察人员打听案情、过问案件、说情干预的有关情况登记备案，对回避、离岗离职从业限制、案件处理重大失误责任追究等作出明确规定。又如，《监察法》在"监察程序"一章专门规定了监察机关应当建立问题线索处置、调查、审理各部门相互协调、相互制约的工作机制，加强对问题线索调查、处置工作全过程的监督管理，等等。

十九届中央纪委二次全会工作报告将加强自身建设单列一章，强调有权必受监督，用权不可任性。要求各级纪检监察机关落实"一岗双责"、加强日常教育管理监督；认真执行监督执纪工作规则和相关法律法规，强化自我监督，健全内控机制;充分发挥机关党委、纪委和干部监督机构作用,对反映纪检监察干部的问题线索认真核查,决不护短遮丑,用铁的纪律锻造纪检监察队伍。

正人先正己,打铁的人首先要成为"铁打的人"。广大纪检监察干部要牢记习近平总书记的嘱托,行使权力慎之又慎,自我约束严之又严,确保党和人民赋予的权力不被滥用、惩恶扬善的利剑永不蒙尘。①

纪检监察机关以实际举动践行中央要求,时常"清扫庭院,铲除害群之马"。纪检监察机关并非"保险箱",纪检监察干部也无"丹书铁券"。魏健、曹立新、朱明国、金道铭等人在中央电视台播出的《打铁还需自身硬》节目中"痛彻骨髓"的忏悔给全国纪检监察干部带来了强烈的震动和警示。《中国共产党纪律检查机关监督执纪工作规则》等将纪委的权力纳入制度的牢笼,以实践成果的制度化回应党内关注和群众期望。特约监察员列席十九届中央纪委三次全会,有效发挥监督咨询、桥梁纽带的功效,消解了外界对特约监察员是否为"橡皮图章"的疑虑,这套精妙的"组合拳",妥善回应了"谁来监督纪委"的公众疑问。

尽管我们取得了反腐败斗争压倒性胜利,但尚未完全取得胜利,反腐败斗争局势依旧严峻复杂。"攻城易,守城

---

① 参见高卉:《"打铁的人"首先要成为"铁打的人"》,载《中国纪检监察》2018年第5期。

难",纪检监察机关巩固与发展压倒性胜利的任务并不比以往轻松。必须不断弘扬自我革命的精神,开启手电筒、照亮"灯下黑",将"严管即为厚爱""信任不能替代监督"的干部队伍建设理念继承弘扬下去,恒久保持纪检监察干部彰善瘅恶、激浊扬清的政治底色。①

## 54 特约监察员如何理解整治群众身边不正之风和腐败问题是关系党的执政根基的大事?

坚持以人民为中心是纪检监察工作的出发点和落脚点。纪检监察工作是人心工作、群众工作,人民群众反对什么、痛恨什么就要坚决防范和纠正什么。整治群众身边不正之风和腐败问题,是老百姓期盼的实事,是关系党的执政根基的大事。坚持人民至上,是习近平新时代中国特色社会主义思想的根本立场。习近平总书记反复强调江山就是人民、人民就是江山,打江山、守江山,守的是人民的心,②"民心是最大的政治""为民造福是最大政绩",这一系列重要论述为纪检监察机关整治群众身边不正之风和腐败问题指明了方向、提供了根本遵循。

---

① 参见田坤:《如何让"打铁的人"成为"铁打的人"?》,载《中国纪检监察》2019年第3期。

② 2022年10月16日,习近平总书记在中国共产党第二十次全国代表大会上的报告。

党的十八大以来,纪检监察机关认真贯彻习近平总书记和党中央决策部署,执纪执法为民、纠风治乱为民,推动全面从严治党向基层延伸,持续整治群众身边不正之风和腐败问题,有力查处了一批"蝇贪蚁腐"。2023年全国纪检监察机关共查处民生领域腐败和作风问题7.7万起,给予党纪政务处分7.5万人。在全国开展群众身边不正之风和腐败问题集中整治,就是要集中解决一批群众身边的实际问题,让人民群众切身感受到公平正义就在身边。今后要把严的基调、严的措施、严的氛围长期坚持下去,坚决惩治群众身边腐败问题,推动增进民生福祉,切实增强人民群众获得感、幸福感、安全感。

强力推进办案,狠抓纠风治乱,集中解决一批群众身边的实际问题。要坚持问题导向,突出重点,深化乡村振兴领域不正之风和腐败问题专项整治,瞄准教育、就业、医疗等民生领域的痛点难点开展集中整治,推进扫黑除恶"打伞破网"常态化机制化,重拳纠治干部群众反映强烈的形式主义、官僚主义。紧盯重点项目、重大资金、重要环节,紧盯党政"一把手"、村级"一肩挑"人员,强化监督检查,严肃查处涉农腐败。持续保持高压态势,推动加大基层监督办案力度,抓好线索处置,对涉及范围广、影响恶劣的问题,从严查处、查清查透;对反映具体、条件成熟的,果断立案,迅速突破;对疑难复杂以及干扰多、阻力大的案件,纪委书记要直接指挥,集中攻坚。坚持依规依纪依法,准确运用"四种形态",落实好"三个区分开来",不断推动集中整治工作走深走实。

坚持正风反腐一起抓,把监督、办案、整改、治理贯通起来。集中整治工作要坚持系统观念,标本兼治、系统施治,确保取得实实在在的成效。要凝聚工作合力,强化责任落实,推动各地党委担当主体责任,压实纪检监察机关监督责任,整合相关部门力量,合力解决突出问题。强化以案促改、以案促治,对案件查办中暴露出的普遍性、深层次问题,从制度机制上找原因、提对策,推动完善体制机制、堵塞监管漏洞,实现查处一案、警示一片、治理一域的综合效果。推动完善基层监督体系,优化基层纪检监察机构设置,统筹用好县乡监督力量,结合实际运用信息化手段,做实做细日常监督,促进提升基层治理效能。开展好党纪学习教育,加强廉洁教育,以身边事教育身边人,推动广大基层干部从思想上正本清源、固本培元,坚守清正廉洁、勇于担当作为,积极为群众办实事办好事,把党和政府的好政策落实到群众心坎上,不断厚植党执政的政治基础和群众基础。[1]

集中整治民生领域痛点难点问题。群众对不公平不公正问题十分痛恨,当前一些民生痛点难点问题长期得不到解决,背后往往存在作风和腐败问题。要聚焦群众急难愁

---

[1] 参见兰琳宗:《下更大气力纠治群众身边不正之风和腐败问题》,载中央纪委国家监委网站,https://www.ccdi.gov.cn/toutiaon/202404/t20240417_341588_m.html。

盼问题,聚焦直接关系民生福祉的领域和行业,聚焦严重侵害群众切身利益的人和事,深化整治群众身边不正之风和腐败问题。从解决群众最关心、最直接、最现实的利益问题入手,督促各地各部门聚焦教育、就业、医疗等重点领域,选取小切口、采取硬措施,有效整治校园饮食安全、欺诈骗取医保等问题。要坚持执纪执法为民、纠风治乱为民,严肃查处吃拿卡要、优亲厚友、损公肥私等行为,着力纠治打着"为民谋福祉"幌子搞劳民伤财的"新形象工程",推动为群众办成更多可感可及的实事。①

---

① 参见李鹃:《广安观潮丨着力解决群众反映强烈的突出问题》,载中央纪委国家监委网站,https://www.ccdi.gov.cn/yaowenn/202404/t20240418_341930_m.html。

# 第八章 特约监察员在执法执纪监督中的作用

## 55 特约监察员如何正确理解"把纪律挺在法律的前面"？"纪严于法"体现在哪些方面？

**一、如何正确理解"把纪律挺在法律的前面"**

修订后的《中国共产党纪律处分条例》第 4 条规定，"党的纪律处分工作遵循下列原则：（一）坚持党要管党、全面从严治党。……加强对党的各级组织和全体党员的教育、管理和监督，把纪律挺在前面，抓早抓小、防微杜渐。……"这对没有犯错误的党员干部或者有轻微问题的党员干部均适用。需要思考的问题如下。

1."把纪律挺在法律的前面"是对谁提出的要求

把纪律挺在法律的前面，是对履行主体责任的党组织和履行监督责任的纪检监察机关提出的要求。

就履行主体责任的各级党组织而言，应当切实加强对党员的日常教育、监督、管理，在破纪之初，就要勇于亮剑，该提醒的提醒、该处分的处分，绝不能养痈成患。就教育而言，不能简单地理解为教育党员不违纪，而是要教育其树立崇高的理想。就纪检机关监督执纪而言，最能体现把纪律挺在前面的要求是《中国共产党党内监督条例》第 37 条第 2 款的规定："在纪律审查中发现党的领导干部严重违纪涉嫌违法犯罪的，应当先作出党纪处分决定，再移送行政机关、司法机关处理。……"

此外,《中国共产党党内监督条例》第37条第1款,2018年《中国共产党纪律处分条例》第29条、第30条,均体现了纪挺法前的要求,如党员被依法逮捕的,需要中止其表决权、选举权和被选举权等党员权利。在司法机关最终处理结果出来之前,先中止党员权利,在一定程度上体现了对党员的严格要求。《中国共产党党内监督条例》第37条第2款规定,党员的行为虽不构成犯罪但涉嫌违纪的,应当移送纪委依纪处理,则体现了纪严于法的内在要求。

《中国共产党纪律处分条例》第31条规定,党组织在纪律审查中发现党员严重违纪涉嫌违法犯罪的,原则上先作出党纪处分决定,并按照规定由监察机关给予政务处分或者由任免机关(单位)给予处分后,再移送有关国家机关依法处理。

2."抓早抓小"是否适用于已有严重问题的党员

把纪律和规矩挺在法律前面,主要针对未犯错的党员干部和犯轻微错误的党员干部,坚持纪挺法前,唤醒全党特别是党员领导干部的党章党规党纪意识,用纪律管住大多数,把"病毒"和"虫害"消灭在萌芽状态,防止党员领导干部小错酿成大祸;只有坚持纪严于法,才能突出强调党员和党组织区别于普通公民的政治责任。

对已经犯了严重错误的党员干部,需要依规依法处理,不宜以抓早抓小为由,大事化小、小事化了,高高举起、轻轻放下,对已严重违纪的党员干部,须严格依纪依法审查(调查)。当然,对已实施严重违纪行为的党员干部,党组织仍然不抛弃、不放弃,可以继续教育、管理、监督,避免其实施更严重的违纪违法行为。

3. 是否允许对党员的违法行为先追究法律责任,而后再追究纪律责任

就纪检机关而言,党员领导干部严重违纪涉嫌违法犯罪的,应当先作出党纪处分决定,再移送行政机关、司法机关处理。如果其他有关行政机关、司法机关依法办理党员干部违法犯罪案件在先,需要按照规定将问题线索及时移送相关纪律检查机关、党组织处理。有关党组织、纪检机关在对有关涉法问题上拿捏不准时,可以根据留有余地的原则,待司法机关的判决、裁定、决定,行政机关的行政处罚、行政处分生效后再作出党纪处分,不可单纯追究"把纪律挺在法律的前面"效果而在不全面掌握案件事实、证据和未听取本人申辩的情况下鲁莽地下结论。如 2018 年《中国共产党纪律处分条例》第 31 条、第 32 条、第 33 条是对"把纪律挺在法律的前面"原则的例外规定。第 31 条是对党员先受到刑事责任追究(检察院相对不起诉决定、法院定罪免刑),而后再作出党纪处分的规定;第 32 条是对党员因故意犯罪、过失犯罪被判处刑罚的党纪处分规定;第 33 条第 2 款是对党员依法先受到政务处分、行政处罚,后应当追究党纪责任的规定;第 33 条第 3 款是对党员先违反

国家法律法规，违反企事业单位或者其他社会组织的规章制度受到其他纪律处分，应当追究党纪责任的规定。

**二、纪严于法体现在哪些方面**

习近平总书记指出，纪律是管党治党的尺子，法律是依法治国的准绳。党章等党规对党员的要求比法律要求更高，党员不仅要严格遵守法律法规，而且要严格遵守党章等党规，习近平总书记指出"纪律建设是全面从严治党的治本之策"。2015年，党中央站在全面从严治党的战略高度，鲜明提出"把纪律和规矩挺在法律前面"，要求坚持纪严于法、纪挺法前，实现纪法分开。这对纪检机关监督执纪问责具有重要指导意义。

实践证明，党员干部"破法"必先"破纪"。为此，要纪严于法、纪挺法前。这里的"严"，主要是指纪律对党员干部的要求高于法律对一般公民的要求。那么，纪严于法，体现在哪些地方呢？

1. 行政处罚、追究刑事责任，分别有追究时效、追诉时效，但追究党纪政务责任没有时效限制。以卖淫嫖娼为例，《治安管理处罚法》对卖淫嫖娼行为的行政处罚规定了六个月的追究时效，但追究党纪政务责任并没有时效限制。根据《刑法》第87条的规定，对法定最高刑不满五年有期徒刑的犯罪，经过五年，不再追诉。但追究党纪政务责任并没有时效限制，什么时候发现就什么时候追究，除非没有证据证明违纪或者证据不足。

2.有些行为,虽然刑法和纪律均予调整,但追究责任的门槛大不相同。刑法追究党员干部的刑事责任条件之一是其行为具有严重的社会危害性,追究党员干部的纪律责任条件之一是党员干部的违纪行为具有一定的危害性(危害党、国家和人民利益)即可,但不强调具有严重的社会危害性。以贪污、受贿犯罪为例,根据《最高人民法院、最高人民检察院关于办理贪污贿赂刑事案件适用法律若干问题的解释》的规定,追究贪污贿赂犯罪刑事责任的起点是犯罪数额达到3万元。相对而言,追究贪污受贿等违纪行为责任,尚无起点限制。

3.有些行为,刑法不予调整,但纪律要调整。例如,《中国共产党纪律处分条例》第82条规定,党员领导干部违反有关规定组织、参加自发成立的老乡会、校友会、战友会等,情节严重的,给予警告、严重警告或者撤销党内职务处分。又如,第124条规定,在社会保障、社会救助、政策扶持、救灾救济款物分配等事项中优亲厚友、明显有失公平的,给予警告或者严重警告处分;情节较重的,给予撤销党内职务或者留党察看处分;情节严重的,给予开除党籍处分。再如,第150条规定,生活奢靡、铺张浪费、贪图享乐、追求低级趣味,造成不良影响的,给予警告或者严重警告处分;情节严重的,给予撤销党内职务处分。上述违纪行为,刑法不将其规定为犯罪,但《中国共产党纪律处分条例》将其规定为违纪。[①]

## 56 在现行纪检监察体制下,特约监察员可以起到哪些切实有效的作用?

作为纪检监察体制的关键补充,特约监察员制度的构建核心落位于对纪检监察机关及其工作人员依法依规履职状况实施监督。一方面,特约监察员能够对纪委监委工作的瑕疵提供意见与建议,有利于纪检监察机关持续优化工作模式,持续推动纪检监察工作的合规与透明。特别是现今的《监察法》对监察对象范畴、留置措施等规定稍显宽泛,致使纪检监察机关享有较大的自由裁量权,倘若对纪检监察机关及其工作人员的权力行使情况不加约束与监督,极易造成被调查人的合法权益遭受侵害。在纪检监察实践里,个别领导和工作人员借助权力损害公民权利的情况屡有出现,怎样保障被监察对象的合法权益乃是纪检监察体制改革的关键内容。特约监察人员在履职期间若察觉存在被监察对象合法权益遭受损害的情况,可以向监察机关给出意见或建议。另一方面,特约监察员亦可主动投身于党风廉政建设和反腐败工作中,在反馈社情民意方面充分施

---

[①] 参见刘飞:《纪检监察实务问答》(第2版),中国法制出版社2020年版,第52页。

展桥梁纽带效能,在反腐败舆论引导上充分发挥宣导引领作用,推动纪委监委反腐工作持续获得新进展,党风廉政建设持续收获新成效。①

特约监察员制度是"群众路线于纪检监察工作中的一项客观需求,也是强化对纪检监察机关自身监管,将人民智慧应用于纪检监察工作以强化纪检监察队伍建设的一个有力手段"。②

## 57 特约监察员如何监督监察官的产生是否合规?

根据《监察官法》第 14～18 条的规定,监察官的遴用需遵循以下 5 项准则:

(1)监察官之遴用,秉持德才兼备、以德为先之原则,坚持五湖四海、任人唯贤之理念,以事业为重、公道正派为要,突出政治标准,注重工作实绩。

(2)监察官通过考试、考核之方式,从符合监察官条件的人员中择优选用。

(3)录用监察官,应依据法律及国家相关规定,采取公开考试、严格考察、平等竞争、择优录取的办法。

---

① 参见王立峰、李洪川:《特约监察员制度的演变逻辑、实践价值与完善路径》,载《党政研究》2020 年第 6 期。
② 刘长秋、史聪:《新中国成立 70 年来我国纪检监察机关构建的经验与启示》,载《理论与改革》2019 年第 6 期。

（4）监察委员会可以根据监察工作需求，依照法律及国家有关规定，从中国共产党机关、国家机关、事业单位、国有企业等机关、单位从事公务的人员中选取符合任职条件的人员担任监察官。

（5）监察委员会可以根据监察工作需要，依照法律及国家有关规定，在从事与监察机关职能职责相关的职业或者教学、研究的人员中选拔或者聘任符合任职条件的人员出任监察官。

根据《监察官法》第13条的规定，有下列情形之一的，不得担任监察官：

（1）因犯罪受过刑事处罚，以及因犯罪情节轻微被人民检察院依法作出不起诉决定或者被人民法院依法免予刑事处罚的；

（2）被撤销中国共产党党内职务、留党察看、开除党籍的；

（3）被撤职或者开除公职的；

（4）被依法列为失信联合惩戒对象的；

（5）配偶已移居国（境）外，或者没有配偶但是子女均已移居国（境）外的；

（6）法律规定的其他情形。

根据《监察官法》第21条的规定，监察官有下列情形之一的，应当免去其监察官职务：

（1）丧失中华人民共和国国籍的；

（2）职务变动不需要保留监察官职务的；

（3）退休的；

（4）辞职或者依法应当予以辞退的；

（5）因违纪违法被调离或者开除的；

（6）法律规定的其他情形。

根据《监察官法》第 24 条的规定，监察官之间有夫妻关系、直系血亲关系、三代以内旁系血亲以及近姻亲关系的，不得同时担任下列职务：

（1）同一监察委员会的主任、副主任、委员，上述人员和其他监察官；

（2）监察委员会机关同一部门的监察官；

（3）同一派驻机构、派出机构或者其他监察机构的监察官；

（4）上下相邻两级监察委员会的主任、副主任、委员。

## 58 特约监察员如何判断监察官是否履行了法定义务？

根据《监察官法》第 10 条的规定，监察官应当履行下列义务：

（1）自觉坚持中国共产党领导，严格执行中国共产党和国家的路线方针政策、重大决策部署；

（2）模范遵守宪法和法律；

（3）维护国家和人民利益，秉公执法，勇于担当、敢于

监督,坚决同腐败现象作斗争;

(4)依法保障监察对象及有关人员的合法权益;

(5)忠于职守,勤勉尽责,努力提高工作质量和效率;

(6)保守国家秘密和监察工作秘密,对履行职责中知悉的商业秘密和个人隐私、个人信息予以保密;

(7)严守纪律,恪守职业道德,模范遵守社会公德、家庭美德;

(8)自觉接受监督;

(9)法律规定的其他义务。

## 59 特约监察员如何监督监察官的兼职和获取报酬行为?

其一,监察官不得兼任人民代表大会常务委员会的组成人员,不得兼任行政机关、审判机关、检察机关的职务,不得兼任企业或者其他营利性组织、事业单位的职务,不得兼任人民陪审员、人民监督员、执业律师、仲裁员及公证员。

其二,监察官因工作需求进行兼职的,应当依照管理权限予以批准,然而不得领取兼职报酬。[1]

---

[1] 参见《监察官法》第22条。

## 60 特约监察员如何判断和理解对监察官的监督和惩戒规则？

《监察官法》第七章明确了对监察官的监督和惩戒，具体为如下19项。

1. 监察机关应当规范工作流程，加强内部监督制约机制建设，强化对监察官执行职务和遵守法律情况的监督。

2. 任何单位和个人对监察官的违纪违法行为，有权检举、控告。受理检举、控告的机关应当及时调查处理，并将结果告知检举人、控告人。

3. 对依法检举、控告的单位和个人，任何人不得压制和打击报复。

4. 对于审判机关、检察机关、执法部门等移送的监察官违纪违法履行职责的问题线索，监察机关应当及时调查处理。

5. 监察委员会根据工作需要，按照规定从各方面代表中聘请特约监察员等监督人员，对监察官履行职责情况进行监督，提出加强和改进监察工作的意见、建议。

6. 监察官不得打听案情、过问案件、说情干预。对于上述行为，办理监察事项的监察官应当及时向上级报告。有关情况应当登记备案。

7. 办理监察事项的监察官未经批准不得接触被调查人、涉案人员及其特定关系人，或者与其进行交往。对于上述行为,知悉情况的监察官应当及时向上级报告。有关情况应当登记备案。

8.办理监察事项的监察官有下列情形之一的,应当自行回避,监察对象、检举人、控告人及其他有关人员也有权要求其回避;没有主动申请回避的,监察机关应当依法决定其回避:(1)是监察对象或者检举人、控告人的近亲属的;(2)担任过本案的证人的;(3)本人或者其近亲属与办理的监察事项有利害关系的;(4)有可能影响监察事项公正处理的其他情形的。

9.监察官应当严格执行保密制度,控制监察事项知悉范围和时间,不得私自留存、隐匿、查阅、摘抄、复制、携带问题线索和涉案资料,严禁泄露监察工作秘密。

10.监察官离岗离职后,应当遵守脱密期管理规定,严格履行保密义务,不得泄露相关秘密。

11.监察官离任三年内,不得从事与监察和司法工作相关联且可能发生利益冲突的职业。

12.监察官离任后,不得担任原任职监察机关办理案件的诉讼代理人或者辩护人,但是作为当事人的监护人或者近亲属代理诉讼、进行辩护的除外。

13.监察官被开除后,不得担任诉讼代理人或者辩护人,但是作为当事人的监护人或者近亲属代理诉讼、进行辩护的除外。

14.监察官应当遵守有关规范领导干部配偶、子女及其配偶经商办企业行为的规定。违反规定的,予以处理。

15. 监察官的配偶、父母、子女及其配偶不得以律师身份担任该监察官所任职监察机关办理案件的诉讼代理人、辩护人,或者提供其他有偿法律服务。

16. 监察官有下列行为之一的,依法给予处理;构成犯罪的,依法追究刑事责任:(1)贪污贿赂的;(2)不履行或者不正确履行监督职责,应当发现的问题没有发现,或者发现问题不报告、不处置,造成恶劣影响的;(3)未经批准、授权处置问题线索,发现重大案情隐瞒不报,或者私自留存、处理涉案材料的;(4)利用职权或者职务上的影响干预调查工作、以案谋私的;(5)窃取、泄露调查工作信息,或者泄露举报事项、举报受理情况以及举报人信息的;(6)隐瞒、伪造、变造、故意损毁证据、案件材料的;(7)对被调查人或者涉案人员逼供、诱供,或者侮辱、打骂、虐待、体罚、变相体罚的;(8)违反规定采取调查措施或者处置涉案财物的;(9)违反规定发生办案安全事故,或者发生安全事故后隐瞒不报、报告失实、处置不当的;(10)其他职务违法犯罪行为。监察官有其他违纪违法行为,影响监察官队伍形象,损害国家和人民利益的,依法追究相应责任。

17. 监察官涉嫌违纪违法,已经被立案审查、调查、侦查,不宜继续履行职责的,按照管理权限和规定的程序暂时停止其履行职务。

18. 实行监察官责任追究制度,对滥用职权、失职失责造成严重后果的,终身追究责任或者进行问责。

19.监察官涉嫌严重职务违法、职务犯罪或者对案件处置出现重大失误的,应当追究负有责任的领导人员和直接责任人员的责任。

## 61 特约监察员如何判断监察机关及其工作人员在什么情况下应当承担法律责任?

《监察法》第74条规定:"监察机关及其工作人员有下列行为之一的,对负有责任的领导人员和直接责任人员依法给予处理:(一)未经批准、授权处置问题线索,发现重大案情隐瞒不报,或者私自留存、处理涉案材料的;(二)利用职权或者职务上的影响干预调查工作、以案谋私的;(三)违法窃取、泄露调查工作信息,或者泄露举报事项、举报受理情况以及举报人信息的;(四)对被调查人或者涉案人员逼供、诱供,或者侮辱、打骂、虐待、体罚或者变相体罚的;(五)违反规定处置查封、扣押、冻结的财物的;(六)违反规定发生办案安全事故,或者发生安全事故后隐瞒不报、报告失实、处置不当的;(七)违反规定采取强制到案、责令候查、管护、留置或者禁闭措施,或者法定期限届满,不予以解除或者变更的;(八)违反规定采取技术调查、限制出境措施,或者不按规定解除技术调查、限制出境措施的;(九)利用职权非法干扰企业生产经营或者侵害企业经营者人身权利、财产权利和其他合法权益的;(十)其他滥用职权、玩忽职守、徇私舞弊的行为。"

需要注意,此处所说"依法给予处理",主要指依据《监察法》施以政务处分,即警告、记过、记大过、降级、撤职、开除;也涵盖依据《公务员法》及其他法律、行政法规与党内法规,对违法的监察人员及负有责任的领导人员实施问责,如通报、诫勉、停职检查、调整职务、责令辞职、降职、免职等。① 同时,根据新修订的《监察法实施条例》第 304 条的规定,监察机关根据已经掌握的事实及证据,发现涉嫌严重职务违法或者职务犯罪的监察人员可能实施下列行为之一的,经依法审批,可以在具备安全保障条件的场所对其采取禁闭措施:(1)继续实施违法犯罪行为的;(2)为被调查人或者涉案人员通风报信等泄露监察工作秘密的;(3)威胁、恐吓、蓄意报复举报人、控告人、被害人、证人、鉴定人等相关人员的;(4)其他可能造成更为严重的后果或者恶劣影响的行为。

### 62 特约监察员如何判断纪检监察干部在监督执纪中是否遵守了相关规定?

具体而言,纪检监察干部应遵循以下 10 项规定。

---

① 参见姜明安:《监察法研究》,法律出版社 2023 年版,第 319、320 页。

其一，针对纪检监察干部打听案情、过问案件、说情干预的情况，受请托人须向审查调查组组长及监督检查、审查调查部门主要负责人报告并登记存案。

若发现审查调查组成员未经准许接触被审查调查人、涉案人员及其特定关系人，抑或存在交往状况，应及时向审查调查组组长和监督检查、审查调查部门主要负责人乃至纪检监察机关主要负责人报告并登记存案。

其二，严格执行回避制度。审查调查审理人员若为被审查调查人或者检举人近亲属、本案证人、利害关系人，或者存在其他可能影响公正审查调查审理情形的，不得参与相关审查调查审理工作，应主动申请回避，被审查调查人、检举人以及其他有关人员亦有权要求其回避。选用借调人员、看护人员、审查场所，必须严格执行回避制度。

其三，审查调查组如需借调人员，通常应从审查调查人才库选用，由纪检监察机关组织部门办理手续，实行一案一借，不可连续多次借调。强化对借调人员的管理监督，借调结束后由审查调查组作出鉴定。借调单位和党员干部不得干预借调人员岗位调整、职务晋升等事项。

其四，监督执纪人员必须严格执行保密制度，把控审查调查工作事项的知悉范围与时间，不可私自留存、隐匿、查阅、摘抄、复制、携带问题线索和涉案资料，严禁泄露审查调查工作情况。

审查调查组成员工作期间，应当使用专用手机、电脑、电子设备和存储介质,实施编号管理,审查调查工作结束后收回检查。

汇报案情、传递审查调查材料须运用加密设施,携带案卷材料应专人专车、卷不离身。

其五,纪检监察机关相关涉密人员离岗离职后,应遵守脱密期管理规定,严格履行保密义务,不得泄露相关秘密。

监督执纪人员辞职、退休三年内,不得从事与纪检监察和司法工作相关联、可能产生利益冲突的职业。

其六,纪检监察机关开展谈话应做到全程可控。谈话前应做好风险评估、医疗保障、安全防范工作以及应对突发事件的预案;谈话中及时研判谈话内容及案情变化,若发现严重职务违法、职务犯罪,依照《监察法》须采取留置措施的,应当及时采取留置措施;谈话结束前做好被谈话人思想工作,谈话后按程序与相关单位或者人员交接,并做好跟踪回访等工作。

其七,构建健全安全责任制,监督检查、审查调查部门主要负责人和审查调查组组长系审查调查安全的第一责任人,审查调查组应指定专人担任安全员。若被审查调查人员发生安全事故,应在24小时内逐级上报至中央纪委,及时做好舆论引导。

若发生严重安全事故,或者存在严重违规违纪违法行为的,省级纪检监察机关主要负责人应向中央纪委作出检讨,并予以通报、严肃问责追责。

案件监督管理部门应组织开展经常性检查和不定期抽查,发觉问题及时报告并督促整改。

其八,对纪检监察干部越界接触相关地区、部门、单位党委(党组)负责人,私存线索、走风漏气、违反安全保密规定,接受请托、干预审查调查、以案谋私、办人情案、侮辱、打骂、虐待、体罚或者变相体罚被审查调查人,以违规违纪违法方式收集证据,截留挪用、侵占私分涉案财物,接受宴请和财物等行为,依规依纪严肃处理;涉嫌职务违法、职务犯罪的,依法追究法律责任。

其九,纪检监察机关在维护监督执纪工作纪律方面失职失责的,应予以严肃问责。

其十,若案件处置出现重大失误,纪检监察干部涉嫌严重违纪或者职务违法、职务犯罪的,开展"一案双查",既追究直接责任,亦应严肃追究有关领导人员责任。构建办案质量责任制,对滥用职权、失职失责造成严重后果的,实行终身问责。[1]

### 63 特约监察员如何理解监督执纪应当遵循的原则?

《中国共产党纪律检查机关监督执纪工作规则》第3条规定:"监督执纪工作应当遵循以下原则:(一)坚持和加

---

[1] 参见《中国共产党纪律检查机关监督执纪工作规则》第64~70条。

强党的全面领导,牢固树立政治意识、大局意识、核心意识、看齐意识,坚定中国特色社会主义道路自信、理论自信、制度自信、文化自信,坚决维护习近平总书记党中央的核心、全党的核心地位,坚决维护党中央权威和集中统一领导,严守政治纪律和政治规矩,体现监督执纪工作的政治性,构建党统一指挥、全面覆盖、权威高效的监督体系;(二)坚持纪律检查工作双重领导体制,监督执纪工作以上级纪委领导为主,线索处置、立案审查等在向同级党委报告的同时应当向上级纪委报告;(三)坚持实事求是,以事实为依据,以党章党规党纪和国家法律法规为准绳,强化监督、严格执纪,把握政策、宽严相济,对主动投案、主动交代问题的宽大处理,对拒不交代、欺瞒组织的从严处理;(四)坚持信任不能代替监督,执纪者必先守纪,以更高的标准、更严的要求约束自己,严格工作程序,有效管控风险,强化对监督执纪各环节的监督制约,确保监督执纪工作经得起历史和人民的检验。"

《中国共产党纪律检查机关监督执纪工作规则》第4条规定:"坚持惩前毖后、治病救人,把纪律挺在前面,精准有效运用监督执纪'四种形态',把思想政治工作贯穿监督执纪全过程,严管和厚爱结合,激励和约束并重,注重教育转化,促使党员自觉防止和纠正违纪行为,惩治极少数,教育大多数,实现政治效果、纪法效果和社会效果相统一。"

## 64 特约监察员如何理解纪检监察系统的领导体制？

《中国共产党纪律检查机关监督执纪工作规则》第5~12条规定了纪检监察系统的领导体制，具体如下。

第5条规定：中央纪律检查委员会在党中央领导下进行工作。地方各级纪律检查委员会和基层纪律检查委员会在同级党的委员会和上级纪律检查委员会双重领导下进行工作。党委应当定期听取、审议同级纪律检查委员会和监察委员会的工作报告，加强对纪委监委工作的领导、管理和监督。

第6条规定：党的纪律检查机关和国家监察机关是党和国家自我监督的专责机关，中央纪委和地方各级纪委贯彻党中央关于国家监察工作的决策部署，审议决定监委依法履职中的重要事项，把执纪和执法贯通起来，实现党内监督和国家监察的有机统一。

第7条规定：监督执纪工作实行分级负责制。(1)中央纪委国家监委负责监督检查和审查调查中央委员、候补中央委员，中央纪委委员，中央管理的领导干部，党中央工作部门、党中央批准设立的党组（党委），各省、自治区、直辖市党委、纪委等党组织的涉嫌违纪或者职务违法、职务犯罪问题。(2)地方各级纪委监委负责监督检查和审查调查同级党委委员、候补委员，同级纪委委员，同级党委管理的党员、干部以及监察对象，同级党委工作部门、党委批准设立的党组(党委)、下一级党委、纪委等党组织的涉嫌违纪或者职务违法、职务犯罪问题。(3)基层纪委负责监督检查和审查同级党委管理的党员,同级党委下属的各级党组织的涉嫌违纪问题;未设立纪律检查委员会的党的基层委员会,由该委员会负责监督执纪工作。地方各级纪委监委依照规定加强对同级党委履行职责、行使权力情况的监督。

第8条规定:对党的组织关系在地方、干部管理权限在主管部门的党员、干部以及监察对象涉嫌违纪违法问题,应当按照谁主管谁负责的原则进行监督执纪,由设在主管部门、有管辖权的纪检监察机关进行审查调查,主管部门认为有必要的,可以与地方纪检监察机关联合审查调查。地方纪检监察机关接到问题线索反映的,经与主管部门协调,可以对其进行审查调查,也可以与主管部门组成联合审查调查组,审查调查情况及时向对方通报。

第9条规定:上级纪检监察机关有权指定下级纪检监察机关对其他下级纪检监察机关管辖的党组织和党员、干部以及监察对象涉嫌违纪或者职务违法、职务犯罪问题进行审查调查,必要时也可以直接进行审查调查。上级纪检监察机关可以将其直接管辖的事项指定下级纪检监察机关进行审查调查。纪检监察机关之间对管辖事项有争议的,由其共同的上级纪检监察机关确定;认为所管辖的事项重大、复杂,需要由上级纪检监察机关管辖的,可以报请上级纪检监察机关管辖。

第 10 条规定:纪检监察机关应当严格执行请示报告制度。中央纪委定期向党中央报告工作,研究涉及全局的重大事项、遇有重要问题以及作出立案审查调查决定、给予党纪政务处分等事项应当及时向党中央请示报告,既要报告结果也要报告过程。执行党中央重要决定的情况应当专题报告。地方各级纪检监察机关对作出立案审查调查决定、给予党纪政务处分等重要事项,应当向同级党委请示汇报并向上级纪委监委报告,形成明确意见后再正式行文请示。遇有重要事项应当及时报告。纪检监察机关应当坚持民主集中制,对于线索处置、谈话函询、初步核实、立案审查调查、案件审理、处置执行中的重要问题,经集体研究后,报纪检监察机关相关负责人、主要负责人审批。

第 11 条规定:纪检监察机关应当建立监督检查、审查调查、案件监督管理、案件审理相互协调、相互制约的工作机制。市地级以上纪委监委实行监督检查和审查调查部门分设,监督检查部门主要负责联系地区和部门、单位的日常监督检查和对涉嫌一般违纪问题线索处置,审查调查部门主要负责对涉嫌严重违纪或者职务违法、职务犯罪问题线索进行初步核实和立案审查调查;案件监督管理部门负责对监督检查、审查调查工作全过程进行监督管理,案件审理部门负责对需要给予党纪政务处分的案件审核把关。纪检监察机关在工作中需要协助的,有关组织和机关、单位、个人应当依规依纪依法予以协助。

第 12 条规定：纪检监察机关案件监督管理部门负责对监督执纪工作全过程进行监督管理，做好线索管理、组织协调、监督检查、督促办理、统计分析等工作。党风政风监督部门应当加强对党风政风建设的综合协调，做好督促检查、通报曝光和综合分析等工作。

### 65 特约监察员如何理解纪检监察机关对问题线索的处置？

《中国共产党纪律检查机关监督执纪工作规则》第 20 条规定："纪检监察机关应当加强对问题线索的集中管理、分类处置、定期清理。信访举报部门归口受理同级党委管理的党组织和党员、干部以及监察对象涉嫌违纪或者职务违法、职务犯罪问题的信访举报，统一接收有关纪检监察机关、派驻或者派出机构以及其他单位移交的相关信访举报，移送本机关有关部门，深入分析信访形势，及时反映损害群众最关心、最直接、最现实的利益问题。巡视巡察工作机构和审计机关、行政执法机关、司法机关等单位发现涉嫌违纪或者职务违法、职务犯罪问题线索，应当及时移交纪检监察机关案件监督管理部门统一办理。监督检查部门、审查调查部门、干部监督部门发现的相关问题线索，属于本部门受理范围的，应当送案件监督管理部门备案；不属于本部门受理范围的，经审批后移送案件监督管理部门，由其按程序转交相关监督执纪部门办理。"

《中国共产党纪律检查机关监督执纪工作规则》第 21 条规定："纪检监察机关应当结合问题线索所涉及地区、部门、单位总体情况，综合分析，按照谈话函询、初步核实、暂存待查、予以了结 4 类方式进行处置。线索处置不得拖延和积压，处置意见应当在收到问题线索之日起 1 个月内提出，并制定处置方案，履行审批手续。"

《中国共产党纪律检查机关监督执纪工作规则》第 22 条规定："纪检监察机关对反映同级党委委员、候补委员，纪委常委、监委委员，以及所辖地区、部门、单位主要负责人的问题线索和线索处置情况，应当及时向上级纪检监察机关报告。"

《中国共产党纪律检查机关监督执纪工作规则》第 23 条规定："案件监督管理部门对问题线索实行集中管理、动态更新、定期汇总核对，提出分办意见，报纪检监察机关主要负责人批准，按程序移送承办部门。承办部门应当指定专人负责管理问题线索，逐件编号登记、建立管理台账。线索管理处置各环节应当由经手人员签名，全程登记备查。"

《中国共产党纪律检查机关监督执纪工作规则》第 24 条规定："纪检监察机关应当根据工作需要，定期召开专题会议，听取问题线索综合情况汇报，进行分析研判，对重要检举事项和反映问题集中的领域深入研究，提出处置要求，做到件件有着落。"

《中国共产党纪律检查机关监督执纪工作规则》第25条规定:"承办部门应当做好线索处置归档工作,归档材料齐全完整,载明领导批示和处置过程。案件监督管理部门定期汇总、核对问题线索及处置情况,向纪检监察机关主要负责人报告,并向相关部门通报。"

## 66 特约监察员如何理解纪检监察部门审查调查的合法合规性？

《中国共产党纪律检查机关监督执纪工作规则》第36条规定:"党委(党组)应当按照管理权限,加强对党员、干部以及监察对象涉嫌严重违纪或者职务违法、职务犯罪问题审查调查处置工作,定期听取重大案件情况报告,加强反腐败协调机构的机制建设,坚定不移、精准有序惩治腐败。"

《中国共产党纪律检查机关监督执纪工作规则》第37条规定:"纪检监察机关经过初步核实,对党员、干部以及监察对象涉嫌违纪或者职务违法、职务犯罪,需要追究纪律或者法律责任的,应当立案审查调查。凡报请批准立案的,应当已经掌握部分违纪或者职务违法、职务犯罪事实和证据,具备进行审查调查的条件。"

《中国共产党纪律检查机关监督执纪工作规则》第38条规定:"对符合立案条件的,承办部门应当起草立案审查调查呈批报告，经纪检监察机关主要负责人审批，报同级党委主要负责人批准，予以立案审查调查。立案审查调查决定应当向被审查调查人宣布，并向被审查调查人所在党委（党组）主要负责人通报。"

《中国共产党纪律检查机关监督执纪工作规则》第39条规定："对涉嫌严重违纪或者职务违法、职务犯罪人员立案审查调查，纪检监察机关主要负责人应当主持召开由纪检监察机关相关负责人参加的专题会议，研究批准审查调查方案。纪检监察机关相关负责人批准成立审查调查组，确定审查调查谈话方案、外查方案，审批重要信息查询、涉案财物查扣等事项。监督检查、审查调查部门主要负责人组织研究提出审查调查谈话方案、外查方案和处置意见建议，审批一般信息查询，对调查取证审核把关。审查调查组组长应当严格执行审查调查方案，不得擅自更改；以书面形式报告审查调查进展情况，遇有重要事项及时请示。"

《中国共产党纪律检查机关监督执纪工作规则》第40条规定："审查调查组可以依照党章党规和监察法，经审批进行谈话、讯问、询问、留置、查询、冻结、搜查、调取、查封、扣押（暂扣、封存）、勘验检查、鉴定，提请有关机关采取技术调查、通缉、限制出境等措施。承办部门应当建立台账，记录使用措施情况，向案件监督管理部门定期备案。案件监督管理部门应当核对检查，定期汇总重要措施使用情况并报告纪委监委领导和上一级纪检监察机关，发现违规违纪违法使用措施的,区分不同情况进行处理,防止擅自扩大范围、延长时限。"

《中国共产党纪律检查机关监督执纪工作规则》第41条规定:"需要对被审查调查人采取留置措施的,应当依据监察法进行,在24小时内通知其所在单位和家属,并及时向社会公开发布。因可能毁灭、伪造证据,干扰证人作证或者串供等有碍调查情形而不宜通知或者公开的,应当按程序报批并记录在案。有碍调查的情形消失后,应当立即通知被留置人员所在单位和家属。"

《中国共产党纪律检查机关监督执纪工作规则》第42条规定:"审查调查工作应当依照规定由两人以上进行,按照规定出示证件,出具书面通知。"

《中国共产党纪律检查机关监督执纪工作规则》第43条规定:"立案审查调查方案批准后,应当由纪检监察机关相关负责人或者部门负责人与被审查调查人谈话,宣布立案决定,讲明党的政策和纪律,要求被审查调查人端正态度、配合审查调查。审查调查应当充分听取被审查调查人陈述,保障其饮食、休息,提供医疗服务,确保安全。严格禁止使用违反党章党规党纪和国家法律的手段,严禁逼供、诱供、侮辱、打骂、虐待、体罚或者变相体罚。"

《中国共产党纪律检查机关监督执纪工作规则》第44条规定:"审查调查期间,对被审查调查人以同志相称,安排学习党章党规党纪以及相关法律法规,开展理想信念宗旨教育,通过深入细致的思想政治工作,促使其深刻反省、认识错误、交代问题,写出忏悔反思材料。"

《中国共产党纪律检查机关监督执纪工作规则》第45条规定:"外查工作必须严格按照外查方案执行,不得随意扩大审查调查范围、变更审查调查对象和事项,重要事项应当及时请示报告。外查工作期间,未经批准,监督执纪人员不得单独接触任何涉案人员及其特定关系人,不得擅自采取审查调查措施,不得从事与外查事项无关的活动。"

《中国共产党纪律检查机关监督执纪工作规则》第46条规定:"纪检监察机关应当严格依规依纪依法收集、鉴别证据,做到全面、客观,形成相互印证、完整稳定的证据链。调查取证应当收集原物原件,逐件清点编号,现场登记,由在场人员签字盖章,原物不便搬运、保存或者取得原件确有困难的,可以将原物封存并拍照录像或者调取原件副本、复印件;谈话应当现场制作谈话笔录并由被谈话人阅看后签字。已调取证据必须及时交审查调查组统一保管。严禁以威胁、引诱、欺骗以及其他违规违纪违法方式收集证据;严禁隐匿、损毁、篡改、伪造证据。"

《中国共产党纪律检查机关监督执纪工作规则》第47条规定:"查封、扣押(暂扣、封存)、冻结、移交涉案财物,应当严格履行审批手续。执行查封、扣押(暂扣、封存)措施,监督执纪人员应当会同原财物持有人或者保管人、见证人,当面逐一拍照、登记、编号,现场填写登记表,由在场人员签名。对价值不明物品应当及时鉴定，专门封存保管。纪检监察机关应当设立专用账户、专门场所，指定专门人员保管涉案财物，严格履行交接、调取手续，定期对账核实。严禁私自占有、处置涉案财物及其孳息。"

《中国共产党纪律检查机关监督执纪工作规则》第48条规定："对涉嫌严重违纪或者职务违法、职务犯罪问题的审查调查谈话、搜查、查封、扣押（暂扣、封存）涉案财物等重要取证工作应当全过程进行录音录像，并妥善保管，及时归档，案件监督管理部门定期核查。"

《中国共产党纪律检查机关监督执纪工作规则》第49条规定："对涉嫌严重违纪或者职务违法、职务犯罪问题的审查调查，监督执纪人员未经批准并办理相关手续，不得将被审查调查人或者其他重要的谈话、询问对象带离规定的谈话场所，不得在未配置监控设备的场所进行审查调查谈话或者其他重要的谈话、询问，不得在谈话期间关闭录音录像设备。"

《中国共产党纪律检查机关监督执纪工作规则》第50条规定："监督检查、审查调查部门主要负责人、分管领导应当定期检查审查调查期间的录音录像、谈话笔录、涉案财物登记资料，发现问题及时纠正并报告。纪检监察机关相关负责人应当通过调取录音录像等方式，加强对审查调查全过程的监督。"

《中国共产党纪律检查机关监督执纪工作规则》第51

条规定:"查明涉嫌违纪或者职务违法、职务犯罪问题后,审查调查组应当撰写事实材料,与被审查调查人见面,听取意见。被审查调查人应当在事实材料上签署意见,对签署不同意见或者拒不签署意见的,审查调查组应当作出说明或者注明情况。审查调查工作结束,审查调查组应当集体讨论,形成审查调查报告,列明被审查调查人基本情况、问题线索来源及审查调查依据、审查调查过程,主要违纪或者职务违法、职务犯罪事实,被审查调查人的态度和认识,处理建议及党纪法律依据,并由审查调查组组长以及有关人员签名。对审查调查过程中发现的重要问题和意见建议,应当形成专题报告。"

《中国共产党纪律检查机关监督执纪工作规则》第52条规定:"审查调查报告以及忏悔反思材料,违纪或者职务违法、职务犯罪事实材料,涉案财物报告等,应当按程序报纪检监察机关主要负责人批准,连同全部证据和程序材料,依照规定移送审理。审查调查全过程形成的材料应当案结卷成、事毕归档。"

## 67 特约监察员如何判断纪检监察机关案件审理部门工作的合法合规性?

《中国共产党纪律检查机关监督执纪工作规则》第八章就审理作了专章规定。

第53条规定：纪检监察机关应当对涉嫌违纪或者违法、犯罪案件严格依规依纪依法审核把关，提出纪律处理或者处分的意见，做到事实清楚、证据确凿、定性准确、处理恰当、手续完备、程序合规。纪律处理或者处分必须坚持民主集中制原则，集体讨论决定，不允许任何个人或者少数人决定和批准。

第54条规定：坚持审查调查与审理相分离的原则，审查调查人员不得参与审理。纪检监察机关案件审理部门对涉嫌违纪或者职务违法、职务犯罪问题，依照规定应当给予纪律处理或者处分的案件和复议复查案件进行审核处理。

第55条规定：审理工作按照以下程序进行：(1)案件审理部门收到审查调查报告后，经审核符合移送条件的予以受理，不符合移送条件的可以暂缓受理或者不予受理。(2)对于重大、复杂、疑难案件，监督检查、审查调查部门已查清主要违纪或者职务违法、职务犯罪事实并提出倾向性意见的；对涉嫌违纪或者职务违法、职务犯罪行为性质认定分歧较大的，经批准案件审理部门可以提前介入。(3)案件审理部门受理案件后，应当成立由两人以上组成的审理组，全面审理案卷材料，提出审理意见。(4)坚持集体审议原则，在民主讨论基础上形成处理意见；对争议较大的应当及时报告，形成一致意见后再作出决定。案件审理部门根据案件审理情况，应当与被审查调查人谈话，核对违纪或者职务违法、职务犯罪事实，听取辩解意见，了解有关情况。

(5)对主要事实不清、证据不足的,经纪检监察机关主要负责人批准,退回监督检查、审查调查部门重新审查调查;需要补充完善证据的,经纪检监察机关相关负责人批准,退回监督检查、审查调查部门补充审查调查。(6)审理工作结束后应当形成审理报告,内容包括被审查调查人基本情况、审查调查简况、违纪违法或者职务犯罪事实、涉案财物处置、监督检查或者审查调查部门意见、审理意见等。审理报告应当体现党内审查特色,依据《中国共产党纪律处分条例》认定违纪事实性质,分析被审查调查人违反党章、背离党的性质宗旨的错误本质,反映其态度、认识以及思想转变过程。涉嫌职务犯罪需要追究刑事责任的,还应当形成《起诉意见书》,作为审理报告附件。对给予同级党委委员、候补委员,同级纪委委员、监委委员处分的,在同级党委审议前,应当与上级纪委监委沟通并形成处理意见。审理工作应当在受理之日起 1 个月内完成,重大复杂案件经批准可以适当延长。

第 56 条规定:审理报告报经纪检监察机关主要负责人批准后,提请纪委常委会会议审议。需报同级党委审批的,应当在报批前以纪检监察机关办公厅(室)名义征求同级党委组织部门和被审查调查人所在党委(党组)意见。处分决定作出后,纪检监察机关应当通知受处分党员所在党委(党组),抄送同级党委组织部门,并依照规定在 1 个月内向其所在党的基层组织中的全体党员以及本人宣布。处分决定执行情况应当及时报告。

第 57 条规定:被审查调查人涉嫌职务犯罪的,应当由案件监督管理部门协调办理移送司法机关事宜。对于采取留置措施的案件,在人民检察院对犯罪嫌疑人先行拘留后,留置措施自动解除。案件移送司法机关后,审查调查部门应当跟踪了解处理情况,发现问题及时报告,不得违规过问、干预处理工作。审理工作完成后,对涉及的其他问题线索,经批准应当及时移送有关纪检监察机关处置。

第 58 条规定:对被审查调查人违规违纪违法所得财物,应当依规依纪依法予以收缴、责令退赔或者登记上交。对涉嫌职务犯罪所得财物,应当随案移送司法机关。对经认定不属于违规违纪违法所得的,应当在案件审结后依规依纪依法予以返还,并办理签收手续。

第 59 条规定:对不服处分决定的申诉,由批准或者决定处分的党委(党组)或者纪检监察机关受理;需要复议复查的,由纪检监察机关相关负责人批准后受理。申诉办理部门成立复查组,调阅原案案卷,必要时可以进行取证,经集体研究后,提出办理意见,报纪检监察机关相关负责人批准或者纪委常委会会议研究决定,作出复议复查决定。决定应当告知申诉人,抄送相关单位,并在一定范围内宣布。坚持复议复查与审查审理分离,原案审查、审理人员不得参与复议复查。复议复查工作应当在 3 个月内办结。

### 68 特约监察员如何理解纪检监察机关对监督执纪工作的监督管理？

第一，纪检监察机关应当严格依照党内法规和国家法律，在行使权力上慎之又慎，在自我约束上严之又严，强化自我监督，健全内控机制，自觉接受党内监督、社会监督、群众监督，确保权力受到严格约束，坚决防止"灯下黑"。

纪检监察机关应当加强对监督执纪工作的领导，切实履行自身建设主体责任，严格教育、管理、监督，使纪检监察干部成为严守纪律、改进作风、拒腐防变的表率。

第二，纪检监察机关应当严格干部准入制度，严把政治安全关，纪检监察干部必须忠诚坚定、担当尽责、遵纪守法、清正廉洁，具备履行职责的基本条件。

第三，纪检监察机关应当加强党的政治建设、思想建设、组织建设，突出政治功能，强化政治引领。审查调查组有正式党员3人以上的，应当设立临时党支部，加强对审查调查组成员的教育、管理、监督，开展政策理论学习，做好思想政治工作，及时发现问题，进行批评纠正，发挥战斗堡垒作用。

第四，纪检监察机关应当加强干部队伍作风建设，树立依规依法、纪律严明、作风深入、工作扎实、谦虚谨慎、秉公执纪的良好形象，力戒形式主义、官僚主义，力戒特权思想，力戒口大气粗、颐指气使，不断提高思想政治水平和把握政策能力，建设让党放心、人民信赖的纪检监察干部队伍。

第五，对纪检监察干部打听案情、过问案件、说情干预的，受请托人应当向审查调查组组长和监督检查、审查调查部门主要负责人报告并登记备案。

发现审查调查组成员未经批准接触被审查调查人、涉案人员及其特定关系人，或者存在交往情形的，应当及时向审查调查组组长和监督检查、审查调查部门主要负责人直至纪检监察机关主要负责人报告并登记备案。

第六，严格执行回避制度。审查调查审理人员是被审查调查人或者检举人近亲属、本案证人、利害关系人，或者存在其他可能影响公正审查调查审理情形的，不得参与相关审查调查审理工作，应当主动申请回避，被审查调查人、检举人以及其他有关人员也有权要求其回避。选用借调人员、看护人员、审查场所，应当严格执行回避制度。

第七，审查调查组需要借调人员的，一般应当从审查调查人才库选用，由纪检监察机关组织部门办理手续，实行一案一借，不得连续多次借调。加强对借调人员的管理监督，借调结束后由审查调查组写出鉴定。借调单位和党员干部不得干预借调人员岗位调整、职务晋升等事项。

第八，监督执纪人员应当严格执行保密制度，控制审查调查工作事项知悉范围和时间，不准私自留存、隐匿、查阅、摘抄、复制、携带问题线索和涉案资料，严禁泄露审查调查工作情况。

审查调查组成员工作期间，应当使用专用手机、电脑、电子设备和存储介质,实行编号管理,审查调查工作结束后收回检查。

汇报案情、传递审查调查材料应当使用加密设施,携带案卷材料应当专人专车、卷不离身。

第九,纪检监察机关相关涉密人员离岗离职后,应当遵守脱密期管理规定,严格履行保密义务,不得泄露相关秘密。

监督执纪人员辞职、退休三年内,不得从事与纪检监察和司法工作相关联、可能发生利益冲突的职业。

第十,纪检监察机关开展谈话应当做到全程可控。谈话前做好风险评估、医疗保障、安全防范工作以及应对突发事件的预案;谈话中及时研判谈话内容以及案情变化,发现严重职务违法、职务犯罪,依照监察法需要采取留置措施的,应当及时采取留置措施;谈话结束前做好被谈话人思想工作,谈话后按程序与相关单位或者人员交接,并做好跟踪回访等工作。

第十一,建立健全安全责任制,监督检查、审查调查部门主要负责人和审查调查组组长是审查调查安全第一责任人,审查调查组应当指定专人担任安全员。被审查调查人发生安全事故的,应当在24小时内逐级上报至中央纪委,及时做好舆论引导。

发生严重安全事故的,或者存在严重违规违纪违法行为的,省级纪检监察机关主要负责人应当向中央纪委作出检讨,并予以通报、严肃问责追责。

案件监督管理部门应当组织开展经常性检查和不定期抽查,发现问题及时报告并督促整改。

第十二,对纪检监察干部越权接触相关地区、部门、单位党委(党组)负责人,私存线索、跑风漏气、违反安全保密规定,接受请托、干预审查调查、以案谋私、办人情案,侮辱、打骂、虐待、体罚或者变相体罚被审查调查人,以违规违纪违法方式收集证据,截留挪用、侵占私分涉案财物,接受宴请和财物等行为,依规依纪严肃处理;涉嫌职务违法、职务犯罪的,依法追究法律责任。

第十三,纪检监察机关在维护监督执纪工作纪律方面失职失责的,予以严肃问责。

第十四,对案件处置出现重大失误,纪检监察干部涉嫌严重违纪或者职务违法、职务犯罪的,开展"一案双查",既追究直接责任,还应当严肃追究有关领导人员责任。

建立办案质量责任制,对滥用职权、失职失责造成严重后果的,实行终身问责。[①]

## 69 特约监察员需要学习《中国共产党纪律处分条例》在促进执纪执法贯通方面作出的哪些修订内容?

新修订的《中国共产党纪律处分条例》(以下简称《条

---

[①] 参见《中国共产党纪律检查机关监督执纪工作规则》第60~73条。

例》）规定：一是完善纪法衔接条款，第 30 条规定对有破坏社会主义市场经济秩序、违反治安管理、违反国家财经纪律等行为的党员，视情节轻重给予处分；党员有嫖娼或者吸食、注射毒品等丧失党员条件，严重败坏党的形象行为的，应当给予开除党籍处分。二是促进党纪政务等处分相匹配，第 11 条明确对受撤销党内职务处分的党员，若其于党外组织担任职务，应建议党外组织撤销其党外职务；第 35 条要求党员依法受到撤职以上处分的，应当依照《条例》规定给予撤销党内职务以上处分；第 41 条规定担任职级、单独职务序列等级的党员干部违反党纪受到处分，需要对其职级、单独职务序列等级进行调整的，参照《条例》关于党外职务的规定执行。三是借鉴国家法律有关规定，充实完善从轻减轻处分情形、党纪处分影响期计算规则、共同违纪数额认定标准、经济损失计算规则等内容，推动形成党内法规制度与国家法律法规相辅相成、相互促进、相互保障的格局。

《条例》立足执纪执法工作实际，与组织处理规定、问责条例等党内法规贯通协调，与公职人员政务处分法、监察法实施条例、刑法等国家法律法规有效衔接，进一步严密制度规范，把严的基调、严的措施、严的氛围长期坚持下去，对综合运用党纪国法规定的各种惩戒措施，做到精准执纪、纪法协同具有重要意义。

一是进一步增强监督执纪执法严肃性。《条例》坚持把纪律挺在前面,通过充实调整纪法衔接条款,更好织密制度笼子,完善对违法犯罪党员的纪律处分规范。如《条例》第30条通过不完全列举方式将其他违法行为细化为破坏社会主义市场经济秩序、违反治安管理、违反国家财经纪律等,并单列一款明确规定对有涉黄涉毒等丧失党员条件、严重败坏党的形象行为的党员应当开除党籍,统一执纪执法尺度。

二是进一步增强监督执纪执法协同性。党纪政务处分等相互匹配是纪检监察机关执纪执法的一条重要原则。《条例》聚焦实践问题,总结经验做法,针对具有党员身份的公职人员既违纪又违法的,新增第28条,明确要求做到党纪政务等处分相匹配,第11条、第35条、第41条对该要求进行细化。同时,《条例》探索与组织处理规定、问责条例等制度有机衔接,如新增的第14条第1款明确党纪处分和组织处理可以合并使用,新增的第137条明确滥用问责或者在问责工作中严重不负责任造成不良影响的处分规定等,推动形成惩戒合力。

三是进一步增强监督执纪执法有效性。纪法贯通不仅是在目标任务、措施适用等方面贯通,更重要的是纪法理念的相互融合;法法衔接也不仅是证据标准、案件处理等方面的衔接,更重要的是法治理念的共同遵循。《条例》充分借鉴吸收国家法律法规的法治理念及相关法律原则、认定规则,从而使纪理与法理的融合更加紧密,纪法贯通更加顺畅,执纪执法更加精准有效。如参考刑事法律规则,《条例》第 26 条对于经济方面共同违纪的处分,将"按照个人所得数额"修改为"按照个人参与数额";第 42 条进一步完善经济损失计算标准;第 43 条规定对主动上交的违纪所得和经济损失赔偿应予接收处理,以解决执纪审查难题,促进适用纪律和适用法律双向融合。①

## 70 特约监察员如何理解纪检监察部门用好《中国共产党纪律处分条例》严格精准执纪的重要性?

纪检监察干部要充分运用好《中国共产党纪律处分条例》(以下简称《条例》)这个执行和维护纪律的基本标尺,不断提升依规依纪依法履职能力和水平。《条例》完善了纪律处分运用规则,加强了纪法衔接,充实了违纪情形,细化了处分规定,是监督执纪问责的重要依据。要原原本本学、逐章逐条学,对每一条纪律都认真钻研、学深学透,做到全面熟知掌握、准确规范使用,练好练强"看家本领",精准定性量纪执法。

纪律是管党治党的"戒尺",必须把严的标准树立起来、把严的纪律执行起来,推动广大党员干部切实养成纪律

---

① 参见本报记者刘一霖:《促进执纪执法贯通 形成纪法合力》,载《中国纪检监察报》2024 年 3 月 27 日。

自觉。纪律的生命力在于执行,关键在认真,要害是从严。全面从严治党的实践证明,纪律建设必须依靠强有力的执行作为保障,方能让铁规发力、让禁令生威。新修订的《条例》完善了纪律处分运用规则,加强了纪法衔接,充实了违纪情形,细化了处分规定,是党组织执行和维护纪律的基本标尺。各级党组织要坚持把纪律挺在法律的前面,做到纪律面前人人平等、执行纪律没有例外,对违反党规党纪的问题,发现一起就坚决查处一起,切实维护纪律的刚性、严肃性。要对《条例》执行情况加强监督检查,确保一体遵循、一体执行。既让铁纪"长牙"、发威,又让干部重视、警醒、知止,使全党形成遵规守纪的高度自觉。[①]

要加强对运用"四种形态"情况的动态分析与监督检查,及时发布典型案例,推动精准定性量纪执法。要及时发布指导性案例和典型案例,以案释纪说法论理,纪检监察机关遇到类似问题时,在坚持实事求是基本原则、具体问题具体分析的基础上,通过对照指导性案例和典型案例,提升执纪执法工作的精准性。

准确把握政策策略,注重纪法情理贯通融合,把思想政治工作贯穿始终。政策和策略是党的生命。纪检监察工作归根结底是做人的工作,要真正实现教育人、改造人、挽救

---

① 参见王新民:《广安观潮丨严格纪律执行 精准定性量纪执法》,载中央纪委国家监委网站,https://www.ccdi.gov.cn/pln/202404/t20240411_340352_m.html。

人的目的,就必须统筹运用党性教育、政策感召、纪法威慑,坚持严格执纪执法与讲求政策策略相统一。实践中,要根据违纪行为的性质、情节和危害程度,依规依纪依法确定相应的处理措施,确保处理结果公正、合理。同时,要注重纪法情理贯通融合,既要维护纪律的严肃性,又要考虑常理常情,使处理结果既符合党纪国法,又符合社会公平正义。思想政治工作是我们党的优良传统和政治优势,也是严格纪律执行的重要方式。要因案制宜、因人施策,用心用情、入脑入心,把思想政治工作贯穿始终,帮助受处理处分党员干部认识错误、改正错误。同时,要推动"三个区分开来"(区分一般违纪、轻微违纪、不追究党纪责任等不同情形给予相应处理)具体化、规范化,依法依规严肃查处诬告陷害行为,对恶意举报、诬告陷害行为"零容忍",促进党员干部廉而有为、勤勉敬业,促进全党既有秩序又有活力。全面从严治党的目的不是要把人管死,而是要通过明方向、立规矩、正风气、强免疫,营造积极健康、干事创业的政治生态和良好环境。激励党员干部敢于担当、积极作为,实现政治效果、纪法效果、社会效果有机统一。①

---

① 参见王新民:《广安观潮 | 严格纪律执行 精准定性量纪执法》,载中央纪委国家监委网站,https://www.ccdi.gov.cn/pln/202404/t20240411_340352_m.html。

## 71 特约监察员如何学习纪检监察部门在纪法贯通、法法衔接方面的规定？

实现执纪执法贯通、有效衔接司法，是深化纪检监察体制改革的内在要求，也是纪检监察机关高效顺畅履行职责的关键。深化纪检监察体制改革以来，促进纪法贯通、法法衔接的各项制度不断完善。党的二十大通过的党章修正案增写"推动完善党和国家监督体系"，为进一步在深化纪检监察体制改革中促进纪法贯通、法法衔接提供了党内法规支撑；《宪法》的修改及《监察法》的颁布，对国家机构作出了重要调整和完善，为中国特色国家监察体制搭起了基本框架，为推动实现纪法贯通、法法衔接提供了法律依据；《中国共产党纪律处分条例》作为党内基础性法规，坚持纪法分开、纪严于法、纪挺法前，同时，强调纪法贯通、法法衔接。上述党内法规和国家法律法规为有效实现纪法贯通、法法衔接搭建起了"四梁八柱"。监督执纪工作规则和监督执法工作规定为纪法贯通、法法衔接明确了程序规范，与《刑事诉讼法》《刑法》等国家法律实现有效衔接。《公职人员政务处分法》《监察法实施条例》等法律法规，进一步完善纪法贯通、法法衔接工作机制。此外，中央纪委国家监委还制定或会同有关单位出台了《纪检监察机关监督检查审查调查措施使用规定》《查办党员和公职人员涉嫌违纪职务违法职务犯罪案件协作配合工作机制》《关于加强和完善监察执法与刑事司法衔接机制的意见(试行)》等一系列制度规范。日益完善的制度体系对于构建相互协调、相互制约,纪法顺畅贯通、法法有序衔接的工作机制提供了有效支撑,确保纪检监察各项工作在规范化、法治化、正规化轨道上运行。①

### 72 特约监察员如何监督纪检监察人员在实践中贯彻落实执纪执法贯通?

深化纪检监察体制改革以来,在党的坚强领导下,纪委监委合署办公,履行纪律检查和国家监察两项职能,这就必然要求纪检监察干部既要知纪也要懂法,还要做到融会贯通。具体而言,一是要在树立执纪与执法贯通的理念上下功夫。纪检监察干部要形成执纪和执法相贯通的意识,既要审查违纪问题,又要调查职务违法犯罪问题;既要考虑纪的因素,又要兼顾法的内容;既要用纪言纪语;又要用法言法语,把监察法和刑事法律衔接起来,提升纪检监察工作质量。纪检监察干部要牢固树立法治意识、程序意识、证据意识,始终以法治思维和法治方式执纪执法。

二是要在夯实纪法业务素养上下功夫。既要将《中国

---

① 参见本报记者刘一霖:《促进执纪执法贯通 形成纪法合力》,载《中国纪检监察报》2024年3月27日。

共产党纪律处分条例》与《监察法》《公职人员政务处分法》《刑法》《刑事诉讼法》等一体学习、贯通把握，跟进学习中央纪委国家监委发布的执纪执法指导性案例，努力在运用纪律和法律两种本领上成为行家里手；又要加强纪检监察理论研究，深刻把握纪理与法理的内在逻辑关系，把握反腐败阶段性特征、变化规律，准确规范运用"四种形态"，探索一体推进"三不腐"的有效途径。

三是要在强化实践磨炼上下功夫。"刀在石上磨，人在事上练"。在监督执纪执法中，要主动作为、勤奋敬业，不断积累经验；要用心、用脑，不断学习借鉴、取长补短；要善于总结，每一项工作，都要主动总结得失，经验要在今后工作中继续发扬，教训要在今后工作中尽力避免。

纪检监察机关作为党内监督和国家监察专责机关，必须坚持纪法双施双守，用好党纪和国法"两把标尺"，在监督执纪执法各环节实现纪法贯通衔接。

一是纪法思维的转换融通。党纪、国法都是管党治党、治国理政的基本依据，目标一致、功能相同、优势互补，不可偏废。纪检监察干部在审查调查工作中，要树立党章党规党纪和国家法律法规的维护者和执行者的主体意识，贯通运用纪法措施对违纪违法涉及的"人、权、事"查清楚、弄明白，运用纪法"两把标尺"对党员干部违纪违法行为全面调查，充分评价。要坚决摒弃重纪轻法或重法轻纪的单一性思维，避免"纪法不分、以纪代法"和"以法代纪、以刑代罚",增强纪法贯通意识。

二是纪法规定的贯通运用。党的十八大以来,促进纪法贯通、法法衔接的各项制度不断完善,为构建纪法顺畅贯通、法法有序衔接的工作机制提供了有效支撑。实践中,要重点把握审查措施与调查措施的贯通,除只有监委可以采取的措施,如留置、搜查、讯问、通缉等,纪委和监委可以采取的措施种类多数一致,且在使用权限和要求上也基本一致。这就需要纪检监察干部对党内法规、监察法律法规等规定和政策全面熟悉掌握,深刻把握纪法贯通的内在逻辑、衔接规定、贯通依据,提升贯通运用和执行的工作能力。

三是证据标准的准确把握。纪检监察机关执纪执法工作一体决策、一体运行,执纪执法活动中对"纪、法、罪"的不同证据标准也要贯通运用。执纪执法工作都要求全面、客观收集、鉴别证据,查明违纪违法事实,形成相互印证、完整稳定的证据链。实践中,"纪、法、罪"分属三个不同的评价体系,既相互贯通,又不完全等同,对"事实清楚、证据确凿"的具体把握也存在梯度和层次差异。审查调查工作中,要注意避免对党员干部违纪违法事实的证据标准把握不严、取证不足的问题,或者机械套用职务犯罪案件的证据审查标准、过度取证的问题。[1]

---

[1] 参见本报记者刘一霖:《促进执纪执法贯通　形成纪法合力》,载《中国纪检监察报》2024年3月27日。

## 73 特约监察员如何评价律师在监察与司法衔接中的作用？

在监察与司法衔接中律师的作用也很重要，主要体现在以下几个方面：

第一，法律咨询与帮助。在提供法律服务时，律师首先可以为监察机关工作人员和被调查人提供专业的法律咨询服务。利用这种咨询，律师能够帮助监察机关工作人员更好地理解法律规定，增强他们的法律意识以及执法水平。与此同时，律师还应向被调查人说明其所拥有的合法权益，确保被调查人能在法律框架内正确行使自身权利。此外，律师也应积极开展法律教育活动，通过举行讲座、研讨等形式，传播法律知识，提升公众的法律素养，为构建法治社会筑牢基础。

第二，案件审查与评估。在案件将要转送至司法机关之前，律师可接受监察机关的委托，对调查结果予以审查。这一过程需要律师具备严谨的法律思维和专业的审查能力，以保证调查活动的合法性，并基于此提出专业的法律评估意见。律师的审查越具独立性，就越有助于发现调查过程中可能存在的问题，防止冤假错案的出现，同时也为后续的司法程序构建坚实的法律基础。

第三，辩护与代理。在司法阶段，律师作为辩护人或代理人，应当充分发挥其作用，为被告人提供切实有效的法律辩护。律师必须全面了解案件的真实情况,收集和提交对被告人有利的证据,切实保障被告人的辩护权能够得到充分行使。律师充分发挥辩护职能,不仅有利于维护被告人的合法权益,也能够促进司法公正,提高司法判决的公信力。

第四,立法建议与实务参与。鉴于律师在长期的法律实践中积累了大量的经验,他们可以积极参与到立法和修法工作中去。律师可以依据自身的实务经验,为完善《监察法》与《刑法》的实务衔接提供专业的建议。通过参与立法活动,律师能够为法律的制定和完善贡献自己的智慧和力量,推动法律体系不断向前发展。

## 74 特约监察员如何理解执纪执法贯通的内涵要义?

习近平总书记指出,"健全统一决策、一体运行的执纪执法工作机制,把适用纪律和适用法律结合起来"。[①] 新修订的《中国共产党纪律处分条例》总结实践经验,在总则第4条中增写"执纪执法贯通"这一总体要求,对推动全面从严治党向纵深发展具有重要意义。纪检监察机关作为党内监督和国家监察的专责机关,既审查党员违纪问题,又调查

---

[①] 本报记者刘一霖:《促进执纪执法贯通 形成纪法合力》,载《中国纪检监察报》2024年3月27日。

公职人员职务违法犯罪问题,通过纪法双施双守,实现执纪审查和依法调查有序衔接、相互贯通,促进执纪执法同向发力、精准发力。

执纪执法贯通体现依规治党和依法治国在理论理念上的贯通。党纪和国法都是管党治党、治国理政的基本依据,目标一致、功能相同、优势互补。从本质上看,党纪和国法都是党和人民意志的体现;从维度上看,党纪和国法内在统一于中国特色社会主义法治体系,形成相辅相成、相互促进、相互保障的格局;从功能上看,党纪和国法具有手段的相似性和目的的一致性。执纪执法贯通就是在党的领导下,一体用好党纪国法"两把标尺",落实依规治党与全面依法治国统筹推进、一体建设的要求,推进国家治理体系和治理能力现代化。

执纪执法贯通体现党内监督和国家监察在体制机制上的贯通。国家监察体制改革以来,纪委监委合署办公,在同级党委和上级纪委双重领导下履行纪律检查和国家监察两项职能,形成统一决策、一体运行的执纪执法领导体制和工作机制。如建立纪检与监察、执纪与执法有效衔接、统一的信访举报制度、监督检查制度、线索处置制度、审查调查制度、案件审理制度等,通过制度上的贯通,形成整体统筹、上下一体、横向协作、指挥灵敏的运行机制,把制度优势转化为治理效能。

执纪执法贯通体现纪律审查和监察调查在程序措施上

的贯通。通过优化工作程序,使执纪审查和依法调查、党纪处分和政务处分、党内问责和监察问责精准有序对接,执纪手段权限与执法手段权限配合使用,执纪执法一体推进。如在立案环节,对党员监察对象同时存在违纪问题和职务违法犯罪问题的,一般同时办理党纪、监察立案手续;在证据收集、措施使用上,一般对违纪证据和违法证据同步调取,尽量做到证据形式标准的统一,最大化发挥制度优势;在案件审理工作中贯通执纪执法,全面审核"纪、法、罪",把适用纪律和适用法律结合起来,做到党纪处分与政务处分相匹配。[①]

---

[①] 参见本报记者刘一霖:《促进执纪执法贯通 形成纪法合力》,载《中国纪检监察报》2024年3月27日。

# 第九章

# 完善特约监察员制度的意见和建议

## 75 如何进一步优化特约监察员的工作职责？

要切实发挥特约监察员的作用，还需监察机关、特约监察员与广大群众全力协作。具体优化方式建议从以下几方面进行：

精准定位：在我国监督制度体系中，特约监察员扮演的角色需精准定位，定位过高或过低均无益于其作用发挥。事实上，特约监察员制度在我国监督制度体系中属配套性制度，其作用发挥有辅助性，监察机关对于特约监察员的选聘、履职及考核均应限定于此定位之内。

科学分工：各地监察机关选聘的特约监察员人数各异，通常在 50 名以下，如北京 36 名、上海 40 名、广东 25 名等。就要求而言，监察机关的每名工作人员都应接受特约监察员监督。但因各种局限，易致人人都无法监督的局面。也有部分地方监察机关对特约监察员分工不当，如按监督、咨询、联系、宣传四项职能分组，每组仅负责一种职能。特约监察员分工也可从横向与纵向两个角度进行。从横向来说，特约监察员对同级监察机关及其工作人员的监督是具体的，可为每个特约监察员设定固定的联系部门，使其监督对象明确化。从纵向来看，国家、省、市、县不同级别的特约监察员工作重点应有所不同，不宜对其工作要求"一刀切"。一般来说,基层监察机关选聘的特约监察员实践经验丰富,应更多地协助一些具体工作;较高层次监察机关的部分特约监察员专业素养较高,可在监督、咨询等方面多发挥作用。

拓展渠道:特约监察员为兼职,总体而言,在特约监察员与监察机关及其人员的联系上存在两大问题。一是联系渠道偏少。目前已搭建的平台主要包括:组织特约监察员参加或列席有关会议,邀请特约监察员参加调查研究、监督检查、专项工作,定期向特约监察员邮寄与监察机关工作相关的报刊和党规党纪资料,建立情况通报制度,设立特约监察员信箱等。与监督监督者的繁重任务和复杂形势尚不匹配。二是现有渠道作用未发挥出来。从一些地方的情况来看,特约监察员制度运行一年来,上述平台和渠道不少仍停留在文件或计划中,如特约监察员信箱很少收到来信,邀请特约监察员参加调查研究、监督检查、专项工作尚未启动。监察机关应拓展联系特约监察员的渠道,并使之畅通,有必要在监察机关设立特约监察员工作室等。

适度激励:《国家监察委员会特约监察员工作办法》对特约监察员的履职保障作了详细规定,但缺乏相关激励措施,仅提到特约监察员因履职所支出的费用,由监委按规定报销,这还不够。各级监委应借鉴原特邀监察员制度中的激励方法,"对忠于职守、成绩突出、勇于同违法违纪行为作斗争的特邀监察员予以表彰,或者建议其所在单位给予表彰、奖励"。特约监察员一般是各行业的杰出者,任职并非为增加收入,而是投身于监察体制改革事业,因而对其激励应以精神激励为主。对考核优秀者应颁发优秀特约监察员证书,并给予通报表扬,有重大贡献者要辅以一定的物质奖励。[①]

## 76 特约监察员如何联系群众?

尽管在《国家监察委员会特约监察员工作办法》中取消了原特邀监察员反映、转递人民群众对监察对象违反行政纪律行为的检举、控告职责,但由此形成的监察员与群众联系的渠道不应随之消失,而应予以保持和强化。

要推动广大群众参与到特约监察员工作中,需做好两方面:一是提高特约监察员的知名度。当前,不少地方监察机关公布的特约监察员信息过于简略,仅有名单和任职单位,应通过网站、报纸、公众号等多种方式,向社会尽量多公布特约监察员的信息,如政治面貌、专业特长、社会影响、工作计划等。监察机关还可以建立特约监察员工作情况通报制度,并将其纳入政务公开范畴。

二是构建丰富的联系渠道。在过去三十年特邀监察员

---

[①] 参见王高贺:《一名省监委特约监察员的工作建议》,载《廉政瞭望》2020年第7期。

制度探索中,形成了多种沟通方式,影响最大的是特邀监察员接待日制度。监察机关为特邀监察员设立接待室,每周安排一到两天接待群众,特邀监察员轮流上岗,赢得了群众的信任和好评。也有些特邀监察员在工作单位或家里接待群众。然而,目前这些联系方式在一些地方聘请特约监察员后基本中断。所以还要构建新的联系渠道。特约监察员要善于利用微信、微博、公众号、电子邮箱等网络渠道,了解民意、收集建议、反馈问题,成为广大群众与监察机关的桥梁纽带。[1]

## 77 监察机关如何充分发挥特约监察员制度的作用?

特约监察员制度既是深化国家监察体制改革的重要举措,也是纪检监察机关依法接受民主监督、社会监督、舆论监督的重要方式,是具有中国特色的国家监察制度的重要组成部分。2018 年 8 月,中央纪委国家监委印发《国家监察委员会特约监察员工作办法》,对国家监委特约监察员的聘请范围、任职条件、聘请程序及任期、工作职责、权利义务和履职保障等作出规定。此后,各地监察机关结合实际纷纷印发工作办法,对特约监察员工作进行指导和规范。

---

[1] 参见王高贺:《特约监察员与特邀监察员的比较与启示》,载《河南社会科学》2020 年第 2 期。

新修订的《监察法实施条例》第287条明确赋予特约监察员制度的法律地位,为推动监察工作依法接受民主监督、社会监督、舆论监督提供了重要制度保障。①

实践中,要充分发挥特约监察员制度的作用,监察机关要注重做好以下两方面工作:一是要严格按照《国家监察委员会特约监察员工作办法》规定的聘请范围、任职条件、聘请程序,优选聘请特约监察员。聘请的特约监察员要有履行职责相应的政治素质、专业知识、政策水平和工作能力,确保特约监察员能够以高度的政治责任感投身监察工作,踊跃建言献策,积极参与监督,充分发挥特约监察员的监督作用。二是要正确对待监督、自觉接受监督、主动配合监督。通过搭建工作平台、创新工作机制、加强服务保障,为特约监察员依法开展工作提供必要条件和便利,充分发挥特约监察员对监察机关及监察人员的监督作用和参谋咨询、桥梁纽带、舆论引导作用,共同努力推动纪检监察机关更精准更有效行使权力。②

---

① 参见王海军:《新时代我国特约监察员制度的设立与优化》,载《人民论坛》2020年第24期;王高贺:《特约监察员与特邀监察员的比较与启示》,载《河南社会科学》2020年第2期;兰琳宗:《推动监察工作接受外部监督的重要制度保障》,载《中国纪检监察报》2018年9月7日;李志勇:《主动接受监督 自觉支持监督》,载《中国纪检监察报》2019年4月10日。

② 参见宋冀峰:《〈中华人民共和国监察法实施条例〉适用要点解析》,中国方正出版社2023年版,第551页;王海军:《新时代我国特约监察员制度的设立与优化》,载《人民论坛》2020年第24期;李志勇:《主动接受监督 自觉支持监督》,载《中国纪检监察报》2019年4月10日。

国家监察委员会为特约监察员依法开展对监察机关及其工作人员监督等工作提供必要的工作条件和便利。特约监察员因履行《国家监察委员会特约监察员工作办法》规定职责所支出的相关费用，由国家监察委员会按规定核报。特约监察员履行《国家监察委员会特约监察员工作办法》规定职责所需经费，列入国家监察委员会业务经费保障范围。

### 78 特约监察员履职能力方面还有哪些需要完善？

实践中，部分特约监察员尚未实现对自身"监督监督者"这一身份的认同，在施行监督职能时主动创造监督条件的意愿与能力尚需增强。

第一，认知存有偏差。特约监察员属兼职性质，无经济报酬，这要求特约监察员具备极高的政治觉悟与高尚的道德情怀，然而少部分特约监察员对所从事监督工作的神圣性认识不够：有的将特约监察员视为一种"荣耀"，并非因获得了为党和国家事业奉献的机会而感到光荣，而是将其视作个人颜面和光宗耀祖的工具；有的将特约监察员视作一种结识权贵之人的资源，试图借此获取谋取私利的机会；也有个别特约监察员将自身视为纪检监察工作的陪衬与点缀，认为难以发挥多大实际作用。

第二，精力分配欠妥。特约监察员是从人大代表、政协委员、党政机关工作人员、各民主党派成员、无党派人士、企事业单位和社会团体代表、专家学者、媒体和文艺工作者以及一线代表和基层群众中优选聘请的。特约监察员在各自领域具有一定代表性和影响力,多数是其所在单位的主要领导或骨干力量,本职工作忙碌,如何兼顾特约监察员职能成为一个凸显问题。尤其是从人大代表和政协委员中选聘出来的特约监察员,需身兼三职,难以分身,必然难有更多精力投入监督监督者。

第三,能力与要求不符。新时代纪检监察体制改革赋予特约监察员监督监督者的重要角色,对特约监察员的监督素养和监督能力提出了较高要求。特约监察员来自多种行业,其中不少人之前未从事过监督监察工作,缺乏相关的学习培训,监察监督能力与所肩负的任务相比存在一定差距。

第四,群体合力尚未形成。各地纪检监察机关选聘的特约监察员数量各异,通常在20名至50名。特约监察员的职业、专业、年龄等存在不同程度的差异,但自从被聘请为特约监察员起,便拥有了共同的身份、目标和任务,应相互协作、优势互补,形成一个具有凝聚力和战斗力的工作团体。目前,特约监察员基本处于各自为战的状态,除参加纪检监察机关组织的集体活动外,日常沟通交流欠缺。即便同在一个微信群内,也很少就监督问题进行讨论互动,团队合力尚未形成。

第五,广大群众参与的主动性有待提高。特约监察员监督属于群众监督,仅依靠几十名特约监察员的力量,难以完成监督纪检监察机关及其工作人员的使命,在履行监督职能时必须紧紧依靠人民群众。纪检监察机关将特约监察员设定为兼职的一个重要原因是其生活在人民群众之中,对人民群众的意愿诉求有着直接感受。《国家监察委员会特约监察员工作办法》明确规定纪检监察机关需向社会公布特约监察员名单,以促使特约监察员密切联系人民群众,成为纪检监察机关与人民群众联系的桥梁纽带。总体来看,这种桥梁纽带作用体现得并不显著,人民群众与特约监察员打交道的浓厚氛围尚未形成。一是特约监察员的知名度较低,人民群众的参与范围受限。人民群众对特约监察员制度的了解甚少,参与特约监察员监督工作无从着手。二是部分群众对特约监察员的监督效果缺乏信心,参与的积极性不高。入选特约监察员后,其所在单位通常会通过一定方式进行宣传,但并未引发群众积极参与。这既有特约监察员自身工作不到位的因素,也有受部分群众对特约监察员监督效果缺乏信心的影响,在遇到与纪检监察工作相关问题时会选择其他途径解决。①

---

① 参见王高贺、周华国:《监督监督者:新时代特约监察员制度的探索与突破》,载《理论探讨》2021年第1期。

## 79 完善特约监察员履职方式的意见和建议有哪些?

特约监察员在自身履职中普遍感觉开展活动较少、定期会议较少、监督效果追踪不够,监督效果不明显,开展工作的频次有很大的随机性,加上信息不对称性,想主动履职变得困难重重,工作积极性降低。

建议各级监察机关可以安排特约监察员集体参观办案机关留置场所等,让特约监察员了解整个纪检监察工作的流程,打破神秘,消除负面影响;了解群众来信来电处理流程方法等;加大学习培训力度、形成制度化、规范化定期制度;形成定期会议制度(比如月度座谈会、年度座谈会等);可直接寄信、电话直通纪检部门"一把手",与"一把手"定期会面等;分配区域行业定向监督,带着问题进行监督;指派部分特约监察员参与案件评查、参谋等;切实推动纪检监察工作规范化、法治化、正规化,化外部监督为内生动力,推动纪检监察工作高质量发展。

## 80 就特约监察员整体推进而言,存在哪些困难?

就"特约"而言,纪检监察机关是发出邀约的一方,而特约监察员则是应约的一方。纪检监察机关可否为特约监察员提供优质的履职环境,对监督成效具备直接的作用。当下,各地特约监察员工作的状况不平衡问题凸显,整体的工作力度仍有待增强。

第一,特约监察员制度的整体筹划不够。选择特约监察员,作为完善纪检监察体制改革的辅助手段,其统一规划相对欠缺,具体体现在以下三个方面:

(1)各地构建特约监察员制度的时间差别显著。2018年12月,国家监察委员会择选了首届特约监察员。此后,北京、上海、广东、江苏、浙江、江西、甘肃、吉林、黑龙江、辽宁、内蒙古、新疆、湖北、四川、山东、陕西等地的纪检监察机关构建了特约监察员制度。迄今为止,仍有一些省级的特约监察员制度尚未建成,市、县级纪检监察机关开展特约监察员的工作节奏差别更为突出。(2)不同级别纪检监察机关选择特约监察员的先后次序颠倒。纪检监察机关遵循双重领导准则,下级纪检监察机关需接受上级纪检监察机关的领导。各级纪检监察机关选择特约监察员的时间顺序应当与级别高低保持一致,上一级纪检监察机关选择特约监察员的时间应早于下一级纪检监察机关,以为下一级纪检监察机关制定特约监察员制度的具体实施办法提供依据,然而实际情况却并非如此,如贵州省铜仁市纪检监察机关在2019年1月选择了特约监察员,其上一级贵州省纪检监察机关在同年10月才确立特约监察员制度。(3)选择流程不规范。《国家监察委员会特约监察员工作办法》对选择特约监察员的流程有明确规定,各地纪检监察机关应参照施行,但是部分地方的纪检监察机关并未严格依照《国家监察委员会特约监察员工作办法》的规定操作,选择流程不规范,呈现出一定的随机性。

第二,纪检监察机关工作人员的认知水平参差不齐。特约监察员是"应约"监督纪检监察机关工作人员,纪检监察机关工作人员对于特约监察员的态度直接影响着其履职的积极性。少数纪检监察机关工作人员对特约监察员制度的重要性认识不足:一是对特约监察员存在一定的心理抵触,不乐于接受其监督。一些纪检监察机关工作人员将特约监察员视为外部监督力量,将其当作外人来看待甚至加以防范,对本应接受的监督敷衍对待。二是对特约监察员的监督能力持怀疑态度。有的纪检监察机关工作人员认为不少特约监察员并非出自监督相关专业,欠缺监督经历与能力,只是"充门面""当花瓶"。

第三,特约监察员的监督渠道稀缺。特约监察员为兼职,监督者与被监督者之间"天然"具有一定的距离。纪检监察机关要为特约监察员搭建多种多样的监督平台,缩减彼此之间的距离;不然,对监督者实施监督就容易出现时有时无的情况,仅流于形式。目前,纪检监察机关的主要做法包含组织特约监察员列席纪检监察机关的有关会议、开展特约监察员走进纪检监察机关的活动、建立情况通报制度、设立特约监察员信箱、寄送与纪检监察机关工作相关的杂志和资料、邀请特约监察员参与专项监督检查活动等。就具体成效而言,现有的监督渠道偏少,特约监察员与纪检监察机关之间的有机联系并未建立起来,监督者对被监督者的履职状况了解不足,特约监察员的监督作用难以有效发挥。①

## 81 特约监察员的实践困境体现在哪里？

创设特约监察员的初始目的乃是凭借第三方的力量,推动监督者切实践行职责、秉持公正并遵守法律法规,然而此项制度于实际运作过程中依旧存有诸多困扰难题。以笔者对江苏省某地的调研状况而言,部分举荐单位和受聘监察员之间的联系、协调以及互动并不多,难以实时明晰特约监察员的履职能力以及履职情形,甚至不知晓被举荐者是否已获聘用。

就特约监察员自身来说,该项工作的兼职属性,致使他们落实监督职责的意识尚不够强烈。一些动机不纯之人,甚至将特约监察员视为一种荣誉称谓,用以谋取政治资本或者提升企业的影响力。此外,鉴于其本职工作忙碌且对监察委员会的工作了解有限,在履职过程中难免会呈现出开展活动少、定期会议少、监督效果追踪不足等状况。

除却特约监察员自身的因素外,监察机关的一些行径

---

① 参见王高贺、周华国:《监督监督者:新时代特约监察员制度的探索与突破》,载《理论探讨》2021年第1期;王立峰、李洪川:《特约监察员制度的演变逻辑、实践价值与完善路径》,载《党政研究》2020年第6期。

亦对落实该项制度形成阻碍。譬如在通常情况下,特约监察员展开工作前需要获取监察机关的准许和同意,监察机关召开会议或开展专项工作时倘若想到了便邀请特约监察员前来参与,未想到或者认为"不适合"便不邀请他们。这致使多数特约监察员完全处于被动状态,开展工作的频次具备极大的随机性。再加上信息的不对等性,特约监察员想要主动履行职责变得倍加艰难,工作的积极性自然也随之降低。

## 82 特约监察员制度还未引起足够重视的原因何在?

总体而言,特约监察员制度未引起足够重视的原因表现在以下两个方面:

第一,监察机关对特约监察员的印象仍然停留在特邀监察员的阶段。监察机关在制定并安排特约监察员的工作中起主导作用,这些工作机制本质上与改革前的特邀监察员制度基本相似,如今继续沿用这样的工作形式说明监察机关对特约监察员的印象仍然停留在之前的特邀监察员。原特邀监察员除了对行政机关及其工作人员进行监督以外,还有一个重要的职责是协助监察机关的工作,是监察机关的帮手。但是如今特约监察员的身份发生了改变,特约监察员对监察机关及其工作人员的监督与其他监督形式,如人大代表监督、社会监督等共同形成国家监察委员的外部监督机制。而这个外部监督机制正是实现"把权力关进制度的笼子里"的重要措施之一。可以说特约监察员制度的存在一定程度上保证了监察机关权力的正常运行。所以,如今的特约监察员制度与以往相比大不一样,尤其是新修订实施的《监察法实施条例》,第287条明确规定了特约监察员对监察机关提出的意见、建议和批评,监察机关应当及时办理和反馈。监察机关必须以一个全新的态度来对待,从内心深处意识到特约监察员是监督者而不是被领导者。只有从主观上转变态度,才能从根本上解决特约监察员的选聘与工作问题。

第二,社会群众对特约监察员不够了解。特约监察员制度不为大众所了解的一个重要原因是特约监察员本身是兼职人员。其履行监督和咨询等职责的形式是兼职形式而不是全职,即发挥的是辅助性作用而不是决定性作用。兼职性和辅助性让这一制度没有得到有效和广泛的宣传,在人民的心中缺乏分量。人民群众不了解甚至不知道特约监察员制度,还何谈人民参与和人民监督?虽然特约监察员制度具有兼职性和辅助性的特点,但是其发挥的作用是不可忽视,兼职性和辅助性的特点不能成为特约监察员制度发展的阻碍。可以看出,我国的特约监察员制度还需要加大力度进行广泛宣传,并且与该制度配套的工作管理制度的制定也应该提上日程。

## 83 在改进和提高特约监察员制度的社会影响力方面的意见和建议有哪些？

具体而言，提高特约监察员制度社会影响力的措施可以从以下几方面推进：

第一，推动特约监察员各项制度的法治化。一项制度若没有相关的法律法规作为制度支撑，很难长久稳定地实施下去。2024年12月25日通过的新修正的《监察法》专门增加了关于特约监察员的规定。《监察法》第62条明确规定："监察机关根据工作需要，可以从各方面代表中聘请特约监察员。特约监察员按照规定对监察机关及其工作人员履行职责情况实行监督。"2025年4月27日国家监察委员会通过了新修订的《监察法实施条例》，第287条明确规定："各级监察机关可以根据工作需要，按程序选聘特约监察员履行监督、咨询等职责。特约监察员名单应当向社会公布。监察机关应当为特约监察员依法开展工作提供必要条件和便利。特约监察员对监察机关提出的意见、建议和批评，监察机关应当及时办理和反馈。"上述规定为推动监察工作依法接受民主监督、社会监督、舆论监督提供了重要的法律和制度保障。但对于特约监察员的监督原则、工作的独立性方面、履职保障等方面还需要完善。就特约监察员工作的独立性方面应进行规定，如规定任何国家机关、社会团体、企业、事业单位和个人都不能对其进行干预。再者，需要对特约监察员的监督原则进行规定，如依法监督原则、公平公正原则等内容，因为任何一个监督机关如果离开了公平公正，那么其履行的监督工作将毫无意义。另外，就特约监察员的管理机制而言，一方面要致力于建立科学独立的考核机制，根据特约监察员兼职性的特点和履行相关职能的情况进行考核，并根据考核结果作出奖惩。另一方面对特约监察员的培训制度作出相关规定，要求选聘主体可以通过不同的方式组织特约监察员进行专业知识和监督能力的培训。此外，不仅要针对特约监察员的履职保障作出更加明确的规定，如经费报销的种类及报销程序等，还要尽可能地明确特约监察员可以参加的会议类型及调研工作。尽管纪检监察机关的工作有一定的保密性，但是也应该减弱其指导特约监察员工作的权力，避免"是否接受监督全凭监察机关意愿"的情形出现。

第二，全面制定和完善各级特约监察员工作指导性文件。促进各级特约监察员工作制度化和规范化有利于特约监察员的工作自上而下形成合力，稳步推动国家监察体制改革的进程。因此，各市县纪检监察机关应在《国家监察委员会特约监察员工作办法》的基础之上，因地制宜地制定特约监察员工作制度，保证该工作制度切实可行并且适合本地区。一是要明晰特约监察员的权责内容，特别是特约监察员的工作内容、职能权限、履职保证和管理规则等，为特约监察员工作提供制度基础。由于特约监察员具有兼职性，所以基层特约监察员在制定相关内容时一定要明确特约监察员的工作界限，切不可为了追求特约监察员的工作成绩而安排过多的工作和任务。二是要丰富特约监察员的监督形式，对特约监察员走访群众，开展宣传活动等工作作出详细规定。三是各级监察机关在制定相关办法时，要充分听取群众和特约监察员们的意见和建议。可通过开展现场宣传活动，网上征集意见或投票等方式开放民主参与的渠道，保证办法制定的科学性。实现地区特约监察员工作办法制定的全覆盖，既能保证国家监察工作的稳定发展，又能从多角度丰富群众民主参与的渠道，进而推进社会主义民主政治的建设。

第三，切实建立特约监察员培训制度。由于特约监察员们来自社会各界，部分人是没有监督工作经验的，并且对《监察法》法律条文的适用也不甚了解。因此，对特约监察员进行系统性的培训是相当有必要的，主要涉及培训内容和培训方式的完善。应着重于以下三个方面：

（1）加深特约监察员的责任意识。培养特约监察员高度的责任感和自豪感，站在国家法治建设的高度上正确看待自己从事的工作——为国家监察体制改革工作添砖加瓦。在日常工作和生活中要严格要求自己，把特约监察员优秀的素养展现给人民群众。（2）加强相关法律法规知识的培训。以相关监察法律法规为培训重点，加强特约监察员履职能力，不仅学习了法律法规的相关规定，还强化了他们对法律背后的原则和制度精神的理解。通过案例分析、讨论交流等方式使特约监察员对自己的工作有一个宏观上的了解,提高监督工作的效力性。(3)培养特约监察员的思辨能力。引导特约监察员形成独立思考的习惯,结合学习到的知识,将理论和实践相结合。在培训方式方面,除了开展座谈会、参加学习讲座和参观监察机关以外,还可以利用手机软件以及推送阅读文章等方式强化培训力度。并且可以通过微信公众号等数字化新媒体平台,将培训所学的内容及纪检监察机关的工作情况进行推送发表,为人民群众了解纪检监察政策方针和特约监察员的工作情况提供渠道,促进特约监察员紧密联系群众。

## 84 特约监察员在切实助推纪检监察工作高质量发展方面,如何发挥优势、展现作为?

特约监察员使命光荣、责任重大。应围绕监督、参谋咨询、桥梁纽带、舆论引导等职能,施展好优势效能,助力监察机关觉察问题、填塞漏洞、改进欠缺,推动纪检监察工作高质量发展。

一是于主动监督、觉察问题上施展效用。构建特约监察员队列,首要的、最为重要的作用乃是增强对纪检监察机关工作人员使用权力的监督规约。《国家监察委员会特约监察员工作办法》第9条明确规定,"对纪检监察机关及其工作人员履行职责情况进行监督,提出加强和改进纪检监察工作的意见、建议"。故而,身为特约监察员不可具有任何思维顾忌,应当大胆监督纪检监察机关及干部履职和作风情况,实时觉察并指明纪检监察工作的不足和干部队伍建设中存有的问题,涵盖具体人员的具体行径,有何不妥之处,均可指明并提出改正意见和建议。

二是于参谋咨询、建言献策上施展效用。在党的二十大上,习近平总书记郑重提出"时刻保持解决大党独有难题的清醒和坚定"这一新时代新征程全面从严治党新的重大命题,并在二十届中央纪委二次全会上深刻阐述大党独有难题的形成原因、主要表现和破解之道,在二十届中央纪委三次全会上明确提出在深入推进党的自我革命实践中要以解决大党独有难题为主攻方向。纪检监察机关作为全面从严治党的重要力量,迫切需要深入学习探究,觅思路、寻对策、找方法,更好发挥全面从严治党政治引领和政治保障效用。特约监察员队伍专业能力强劲,既有专家学者,亦有一线工作者,乃是各个领域的"行家内手",于分析问题、提出对策建议方面各具专长。

三是于反映民愿、维护民利上施展效用。纪检监察工作乃是政治工作、人心工作,顺应民众对美好生活的向往乃是基本工作导向。①

四是于宣传引导、凝聚共识上施展效用。新时代全面从严治党获取了显著功效,但少部分党员干部仍存有"差不多""松口气""歇歇脚"的想法。深入推进全面从严治党、党风廉政建设和反腐败斗争,尚需持续凝聚共识。

五是于严于律己、遵纪守法上作出表率。特约监察员身份特别、工作特别,每一届特约监督员产生后,皆会向社会公布本届特约监察员名单,每一位特约监察员将会受到社会关注。

## 85 完善特约监察员制度的具体路径有哪些?

纪委监委接纳监督的制度设计仍处于完善阶段,科学规范纪检监察权力亦处于摸索时期。特约监察员制度在实际运作中存在一些问题,制度构建仍具有一定提升空间。为巩固民主监督、社会监督、舆论监督的实效,避免特约监察员制度虚化,充分发挥特约监察员的监督力量,应积极稳妥地持续坚持并完善特约监察员制度,具体路径建议如下:

第一,增强政治和法治观念,强化主管部门工作人员与特约监察员的履职观念。根据新修订的《监察法实施条

---

① 参见陈一行:《永葆对党绝对忠诚的政治本色》,载《中国纪检监察杂志》2023年第11期。

例》第287条的规定,特约监察员对监察机关提出的意见、建议和批评,监察机关应当及时办理和反馈。可见,特约监察员乃是纪委监委聘请、管理并对纪检监察机关予以监督的特殊队伍,特约监察员制度系纪检监察制度的辅助性制度。故而,纪委监委主要领导需重视特约监察员制度的施行,并对特约监察员工作予以关心与支持。首先,纪检监察机关应树立并表明主动接受监督、自觉支持监督的鲜明态度。通过强化服务意识,主动为特约监察员履职创造外在支持条件。当前,各级纪委监委负责特约监察员工作的办事机构通常设于办公厅(室),为体现对特约监察员工作的重视,可确定由一名纪委副书记或监委副主任亲自主抓特约监察员工作。其次,主管特约监察员工作的工作部门与工作人员要树立党性思维与法治思维,强化特约监察员制度的政治意识和执行意识。既要重视坚持"四个意识""两个维护"的政治原则,也要重视监督细则和办法的切实执行,及时督促特约监察员履行本职工作。最后,特约监察员也需在思想认识上重视特约监察工作,切实履行好特约监察使命,避免"和事佬"心态作祟。由于特约监察员是对专门纪检监察机关进行监督,党纪法治意识与监督业务素质乃是其履行监督职责的必备条件。为加强特约监察员的党纪教育与法治教育,增强其党性修养与法律意识,纪委监委可聘请相关法学专家、党建学者定期开设专题培训班,尤其应强化特约监察员对《宪法》、党内法规、《监察法》、刑事法律等知识的掌握。

第二，优化人员遴选机制，组建数量适宜、结构合理的特约监察员队伍。鉴于各级纪委监委出台的《特约监察员工作办法》对特约监察员聘任数量未作具体规定，诸多地方在聘任特约监察员时存在一定随意性。特约监察员数量过多可能致使办事效率低下，不利于充分发挥其最大效能；数量过少可能导致监督不到位、不全面，特约监督流于形式。组建数量适宜、结构合理的特约监察员队伍是保障特约监察员履行职责的必要前提。首先，就其人员数量而言，监察委员会应当统筹规划，通盘考虑，规范选聘。特约监察员数量可由各级纪委监委根据本地区纪检监察机关部门数量、工作人员数量自行决定。并且，不同层级纪委监委应以制度形式对所聘请特约监察员在数量方面予以设限。其次，就特约监察员结构来看，各地新修订的《特约监察员工作办法》对人员来源筛选作了一定限制，强调特约监察员应主要从人大代表中聘请，在其他单位领域中优选聘请。此种选聘机制凸显了特约监察员来源精英化趋势。问题在于，按照《监察法》规定，监委本身要接受人大与人大代表的监督。因此，特约监察员的人大代表来源应当控制在一定比例之内，否则容易与人大监督功能产生重叠。并且，特约监察员的遴选应注重实际履职能力。最后，特约监察员制度有别于特邀监察员制度，统战部门不再参与特约监察员筛选，特约监察员制度统一战线色彩弱化。因此，不应过分注重特约监察员的党派比例或行业比例,而应当注重其实际监督履职能力。此外,应增加各行业之中非领导岗位人员的遴选,以保证特约监察员有充裕的时间履职监督。

第三,优化工作机制,使特约监察员工作真正落地、落实、落细。首先,应当制定和完善特约监察员履职工作方式机制。纪委监委主管部门可以制定特约监察员工作纪律手册,告知特约监察员履职方式,使特约监察员履职方式合规、合纪。工作手册可规定特约监察员会议召开的时间、频率,以便于特约监察员定期反馈其监督事项。其次,由于特约监察员既行使监督权利,同时又承担宣传、调研、参谋等角色,容易导致职责不清。因此,各级纪委监委应当明确特约监察员监督对象与监督内容。如可以让某些特约监察员负责监督固定工作部门使其监督对象精确化,分工负责监督纪委监委的政策制定或特定类型案件以使其监督内容精细化。尤其是特约监察员应将执法监督和廉政监督作为特约监督的重点,避免"眉毛胡子一把抓"。再次,纪委监委要建立健全跟踪反馈机制。纪委监委内部干部监督室应当与特约监察员保持密切联系,对特约监察员反馈的问题和线索应及时跟踪,及时处理,确保监督渠道畅通。最后,应当完善特约监察员工作考核机制。考核机制既包括对负责管理特约监察员工作的主管部门与工作人员的考核,也包括对特约监察员的考核。考核机制应定期、规范、常态,以考核倒逼责任落实,以考核压实责任,确保特约监察员制度真正得到贯彻执行。[①]

## 86 在完善特约监察员制度建设方面有何意见和建议？

特约监察员乃是纪检监察机关的监督者以及联系人民群众的桥梁纽带。纪检监察机关、特约监察员与人民群众对纪检监察工作的认知水平及参与程度，影响着特约监察员的监督效果。针对特约监察员履行监督职能存在的障碍，在特约监察员制度建设方面，建议从以下几方面进行完善：

第一，明晰特约监察员的制度界限，塑造整体合力。在党和国家监督体系中，特约监察员具有何等分量，发挥监督职能的边界于何处，需予以明确界定。党的十九大报告指出：要加强对权力运行的制约和监督，让人民监督权力，让权力在阳光下运行，把权力关进制度的笼子。党的十九届四中全会决定指出：要坚持和完善党和国家监督体系，强化对权力运行的制约和监督。决定特别强调，"健全人大监督、民主监督、行政监督、司法监督、群众监督、舆论监督制度，发挥审计监督、统计监督职能作用。以党内监督为主导，推动各类监督有机贯通、相互协调"。相较于党内监

---

[①] 参见王立峰、李洪川：《特约监察员制度的演变逻辑、实践价值与完善路径》，载《党政研究》2020 年第 6 期。

督,特约监察员制度属于附属制度,特约监察员监督属于辅助性监督。监督纪检监察机关及其工作人员牵涉诸多因素,要通过合理分工以数量有限的特约监察员实现对纪检监察机关的全面监督并不现实,需对特约监察员的监督工作予以合理安排,不可要求每名特约监察员的监督涵盖纪检监察机关的所有职能部门,监督事项也不应面面俱到,应突出重点,采取先分后合的策略,既要充分发挥每名特约监察员的作用,又要展现整体力量与优势。以中央纪委国家监委为例,其拥有50名特约监察员及31个职能部门。应把50名特约监察员分配至31个职能部门之中,每名特约监察员的监督对象减少,监督任务明确,监督责任清晰。而后,定期组织特约监察员开展集体座谈会,特约监察员就各自负责的职能部门监督情况进行交流探讨,剖析问题,提出解决办法。

第二,统一进度,维护制度刚性。目前,多数省级以上纪检监察机关已建立特约监察员制度,然而市、县两级开展特约监察员工作的状况不够理想,许多地方尚未启动。这既影响了地方监督纪检监察机关及其工作人员的效果,又在一定程度上损害了特约监察员制度的刚性。建立特约监察员制度应大致参照各级监察委员会成立的进度,设立监察委员会应有具体的时间表与路线图,行动迅速,步伐统一。

第三,规范选聘流程,把好"入口"关。选聘特约监察员乃是实施特约监察员制度的首个环节,把好"入口"至关重要。《国家监察委员会特约监察员工作办法》规定:"特约监察员是国家监察委员会根据工作需要,按照一定程序优选聘请,以兼职形式履行监督、咨询等相关职责的公信人士。"从公信人士中选聘特约监察员表明了"高门槛":一是要关注公共事务。特约监察员要坚决拥护中国共产党领导,具有"谋公"需求与公益热情,热爱纪检监察体制改革事业,能够积极参与权力监督制约工作。二是要具备社会公德。特约监察员要作风正派、公正廉洁,遵守社会公德与职业道德,甘于奉献。三是要拥有公务能力。特约监察员要具有较高的专业素养,具备履行监督职能的学习能力与工作能力,能够克服监督过程中出现的各种问题。四是要获得公众认可。特约监察员要密切联系群众,切实关怀群众疾苦,真诚倾听群众呼声,善于收集群众诉求,在群众中间形成良好口碑。纪检监察机关应与有关部门、单位共同提出特约监察员推荐人选,对特约监察员推荐人选进行全面考察,选聘出具有上述特点的公信人士。

第四,加强动态考评,疏通"出口"。特约监察员任期与纪检监察机关领导班子任期相同,连续任职通常不得超过两届。特约监察员履职状况既要注重任职期满考评,又要注重动态考评,对于表现不达标的特约监察员,需及时给予提醒、批评乃至解聘。动态考评要重点围绕两个方面展开。一方面围绕特约监察员的职责义务展开。特约监察员在履行职责时享有广泛权利,也承担着明确义务,如遵守监察委员会工作制度,按照规定的权限和程序认真履行职责,保守国家秘密、工作秘密以及因履行职责掌握的商业秘密和个人隐私,廉洁自律、接受监督,不得以特约监察员身份谋取任何私利和特权等。动态考评以一年为单位,对于无正当理由连续一年未履行上述义务的特约监察员,要及时解聘。另一方面根据特约监察员的意愿和守法守纪情况展开。对于无意继续担任特约监察员职务以及受到党纪处分、政务处分、刑事处罚的,要果断解聘,保持特约监察员队伍的纯洁性。[①]

### 87 在畅通纪检监察机关工作人员与特约监察员沟通方面的意见和建议有哪些?

第一,打开心扉,主动接受特约监察员的监督。纪检监察机关人员处于正风肃纪反腐的前线地带,伴随监督范围与权限的拓展,所面临的挑战也越发严峻,一直都存在被"围猎"的风险。习近平总书记指出:纪检监察机关不是天然的保险箱,监察权是把双刃剑,也要关进制度的笼子,自

---

① 参见王高贺、周华国:《监督监督者:新时代特约监察员制度的探索与突破》,载《理论探讨》2021年第1期。

觉接受党和人民监督,行使权力必须十分谨慎,严格依纪依法。① 诸多纪检监察机关工作人员被查处,既彰显了我党全面从严治党的决心,也折射出当前对纪检监察机关工作人员的监督存在诸多问题。纪检监察机关工作人员要从心底里明白,构建特约监察员制度作为构建不敢腐、不能腐、不想腐有效机制的关键构成,对于自身不仅是监督,亦是保护,有益于及时察觉并堵塞被"围猎"的风险缺口。

第二,增进信赖,踊跃协同特约监察员的监督。部分纪检监察机关工作者将特约监察员同特邀监察员加以对比,认为在对监督者的监督方面监察员根本发挥不了太大作用。1989年,为强化行政监察工作,监察部创立了特邀监察员制度。历经将近三十年的制度调整与完善,特邀监察员在规范权力运行方面产生了一定的积极效应。从整体来看,特邀监察员的监督成效与反腐工作的严峻态势并不匹配,但不能据此推断出特约监察员的监督效果就会不理想。特约监察员并非对特邀监察员的简易更迭,二者在履行职能上具有显著差异。一是二者在产生过程中存有区别。特邀监察员通常由单位推荐,被推荐人相对被动。特约监察员虽也有单位推荐,但更为尊重被推荐人的想法。被推荐人属于主动应约,具有浓厚的工作热情。二是监督在各项

---

① 2018年12月13日,习近平总书记在十九届中央政治局第十一次集体学习时的讲话。

职责中的地位各异。特邀监察员的主要职责包括咨询、联系、宣传、监督。其中,监督处于各项职责的末位,并且是"双监督",既要监督国家行政机关,又要监督监察机关,在相当程度上分散了特邀监察员的精力。特约监察员将监督职责提升至首位,不再是"双监督",仅仅对纪检监察机关及其工作人员进行监督,监督对象明显减少,有利于特约监察员集中精力履行监督职能。三是监督的社会环境产生重大转变。监察委员会组建之后,权力监督制约状况取得重大进展,反腐败斗争取得压倒性胜利,为特约监察员履行监督职能营造了良好的社会环境,这是先前特邀监察员开展工作所不具备的。纪检监察机关工作人员应精确领会特约监察员与特邀监察员之间的改变,汲取特邀监察员制度的经验,对特约监察员制度给予充分信赖,积极协同特约监察员的监督。[1]

## 88 完善特约监察员考评方面的意见和建议有哪些?

特约监察员制度实施以来,的确起到了很好的作用和效果,但仍然存在需要进一步完善的地方,需要进一步改进和完善建立考核评估机制。

---

[1] 参见王高贺、周华国:《监督监督者:新时代特约监察员制度的探索与突破》,载《理论探讨》2021年第1期。

仅仅依靠特约监察员的自我约束和自我管理，难以解决工作积极性低迷、工作不规范等问题。为了避免特约监察员工作沦为空谈，务必具备科学合理的考核机制。考虑到特约监察员来自各个行业，所涉领域极为广泛，因此考核标准无须机械地强求一致。可以探索建立"通用指标＋差异指标"的考核模式。"通用指标"即适用于所有特约监察员的考核标准，诸如参与相关会议活动的出勤率、对工作内容的保密责任等。"差异指标"可依照不同的工作领域对特约监察员进行归类，如政府工作人员、专家学者以及基层群众代表，按照不同的组别设定相应的考评标准。例如，针对专家学者，可设定为专业素养和建设性意见的考核。在考核结束后，建议依据考核结果对表现卓越的特约监察员给予物质和精神奖励，并将嘉奖通报至举荐单位，以增强特约监察员履职过程中的荣誉感。另外，可适当参照《公务员法》第 88 条，在年度考核中，连续两年被确定为不称职的予以辞退，对于连续两次考核不达标的特约监察员予以解聘。通过构建奖惩并重的机制，推动特约监察员积极履职，防止出现相互推诿、消极怠工的情形。

# 第十章

# 特约监察员如何理解《监察法》

## 89 特约监察员如何理解《监察法》中关于监察机关办案程序的相关规定?

监察机关在办案中应当严格遵守程序,做到以下几点:

第一,监察机关应当严格按照程序开展工作,建立问题线索处置、调查、审理各部门相互协调、相互制约的工作机制。监察机关应当加强对调查、处置工作全过程的监督管理,设立相应的工作部门履行线索管理、监督检查、督促办理、统计分析等管理协调职能。①

第二,监察机关对监察对象的问题线索,应当按照有关规定提出处置意见,履行审批手续,进行分类办理。线索处置情况应当定期汇总、通报,定期检查、抽查。②

第三,需要采取初步核实方式处置问题线索的,监察机关应当依法履行审批程序,成立核查组。初步核实工作结束后,核查组应当撰写初步核实情况报告,提出处理建议。承办部门应当提出分类处理意见。初步核实情况报告和分类处理意见报监察机关主要负责人审批。③

第四,经过初步核实,对监察对象涉嫌职务违法犯罪,

---

① 参见《监察法》第39条。
② 参见《监察法》第40条。
③ 参见《监察法》第41条。

需要追究法律责任的,监察机关应当按照规定的权限和程序办理立案手续。监察机关主要负责人依法批准立案后,应当主持召开专题会议,研究确定调查方案,决定需要采取的调查措施。立案调查决定应当向被调查人宣布,并通报相关组织。涉嫌严重职务违法或者职务犯罪的,应当通知被调查人家属,并向社会公开发布。①

第五,监察机关对职务违法和职务犯罪案件,应当进行调查,收集被调查人有无违法犯罪以及情节轻重的证据,查明违法犯罪事实,形成相互印证、完整稳定的证据链。调查人员应当依法文明规范开展调查工作。严禁以暴力、威胁、引诱、欺骗及其他非法方式收集证据,严禁侮辱、打骂、虐待、体罚或者变相体罚被调查人和涉案人员。监察机关及其工作人员在履行职责过程中应当依法保护企业产权和自主经营权,严禁利用职权非法干扰企业生产经营。需要企业经营者协助调查的,应当保障其人身权利、财产权利和其他合法权益,避免或者尽量减少对企业正常生产经营活动的影响。②

根据《监察法》第44条和第45条的规定,监察人员在办案时应当做到:

第一,调查人员采取讯问、询问、强制到案、责令候查、

---

① 参见《监察法》第42条。
② 参见《监察法》第43条。

管护、留置、搜查、调取、查封、扣押、勘验检查等调查措施，均应当依照规定出示证件，出具书面通知，由两人以上进行，形成笔录、报告等书面材料，并由相关人员签名、盖章。调查人员进行讯问以及搜查、查封、扣押等重要取证工作，应当对全过程进行录音录像，留存备查。①

第二，调查人员应当严格执行调查方案，不得随意扩大调查范围、变更调查对象和事项。对调查过程中的重要事项，应当集体研究后按程序请示报告。②

## 90 特约监察员如何判断监察机关采取责令候查措施的对象有哪些，应当遵守哪些规定？

《监察法》第23条第1款规定：被调查人涉嫌严重职务违法或者职务犯罪，并有下列情形之一的，经监察机关依法审批，可以对其采取责令候查措施：(1)不具有《监察法》第24条第1款所列情形的；(2)符合留置条件，但患有严重疾病、生活不能自理的，系怀孕或者正在哺乳自己婴儿的妇女，或者生活不能自理的人的唯一扶养人；(3)案件尚未办结，但留置期限届满或者对被留置人员不需要继续采取留置措施的；(4)符合留置条件，但因为案件的特殊情况或

---

① 参见《监察法》第44条。
② 参见《监察法》第45条。

者办理案件的需要,采取责令候查措施更为适宜的。

《监察法》第23条第2款规定:被责令候查人员应当遵守以下规定:(1)未经监察机关批准不得离开所居住的直辖市、设区的市的城市市区或者不设区的市、县的辖区;(2)住址、工作单位和联系方式发生变动的,在24小时以内向监察机关报告;(3)在接到通知的时候及时到案接受调查;(4)不得以任何形式干扰证人作证;(5)不得串供或者伪造、隐匿、毁灭证据。

《监察法》第23条第3款规定:被责令候查人员违反前款规定,情节严重的,可以依法予以留置。

《监察法实施条例》第104条规定:采取责令候查措施时,调查人员不得少于二人,应当向被责令候查人员宣布《责令候查决定书》,出示《被责令候查人员权利义务告知书》,由被责令候查人员签名、捺指印,要求其遵守《监察法》第23条第2款的规定,告知其违反规定应负的法律责任。被责令候查人员拒绝签名、捺指印的,调查人员应当在文书上记明。监察机关将其他监察强制措施变更为责令候查措施的,应当按照前款规定履行权利义务告知程序。责令候查最长不得超过12个月,自向被责令候查人员宣布之日起算。

《监察法实施条例》第105条规定:除无法通知的以外,监察机关应当在采取责令候查措施后24小时以内,通知被责令候查人员所在单位和家属。当面通知的,由有关人员在《责令候查通知书》上签名。无法当面通知的，可以先以电话等方式通知，并通过邮寄、转交等方式送达《责令候查通知书》，要求有关人员在《责令候查通知书》上签名。有关人员拒绝签名的，调查人员应当在文书上记明。

《监察法实施条例》第 106 条规定：责令候查应当由决定采取责令候查措施的监察机关执行。执行责令候查的监察机关应当履行下列职责：(1)监督、考察被责令候查人员遵守有关规定，及时掌握其活动、住址、工作单位、联系方式及变动情况；(2)审批被责令候查人员离开所居住的直辖市、设区的市的城市市区或者不设区的市、县的辖区（以下统称所居住的市、县）的申请；(3)被责令候查人员违反应当遵守的规定的，及时制止或者纠正；(4)会同被责令候查人员所在单位、家属等对被责令候查人员开展思想教育、心理疏导工作。

《监察法实施条例》第 107 条规定：被责令候查人员未经批准不得离开所居住的市、县。确有正当理由需要离开的，应当经决定采取责令候查措施的监察机关批准。在同一直辖市、设区的市内跨区活动的，不属于离开所居住的市、县。本条第一款所称正当理由，是指就医、就学、参与诉讼、往返居住地与工作地、处理重要家庭事务或者参加重要公务、商务活动等。

《监察法实施条例》第 108 条规定：被责令候查人员需要离开所居住的市、县的，应当向监察机关提出书面申请，并注明事由、目的地、路线、交通方式、往返日期、联系方式等。监察机关应当自收到书面申请之日起三日以内作出决定。被责令候查人员有紧急事由，无法及时提出书面申请的，可以先行通过电话等方式提出申请，并及时补办书面申请手续。监察机关批准被责令候查人员离开所居住的市、县的申请后，应当告知其遵守下列要求：(1)保持联系方式畅通，并在接到通知后及时到案接受调查；(2)严格按照批准的地点、路线、往返日期出行；(3)不得从事妨碍调查的活动；(4)返回居住地后及时向执行机关报告。对于被责令候查人员因正常工作或者生活需要经常性离开所居住的市、县的，可以根据情况简化批准程序，一次性审批其在特定期间内按照批准的地点、路线出行。

《监察法实施条例》第109条规定：被责令候查人员具有下列情形之一的，可以认定为《监察法》第23条第3款所规定的违反责令候查规定，情节严重：(1)企图逃跑、自杀的；(2)实施伪造、隐匿、毁灭证据或者串供、干扰证人作证行为，严重影响调查工作正常进行的；(3)对举报人、控告人、被害人、证人、鉴定人等相关人员实施打击报复的；(4)未经批准，擅自离开所居住的市、县，严重影响调查工作正常进行，或者两次未经批准，擅自离开所居住的市、县的；(5)经通知无正当理由不到案，严重影响调查工作正常进行，或者两次经通知无正当理由不到案的；(6)住址、工作单位和联系方式等发生变动，未按规定向监察机关报告，导致无法通知到案,严重影响调查工作正常进行的。

依照《监察法》第 23 条第 1 款第 3 项规定被责令候查的人员,违反责令候查规定,情节严重,依法应予留置的,省级监察机关应当报请国家监察委员会批准,设区的市级以下监察机关应当逐级报送省级监察机关批准。

《监察法实施条例》第 110 条规定:被管护人员、被留置人员、被禁闭人员及其近亲属向监察机关申请变更为责令候查措施的,应当以书面方式提出。监察机关收到申请后,应当在三日以内作出决定。经审查,符合责令候查条件的,可以将管护、留置或者禁闭措施依法变更为责令候查措施;不符合责令候查条件的,应当告知申请人,并说明不同意的理由。

《监察法实施条例》第 111 条规定:对被责令候查人员不需要继续采取责令候查措施或者责令候查期满的,应当按规定报批后解除责令候查措施。调查人员应当向被责令候查人员宣布《解除责令候查决定书》,由其签名、捺指印。被责令候查人员拒绝签名、捺指印的,调查人员应当在文书上记明。

解除责令候查措施的,应当及时通知被责令候查人员所在单位和家属。当面通知的,由有关人员在《解除责令候查通知书》上签名。无法当面通知的,可以先以电话等方式通知,并通过邮寄、转交等方式送达《解除责令候查通知书》,要求有关人员在《解除责令候查通知书》上签名。

有关人员拒绝签名的,调查人员应当在文书上记明。

《监察法实施条例》第112条规定:案件依法移送人民检察院审查起诉的,责令候查措施自移送之日自动解除,不再办理解除法律手续。

## 91 特约监察员如何判断监察机关采取留置措施的对象有哪些?

《监察法》第24条第1款规定:被调查人涉嫌贪污贿赂、失职渎职等严重职务违法或者职务犯罪,监察机关已经掌握其部分违法犯罪事实及证据,仍有重要问题需要进一步调查,并有下列情形之一的,经监察机关依法审批,可以将其留置在特定场所:(1)涉及案情重大、复杂的;(2)可能逃跑、自杀的;(3)可能串供或者伪造、隐匿、毁灭证据的;(4)可能有其他妨碍调查行为的。

《监察法》第24条第2款规定:对涉嫌行贿犯罪或者共同职务犯罪的涉案人员,监察机关可以依照前款规定采取留置措施。

《监察法》第24条第3款规定:留置场所的设置、管理和监督依照国家有关规定执行。

## 92 特约监察员如何判断监察机关进行管护的对象有哪些,应当遵守哪些规定?

《监察法》第 25 条第 1 款规定:对于未被留置的下列人员,监察机关发现存在逃跑、自杀等重大安全风险的,经依法审批,可以进行管护:(1)涉嫌严重职务违法或者职务犯罪的自动投案人员;(2)在接受谈话、函询、询问过程中,交代涉嫌严重职务违法或者职务犯罪问题的人员;(3)在接受讯问过程中,主动交代涉嫌重大职务犯罪问题的人员。

《监察法》第 25 条第 2 款规定:采取管护措施后,应当立即将被管护人员送留置场所,至迟不得超过 24 小时。

《监察法实施条例》第 113 条规定:监察机关对于符合《监察法》第 25 条第 1 款规定的未被留置人员,经依法审批,可以对其采取管护措施。

《监察法实施条例》第 114 条规定:采取管护措施时,调查人员不得少于二人,应当向被管护人员宣布《管护决定书》,告知被管护人员权利义务,要求其在《管护决定书》上签名、捺指印。被管护人员拒绝签名、捺指印的,调查人员应当在文书上记明。

《监察法实施条例》第 115 条规定:采取管护措施后,应当立即将被管护人员送留置场所,至迟不得超过 24 小时。

《监察法实施条例》第 116 条规定:采取管护措施后,

应当在 24 小时以内通知被管护人员所在单位和家属。当面通知的，由有关人员在《管护通知书》上签名。无法当面通知的，可以先以电话等方式通知，并通过邮寄、转交等方式送达《管护通知书》，要求有关人员在《管护通知书》上签名。有关人员拒绝签名的，调查人员应当在文书上记明。

因可能伪造、隐匿、毁灭证据，干扰证人作证或者串供等有碍调查情形而不宜通知的，应当按规定报批，记录在案。有碍调查的情形消失后，应当立即通知被管护人员所在单位和家属。

《监察法实施条例》第 117 条规定：监察机关采取管护措施后，应当在 24 小时以内对被管护人员进行谈话、讯问。

《监察法实施条例》第 118 条规定：管护时间不得超过 7 日，自向被管护人员宣布之日起算。因案情复杂、疑难，在 7 日以内无法作出留置或者解除管护决定的，经审批可以延长 1 日至 3 日。

延长管护时间的，应当在管护期满前向被管护人员宣布延长管护时间的决定，要求其在《延长管护时间决定书》上签名、捺指印。被管护人员拒绝签名、捺指印的，调查人员应当在文书上记明。延长管护时间的，应当及时通知被管护人员所在单位和家属。

《监察法实施条例》第 119 条规定：对被管护人员不需要继续采取管护措施的，应当按规定报批后解除管护或者变更为责令候查措施。管护期满的，应当按规定报批后予以解除。

解除管护措施的,调查人员应当向被管护人员宣布解除管护措施的决定,由其在《解除管护决定书》上签名、捺指印;变更为责令候查措施的,应当向被管护人员宣布变更为责令候查措施的决定,由其在《变更管护决定书》上签名、捺指印。被管护人员拒绝签名、捺指印的,调查人员应当在文书上记明。

解除管护措施或者变更为责令候查措施的,应当及时通知被管护人员所在单位和家属、申请人。调查人员应当与交接人办理交接手续,并由其在《解除管护通知书》或者《变更管护通知书》上签名。无法通知或者有关人员拒绝签名的,调查人员应当在文书上记明。不得因办理交接手续延迟解除或者变更管护措施。

《监察法实施条例》第120条规定:在管护期满前,将管护措施变更为留置措施的,按照本条例关于采取留置措施的规定执行。

## 93 特约监察员如何理解在何种情况下监察机关可以采取技术调查措施,应当遵守哪些规定?

《监察法》第31条第1款规定:监察机关调查涉嫌重大贪污贿赂等职务犯罪,根据需要,经过严格的批准手续,可以采取技术调查措施,按照规定交有关机关执行。

《监察法》第 31 条第 2 款规定:批准决定应当明确采取技术调查措施的种类和适用对象,自签发之日起 3 个月以内有效;对于复杂、疑难案件,期限届满仍有必要继续采取技术调查措施的,经过批准,有效期可以延长,每次不得超过 3 个月。对于不需要继续采取技术调查措施的,应当及时解除。

《监察法实施条例》第 183 条规定:监察机关根据调查涉嫌重大贪污贿赂等职务犯罪需要,依照规定的权限和程序报经批准,可以依法采取技术调查措施,按照规定交公安机关或者国家有关执法机关依法执行。

《监察法实施条例》第 184 条规定:依法采取技术调查措施的,监察机关应当出具《采取技术调查措施委托函》、《采取技术调查措施决定书》和《采取技术调查措施适用对象情况表》,送交有关机关执行。其中,设区的市级以下监察机关委托有关执行机关采取技术调查措施,还应当提供《立案决定书》。

《监察法实施条例》第 185 条规定:技术调查措施的期限按照监察法的规定执行,期限届满前未办理延期手续的,到期自动解除。对于不需要继续采取技术调查措施的,监察机关应当按规定及时报批,将《解除技术调查措施决定书》送交有关机关执行。

需要依法变更技术调查措施种类或者增加适用对象的,监察机关应当重新办理报批和委托手续,依法送交有关机关执行。

《监察法实施条例》第186条规定：对于采取技术调查措施收集的信息和材料，依法需要作为刑事诉讼证据使用的，监察机关应当按规定报批，出具《调取技术调查证据材料通知书》向有关执行机关调取。

对于采取技术调查措施收集的物证、书证及其他证据材料，监察机关应当制作书面说明，写明获取证据的时间、地点、数量、特征以及采取技术调查措施的批准机关、种类等。调查人员应当在书面说明上签名。

对于采取技术调查措施获取的证据材料，如果使用该证据材料可能危及有关人员的人身安全，或者可能产生其他严重后果的，应当采取不暴露有关人员身份、技术方法等保护措施。必要时，可以建议由审判人员在庭外进行核实。

《监察法实施条例》第187条规定：调查人员对采取技术调查措施过程中知悉的国家秘密、工作秘密、商业秘密、个人隐私和个人信息，应当严格保密。

采取技术调查措施获取的证据、线索及其他有关材料，只能用于对违法犯罪的调查、起诉和审判，不得用于其他用途。对采取技术调查措施获取的与案件无关的材料，应当经审批及时销毁。对销毁情况应当制作记录，由调查人员签名。

### 94. 特约监察员如何判断监察人员在何种情况下才会被采取禁闭措施？

《监察法》第 64 条第 1 款规定：监察人员涉嫌严重职务违法或者职务犯罪，为防止造成更为严重的后果或者恶劣影响，监察机关经依法审批，可以对其采取禁闭措施。禁闭的期限不得超过 7 日。

《监察法》第 64 条第 2 款规定：被禁闭人员应当配合监察机关调查。监察机关经调查发现被禁闭人员符合管护或者留置条件的，可以对其采取管护或者留置措施。

### 95. 特约监察员如何判断监察机关采取留置措施是否符合相关规定？

《监察法》第 47 条规定：监察机关采取留置措施，应当由监察机关领导人员集体研究决定。设区的市级以下监察机关采取留置措施，应当报上一级监察机关批准。省级监察机关采取留置措施，应当报国家监察委员会备案。

《监察法》第 48 条第 1 款规定：留置时间不得超过 3 个月。在特殊情况下，可以延长一次，延长时间不得超过 3 个月。省级以下监察机关采取留置措施的，延长留置时间应当报上一级监察机关批准。监察机关发现采取留置措施不当或者不需要继续采取留置措施的，应当及时解除或者变更为责令候查措施。

《监察法》第48条第2款规定:对涉嫌职务犯罪的被调查人可能判处10年有期徒刑以上刑罚,监察机关依照前款规定延长期限届满,仍不能调查终结的,经国家监察委员会批准或者决定,可以再延长2个月。

《监察法》第48条第3款规定:省级以上监察机关在调查期间,发现涉嫌职务犯罪的被调查人另有与留置时的罪行不同种的重大职务犯罪或者同种的影响罪名认定、量刑档次的重大职务犯罪,经国家监察委员会批准或者决定,自发现之日起依照本条第1款的规定重新计算留置时间。留置时间重新计算以一次为限。

《监察法》第50条第1款规定:采取管护或者留置措施后,应当在24小时以内,通知被管护人员、被留置人员所在单位和家属,但有可能伪造、隐匿、毁灭证据,干扰证人作证或者串供等有碍调查情形的除外。有碍调查的情形消失后,应当立即通知被管护人员、被留置人员所在单位和家属。解除管护或者留置的,应当及时通知被管护人员、被留置人员所在单位和家属。

《监察法》第50条第2款规定:被管护人员、被留置人员及其近亲属有权申请变更管护、留置措施。监察机关收到申请后,应当在3日以内作出决定;不同意变更措施的,应当告知申请人,并说明不同意的理由。

《监察法》第50条第3款规定:监察机关应当保障被强

制到案人员、被管护人员以及被留置人员的饮食、休息和安全，提供医疗服务。对其谈话、讯问的，应当合理安排时间和时长，谈话笔录、讯问笔录由被谈话人、被讯问人阅看后签名。

《监察法》第50条第4款规定：被管护人员、被留置人员涉嫌犯罪移送司法机关后，被依法判处管制、拘役或者有期徒刑的，管护、留置1日折抵管制2日，折抵拘役、有期徒刑1日。

## 96 特约监察员如何判断监察机关在调查结束后是否依法相应作出了处理？

《监察法》第51条规定：监察机关在调查工作结束后，应当依法对案件事实和证据、性质认定、程序手续、涉案财物等进行全面审理，形成审理报告，提请集体审议。

《监察法》第52条第1款规定：监察机关根据监督、调查结果，依法作出如下处置：(1)对有职务违法行为但情节较轻的公职人员，按照管理权限，直接或者委托有关机关、人员，进行谈话提醒、批评教育、责令检查，或者予以诫勉；(2)对违法的公职人员依照法定程序作出警告、记过、记大过、降级、撤职、开除等政务处分决定；(3)对不履行或者不正确履行职责负有责任的领导人员，按照管理权限对其直接作出问责决定，或者向有权作出问责决定的机关提出问责建议；(4)对涉嫌职务犯罪的，监察机关经调查认为犯罪事实清楚,证据确实、充分的,制作起诉意见书,连同案卷材料、证据一并移送人民检察院依法审查、提起公诉;(5)对监察对象所在单位廉政建设和履行职责存在的问题等提出监察建议。

《监察法》第52条第2款规定:监察机关经调查,对没有证据证明被调查人存在违法犯罪行为的,应当撤销案件,并通知被调查人所在单位。

《监察法》第53条规定:监察机关经调查,对违法取得的财物,依法予以没收、追缴或者责令退赔;对涉嫌犯罪取得的财物,应当随案移送人民检察院。

## 97 特约监察员如何理解监察对象对监察机关作出的处理决定不服该如何处理?

《监察法》第56条规定:监察对象对监察机关作出的涉及本人的处理决定不服的,可以在收到处理决定之日起1个月内,向作出决定的监察机关申请复审,复审机关应当在1个月内作出复审决定;监察对象对复审决定仍不服的,可以在收到复审决定之日起1个月内,向上一级监察机关申请复核,复核机关应当在2个月内作出复核决定。复审、复核期间,不停止原处理决定的执行。复核机关经审查,认定处理决定有错误的,原处理机关应当及时予以纠正。

## 98 特约监察员如何判断监察人员是否模范履职?

特约监察员应当从以下几点判断监察人员是否模范履职:

首先,监察人员必须模范遵守宪法和法律,忠于职守、秉公执法、清正廉洁、保守秘密;必须具有良好的政治素质,熟悉监察业务,具备运用法律、法规、政策和调查取证等能力,自觉接受监督。①

其次,对于监察人员打听案情、过问案件、说情干预的,办理监察事项的监察人员应当及时报告。有关情况应当登记备案。发现办理监察事项的监察人员未经批准接触被调查人、涉案人员及其特定关系人,或者存在交往情形的,知情人应当及时报告。有关情况应当登记备案。②

再次,办理监察事项的监察人员有下列情形之一的,应当自行回避,监察对象、检举人及其他有关人员也有权要求其回避:(1)是监察对象或者检举人的近亲属的;(2)担任过本案的证人的;(3)本人或者其近亲属与办理的监察事项有利害关系的;(4)有可能影响监察事项公正处理的其他情形的。③

最后,监察机关涉密人员离岗离职后,应当遵守脱密期

---

① 参见《监察法》第65条。
② 参见《监察法》第66条。
③ 参见《监察法》第67条。

管理规定,严格履行保密义务,不得泄露相关秘密。监察人员辞职、退休3年内,不得从事与监察和司法工作相关联且可能发生利益冲突的职业。①

### 99 特约监察员如何判断在何种情况下被调查人及其近亲属、利害关系人有权向监察机关进行申诉?

《监察法》第69条第1款规定:监察机关及其工作人员有下列行为之一的,被调查人及其近亲属、利害关系人有权向该机关申诉:(1)采取强制到案、责令候查、管护、留置或者禁闭措施法定期限届满,不予以解除或者变更的;(2)查封、扣押、冻结与案件无关或者明显超出涉案范围的财物的;(3)应当解除查封、扣押、冻结措施而不解除的;(4)贪污、挪用、私分、调换或者违反规定使用查封、扣押、冻结的财物的;(5)利用职权非法干扰企业生产经营或者侵害企业经营者人身权利、财产权利和其他合法权益的;(6)其他违反法律法规、侵害被调查人合法权益的行为。

《监察法》第69条第2款规定:受理申诉的监察机关应当在受理申诉之日起1个月内作出处理决定。申诉人对处理决定不服的,可以在收到处理决定之日起1个月内向上一级监察机关申请复查,上一级监察机关应当在收到复

---

① 参见《监察法》第68条。

查申请之日起 2 个月内作出处理决定,情况属实的,及时予以纠正。

### 100 特约监察员如何判断在被调查人被采取管护或者留置措施后,监察机关依法应当履行的义务有哪些?

《监察法》第 50 条第 1 款规定:采取管护或者留置措施后,应当在 24 小时以内,通知被管护人员、被留置人员所在单位和家属,但有可能伪造、隐匿、毁灭证据,干扰证人作证或者串供等有碍调查情形的除外。有碍调查的情形消失后,应当立即通知被管护人员、被留置人员所在单位和家属。解除管护或者留置的,应当及时通知被管护人员、被留置人员所在单位和家属。

《监察法》第 50 条第 2 款规定:被管护人员、被留置人员及其近亲属有权申请变更管护、留置措施。监察机关收到申请后,应当在 3 日以内作出决定;不同意变更措施的,应当告知申请人,并说明不同意的理由。

《监察法》第 50 条第 3 款规定:监察机关应当保障被强制到案人员、被管护人员以及被留置人员的饮食、休息和安全,提供医疗服务。对其谈话、讯问的,应当合理安排时间和时长,谈话笔录、讯问笔录由被谈话人、被讯问人阅看后签名。

《监察法》第 50 条第 4 款规定：被管护人员、被留置人员涉嫌犯罪移送司法机关后，被依法判处管制、拘役或者有期徒刑的，管护、留置 1 日折抵管制 2 日，折抵拘役、有期徒刑 1 日。

## 101 特约监察员如何判断监察机关采取强制到案、责令候查或者管护措施是否符合规定？

《监察法》第 46 条第 1 款规定：采取强制到案、责令候查或者管护措施，应当按照规定的权限和程序，经监察机关主要负责人批准。

《监察法》第 46 条第 2 款规定：强制到案持续的时间不得超过 12 小时；需要采取管护或者留置措施的，强制到案持续的时间不得超过 24 小时。不得以连续强制到案的方式变相拘禁被调查人。

《监察法》第 46 条第 3 款规定：责令候查最长不得超过 12 个月。

《监察法》第 46 条第 4 款规定：监察机关采取管护措施的，应当在 7 日以内依法作出留置或者解除管护的决定，特殊情况下可以延长 1 日至 3 日。

# 相关法律法规

## 中华人民共和国监察法

（2018年3月20日第十三届全国人民代表大会第一次会议通过 根据2024年12月25日第十四届全国人民代表大会常务委员会第十三次会议《关于修改〈中华人民共和国监察法〉的决定》修正）

目 录

第一章 总 则
第二章 监察机关及其职责
第三章 监察范围和管辖
第四章 监察权限
第五章 监察程序
第六章 反腐败国际合作
第七章 对监察机关和监察人员的监督
第八章 法律责任
第九章 附 则

第一章 总 则

**第一条** 为了深入开展廉政建设和反腐败工作，加强对所有行使公权力的公职人员的监督，实现国家监察全面覆盖，持续深化国家监察体制改革，推进国家治理体系和治理能力现代化，根据宪法，制定本法。

**第二条** 坚持中国共产党对国家监察工作的领导，以马克思列宁主义、毛泽东思想、邓小平理论、"三个代表"重要思想、科学发展观、习近平新时代中国特色社会主义思想为指导，构建集中统一、权威高效的中国特色国家监察体制。

第三条　各级监察委员会是行使国家监察职能的专责机关,依照本法对所有行使公权力的公职人员(以下称公职人员)进行监察,调查职务违法和职务犯罪,开展廉政建设和反腐败工作,维护宪法和法律的尊严。

第四条　监察委员会依照法律规定独立行使监察权,不受行政机关、社会团体和个人的干涉。

监察机关办理职务违法和职务犯罪案件,应当与审判机关、检察机关、执法部门互相配合,互相制约。

监察机关在工作中需要协助的,有关机关和单位应当根据监察机关的要求依法予以协助。

第五条　国家监察工作严格遵照宪法和法律,以事实为根据,以法律为准绳;权责对等,严格监督;遵守法定程序,公正履行职责;尊重和保障人权,在适用法律上一律平等,保障监察对象及相关人员的合法权益;惩戒与教育相结合,宽严相济。

第六条　国家监察工作坚持标本兼治、综合治理,强化监督问责,严厉惩治腐败;深化改革、健全法治,有效制约和监督权力;加强法治教育和道德教育,弘扬中华优秀传统文化,构建不敢腐、不能腐、不想腐的长效机制。

## 第二章　监察机关及其职责

第七条　中华人民共和国国家监察委员会是最高监察机关。

省、自治区、直辖市、自治州、县、自治县、市、市辖区设立监察委员会。

第八条　国家监察委员会由全国人民代表大会产生,负责全国监察工作。

国家监察委员会由主任、副主任若干人、委员若干人组成,主任由全国人民代表大会选举,副主任、委员由国家监察委员会主任提请全国人民代表大会常务委员会任免。

国家监察委员会主任每届任期同全国人民代表大会每届任期相同,连续任职不得超过两届。

国家监察委员会对全国人民代表大会及其常务委员会负责,并接受其监督。

**第九条** 地方各级监察委员会由本级人民代表大会产生,负责本行政区域内的监察工作。

地方各级监察委员会由主任、副主任若干人、委员若干人组成,主任由本级人民代表大会选举,副主任、委员由监察委员会主任提请本级人民代表大会常务委员会任免。

地方各级监察委员会主任每届任期同本级人民代表大会每届任期相同。

地方各级监察委员会对本级人民代表大会及其常务委员会和上一级监察委员会负责,并接受其监督。

**第十条** 国家监察委员会领导地方各级监察委员会的工作,上级监察委员会领导下级监察委员会的工作。

**第十一条** 监察委员会依照本法和有关法律规定履行监督、调查、处置职责:

(一)对公职人员开展廉政教育,对其依法履职、秉公用权、廉洁从政从业以及道德操守情况进行监督检查;

(二)对涉嫌贪污贿赂、滥用职权、玩忽职守、权力寻租、利益输送、徇私舞弊以及浪费国家资财等职务违法和职务犯罪进行调查;

(三)对违法的公职人员依法作出政务处分决定;对履行职责不力、失职失责的领导人员进行问责;对涉嫌职务犯罪的,将调查结果移送人民检察院依法审查、提起公诉;向监察对象所在单位提出监察建议。

**第十二条** 各级监察委员会可以向本级中国共产党机关、国家机关、中国人民政治协商会议委员会机关、法律法规授权或者委托管理公共事务的组织和单位以及辖区内特定区域、国有企业、事业单位等派驻或者派出监察机构、监察专员。

经国家监察委员会批准,国家监察委员会派驻本级实行垂直管理或者双重领导并以上级单位领导为主的单位、国有企业的监察机构、监察专员,可以向驻在单位的下一级单位再派出。

经国家监察委员会批准,国家监察委员会派驻监察机构、监察专员,可以向驻在单位管理领导班子的普通高等学校再派出;国家监察委员会派驻国务院国有资产监督管理机构的监察机构,可以向驻在单位管理领导班子的国有企业再派出。

监察机构、监察专员对派驻或者派出它的监察委员会或者监察机构、监察专员负责。

**第十三条** 派驻或者派出的监察机构、监察专员根据授权,按照管理权限依法对公职人员进行监督,提出监察建议,依法对公职人员进行调查、处置。

**第十四条** 国家实行监察官制度,依法确定监察官的等级设置、任免、考评和晋升等制度。

## 第三章 监察范围和管辖

**第十五条** 监察机关对下列公职人员和有关人员进行监察:

(一)中国共产党机关、人民代表大会及其常务委员会机关、人民政府、监察委员会、人民法院、人民检察院、中国人民政治协商会议各级委员会机关、民主党派机关和工商业联合会机关的公务员,以及参照《中华人民共和国公务员法》管理的人员;

(二)法律、法规授权或者受国家机关依法委托管理公共事务的组织中从事公务的人员;

(三)国有企业管理人员;

(四)公办的教育、科研、文化、医疗卫生、体育等单位中从事管理的人员;

(五)基层群众性自治组织中从事管理的人员;

(六)其他依法履行公职的人员。

**第十六条** 各级监察机关按照管理权限管辖本辖区内本法第十五条规定的人员所涉监察事项。

上级监察机关可以办理下一级监察机关管辖范围内的监察事项,必要时也可以办理所辖各级监察机关管辖范围内的监察事项。

监察机关之间对监察事项的管辖有争议的,由其共同的上级监察机关确定。

**第十七条** 上级监察机关可以将其所管辖的监察事项指定下级监察机关管辖,也可以将下级监察机关有管辖权的监察事项指定给其他监察机关管辖。

监察机关认为所管辖的监察事项重大、复杂,需要由上级监察机关管辖的,可以报请上级监察机关管辖。

## 第四章 监察权限

**第十八条** 监察机关行使监督、调查职权,有权依法向有关单位和个人了解情况,收集、调取证据。有关单位和个人应当如实提供。

监察机关及其工作人员对监督、调查过程中知悉的国家秘密、工作秘密、商业秘密、个人隐私和个人信息,应当保密。

任何单位和个人不得伪造、隐匿或者毁灭证据。

**第十九条** 对可能发生职务违法的监察对象,监察机关按照管理权限,可以直接或者委托有关机关、人员进行谈话,或者进行函询,要求说明情况。

**第二十条** 在调查过程中,对涉嫌职务违法的被调查人,监察机关可以进行谈话,要求其就涉嫌违法行为作出陈述,必要时向被调查人出具书面通知。

对涉嫌贪污贿赂、失职渎职等职务犯罪的被调查人,监察机关可以进行讯问,要求其如实供述涉嫌犯罪的情况。

**第二十一条** 监察机关根据案件情况,经依法审批,可以强制涉嫌严重职务违法或者职务犯罪的被调查人到案接受调查。

**第二十二条** 在调查过程中,监察机关可以询问证人等人员。

**第二十三条** 被调查人涉嫌严重职务违法或者职务犯罪,并有下列情形之一的,经监察机关依法审批,可以对其采取责令候查措施:

(一)不具有本法第二十四条第一款所列情形的;

(二)符合留置条件,但患有严重疾病、生活不能自理的,系怀孕或者正在哺乳自己婴儿的妇女,或者生活不能自理的人的唯一扶养人;

(三)案件尚未办结,但留置期限届满或者对被留置人员不需要继续采取留置措施的;

(四)符合留置条件,但因为案件的特殊情况或者办理案件的需要,采取责令候查措施更为适宜的。

被责令候查人员应当遵守以下规定：
（一）未经监察机关批准不得离开所居住的直辖市、设区的市的城市市区或者不设区的市、县的辖区；
（二）住址、工作单位和联系方式发生变动的，在二十四小时以内向监察机关报告；
（三）在接到通知的时候及时到案接受调查；
（四）不得以任何形式干扰证人作证；
（五）不得串供或者伪造、隐匿、毁灭证据。
被责令候查人员违反前款规定，情节严重的，可以依法予以留置。

第二十四条　被调查人涉嫌贪污贿赂、失职渎职等严重职务违法或者职务犯罪，监察机关已经掌握其部分违法犯罪事实及证据，仍有重要问题需要进一步调查，并有下列情形之一的，经监察机关依法审批，可以将其留置在特定场所：
（一）涉及案情重大、复杂的；
（二）可能逃跑、自杀的；
（三）可能串供或者伪造、隐匿、毁灭证据的；
（四）可能有其他妨碍调查行为的。
对涉嫌行贿犯罪或者共同职务犯罪的涉案人员，监察机关可以依照前款规定采取留置措施。
留置场所的设置、管理和监督依照国家有关规定执行。

第二十五条　对于未被留置的下列人员，监察机关发现存在逃跑、自杀等重大安全风险的，经依法审批，可以进行管护：
（一）涉嫌严重职务违法或者职务犯罪的自动投案人员；
（二）在接受谈话、函询、询问过程中，交代涉嫌严重职务违法或者职务犯罪问题的人员；
（三）在接受讯问过程中，主动交代涉嫌重大职务犯罪问题的人员。
采取管护措施后，应当立即将被管护人员送留置场所，至迟不得超过二十四小时。

第二十六条　监察机关调查涉嫌贪污贿赂、失职渎职等严重职务违法或者职务犯罪，根据工作需要，可以依照规定查询、冻结涉案单位和个人的存款、汇款、债券、股票、基金份额等财产。有关单位和个人应当配合。

冻结的财产经查明与案件无关的,应当在查明后三日内解除冻结,予以退还。

**第二十七条** 监察机关可以对涉嫌职务犯罪的被调查人以及可能隐藏被调查人或者犯罪证据的人的身体、物品、住处和其他有关地方进行搜查。在搜查时,应当出示搜查证,并有被搜查人或者其家属等见证人在场。

搜查女性身体,应当由女性工作人员进行。

监察机关进行搜查时,可以根据工作需要提请公安机关配合。公安机关应当依法予以协助。

**第二十八条** 监察机关在调查过程中,可以调取、查封、扣押用以证明被调查人涉嫌违法犯罪的财物、文件和电子数据等信息。采取调取、查封、扣押措施,应当收集原物原件,会同持有人或者保管人、见证人,当面逐一拍照、登记、编号,开列清单,由在场人员当场核对、签名,并将清单副本交财物、文件的持有人或者保管人。

对调取、查封、扣押的财物、文件,监察机关应当设立专用账户、专门场所,确定专门人员妥善保管,严格履行交接、调取手续,定期对账核实,不得毁损或者用于其他目的。对价值不明物品应当及时鉴定,专门封存保管。

查封、扣押的财物、文件经查明与案件无关的,应当在查明后三日内解除查封、扣押,予以退还。

**第二十九条** 监察机关在调查过程中,可以直接或者指派、聘请具有专门知识的人在调查人员主持下进行勘验检查。勘验检查情况应当制作笔录,由参加勘验检查的人员和见证人签名或者盖章。

必要时,监察机关可以进行调查实验。调查实验情况应当制作笔录,由参加实验的人员签名或者盖章。

**第三十条** 监察机关在调查过程中,对于案件中的专门性问题,可以指派、聘请有专门知识的人进行鉴定。鉴定人进行鉴定后,应当出具鉴定意见,并且签名。

**第三十一条** 监察机关调查涉嫌重大贪污贿赂等职务犯罪,根据需要,经过严格的批准手续,可以采取技术调查措施,按照规定交有关机关执行。

批准决定应当明确采取技术调查措施的种类和适用对象,自签发之日起三个月以内有效;对于复杂、疑难案件,期限届满仍有必要继续采取技术调查措施的,经过批准,有效期可以延长,每次不得超过三个月。对于不需要继续采取技术调查措施的,应当及时解除。

**第三十二条** 依法应当留置的被调查人如果在逃,监察机关可以决定在本行政区域内通缉,由公安机关发布通缉令,追捕归案。通缉范围超出本行政区域的,应当报请有权决定的上级监察机关决定。

**第三十三条** 监察机关为防止被调查人及相关人员逃匿境外,经省级以上监察机关批准,可以对被调查人及相关人员采取限制出境措施,由公安机关依法执行。对于不需要继续采取限制出境措施的,应当及时解除。

**第三十四条** 涉嫌职务犯罪的被调查人主动认罪认罚,有下列情形之一的,监察机关经领导人员集体研究,并报上一级监察机关批准,可以在移送人民检察院时提出从宽处罚的建议:

(一)自动投案,真诚悔罪悔过的;

(二)积极配合调查工作,如实供述监察机关还未掌握的违法犯罪行为的;

(三)积极退赃,减少损失的;

(四)具有重大立功表现或者案件涉及国家重大利益等情形的。

**第三十五条** 职务违法犯罪的涉案人员揭发有关被调查人职务违法犯罪行为,查证属实的,或者提供重要线索,有助于调查其他案件的,监察机关经领导人员集体研究,并报上一级监察机关批准,可以在移送人民检察院时提出从宽处罚的建议。

**第三十六条** 监察机关依照本法规定收集的物证、书证、证人证言、被调查人供述和辩解、视听资料、电子数据等证据材料,在刑事诉讼中可以作为证据使用。

监察机关在收集、固定、审查、运用证据时,应当与刑事审判关于证据的要求和标准相一致。

以非法方法收集的证据应当依法予以排除,不得作为案件处置的依据。

**第三十七条** 人民法院、人民检察院、公安机关、审计机关等国家机关在工作中发现公职人员涉嫌贪污贿赂、失职渎职等职务违法或者职务犯罪的问题线索,应当移送监察机关,由监察机关依法调查处置。

被调查人既涉嫌严重职务违法或者职务犯罪,又涉嫌其他违法犯罪的,一般应当由监察机关为主调查,其他机关予以协助。

## 第五章 监察程序

第三十八条 监察机关对于报案或者举报,应当接受并按照有关规定处理。对于不属于本机关管辖的,应当移送主管机关处理。

第三十九条 监察机关应当严格按照程序开展工作,建立问题线索处置、调查、审理各部门相互协调、相互制约的工作机制。

监察机关应当加强对调查、处置工作全过程的监督管理,设立相应的工作部门履行线索管理、监督检查、督促办理、统计分析等管理协调职能。

第四十条 监察机关对监察对象的问题线索,应当按照有关规定提出处置意见,履行审批手续,进行分类办理。线索处置情况应当定期汇总、通报,定期检查、抽查。

第四十一条 需要采取初步核实方式处置问题线索的,监察机关应当依法履行审批程序,成立核查组。初步核实工作结束后,核查组应当撰写初步核实情况报告,提出处理建议。承办部门应当提出分类处理意见。初步核实情况报告和分类处理意见报监察机关主要负责人审批。

第四十二条 经过初步核实,对监察对象涉嫌职务违法犯罪,需要追究法律责任的,监察机关应当按照规定的权限和程序办理立案手续。

监察机关主要负责人依法批准立案后,应当主持召开专题会议,研究确定调查方案,决定需要采取的调查措施。

立案调查决定应当向被调查人宣布,并通报相关组织。涉嫌严重职务违法或者职务犯罪的,应当通知被调查人家属,并向社会公开发布。

第四十三条 监察机关对职务违法和职务犯罪案件,应当进行调查,收集被调查人有无违法犯罪以及情节轻重的证据,查明违法犯罪事实,形成相互印证、完整稳定的证据链。

调查人员应当依法文明规范开展调查工作。严禁以暴力、威胁、引诱、欺骗及其他非法方式收集证据,严禁侮辱、打骂、虐待、体罚或者变相体罚被调查人和涉案人员。

监察机关及其工作人员在履行职责过程中应当依法保护企业产权和自主经营权,严禁利用职权非法干扰企业生产经营。需要企业经营者协助调查的,应当保障其人身权利、财产权利和其他合法权益,避免或者尽量减少对企业正常生产经营活动的影响。

**第四十四条** 调查人员采取讯问、询问、强制到案、责令候查、管护、留置、搜查、调取、查封、扣押、勘验检查等调查措施,均应当依照规定出示证件、出具书面通知,由二人以上进行,形成笔录、报告等书面材料,并由相关人员签名、盖章。

调查人员进行讯问以及搜查、查封、扣押等重要取证工作,应当对全过程进行录音录像,留存备查。

**第四十五条** 调查人员应当严格执行调查方案,不得随意扩大调查范围、变更调查对象和事项。

对调查过程中的重要事项,应当集体研究后按程序请示报告。

**第四十六条** 采取强制到案、责令候查或者管护措施,应当按照规定的权限和程序,经监察机关主要负责人批准。

强制到案持续的时间不得超过十二小时;需要采取管护或者留置措施的,强制到案持续的时间不得超过二十四小时。不得以连续强制到案的方式变相拘禁被调查人。

责令候查最长不得超过十二个月。

监察机关采取管护措施的,应当在七日以内依法作出留置或者解除管护的决定,特殊情况下可以延长一日至三日。

**第四十七条** 监察机关采取留置措施,应当由监察机关领导人员集体研究决定。设区的市级以下监察机关采取留置措施,应当报上一级监察机关批准。省级监察机关采取留置措施,应当报国家监察委员会备案。

**第四十八条** 留置时间不得超过三个月。在特殊情况下,可以延长一次,延长时间不得超过三个月。省级以下监察机关采取留置措施的,延长留置时间应当报上一级监察机关批准。监察机关发现采取留置措施不当或者不需要继续采取留置措施的,应当及时解除或者变更为责令候查措施。

对涉嫌职务犯罪的被调查人可能判处十年有期徒刑以上刑罚,监察机关依照前款规定延长期限届满,仍不能调查终结的,经国家监察委员会批准或者决定,可以再延长二个月。

省级以上监察机关在调查期间,发现涉嫌职务犯罪的被调查人另有与留置时的罪行不同种的重大职务犯罪或者同种的影响罪名认定、量刑档次的重大职务犯罪,经国家监察委员会批准或者决定,自发现之日起依照本条第一款的规定重新计算留置时间。留置时间重新计算以一次为限。

第四十九条　监察机关采取强制到案、责令候查、管护、留置措施,可以根据工作需要提请公安机关配合。公安机关应当依法予以协助。

省级以下监察机关留置场所的看护勤务由公安机关负责,国家监察委员会留置场所的看护勤务由国家另行规定。留置看护队伍的管理依照国家有关规定执行。

第五十条　采取管护或者留置措施后,应当在二十四小时以内,通知被管护人员、被留置人员所在单位和家属,但有可能伪造、隐匿、毁灭证据,干扰证人作证或者串供等有碍调查情形的除外。有碍调查的情形消失后,应当立即通知被管护人员、被留置人员所在单位和家属。解除管护或者留置的,应当及时通知被管护人员、被留置人员所在单位和家属。

被管护人员、被留置人员及其近亲属有权申请变更管护、留置措施。监察机关收到申请后,应当在三日以内作出决定;不同意变更措施的,应当告知申请人,并说明不同意的理由。

监察机关应当保障被强制到案人员、被管护人员以及被留置人员的饮食、休息和安全,提供医疗服务。对其谈话、讯问的,应当合理安排时间和时长,谈话笔录、讯问笔录由被谈话人、被讯问人阅看后签名。

被管护人员、被留置人员涉嫌犯罪移送司法机关后,被依法判处管制、拘役或者有期徒刑的,管护、留置一日折抵管制二日,折抵拘役、有期徒刑一日。

第五十一条　监察机关在调查工作结束后,应当依法对案件事实和证据、性质认定、程序手续、涉案财物等进行全面审理,形成审理报告,提请集体审议。

第五十二条　监察机关根据监督、调查结果,依法作出如下处置:

(一)对有职务违法行为但情节较轻的公职人员,按照管理权限,直接或者委托有关机关、人员,进行谈话提醒、批评教育、责令检查,或者予以诫勉；

（二）对违法的公职人员依照法定程序作出警告、记过、记大过、降级、撤职、开除等政务处分决定；

（三）对不履行或者不正确履行职责负有责任的领导人员，按照管理权限对其直接作出问责决定，或者向有权作出问责决定的机关提出问责建议；

（四）对涉嫌职务犯罪的，监察机关经调查认为犯罪事实清楚，证据确实、充分的，制作起诉意见书，连同案卷材料、证据一并移送人民检察院依法审查、提起公诉；

（五）对监察对象所在单位廉政建设和履行职责存在的问题等提出监察建议。

监察机关经调查，对没有证据证明被调查人存在违法犯罪行为的，应当撤销案件，并通知被调查人所在单位。

第五十三条　监察机关经调查，对违法取得的财物，依法予以没收、追缴或者责令退赔；对涉嫌犯罪取得的财物，应当随案移送人民检察院。

第五十四条　对监察机关移送的案件，人民检察院依照《中华人民共和国刑事诉讼法》对被调查人采取强制措施。

人民检察院经审查，认为犯罪事实已经查清，证据确实、充分，依法应当追究刑事责任的，应当作出起诉决定。

人民检察院经审查，认为需要补充核实的，应当退回监察机关补充调查，必要时可以自行补充侦查。对于补充调查的案件，应当在一个月内补充调查完毕。补充调查以二次为限。

人民检察院对于有《中华人民共和国刑事诉讼法》规定的不起诉的情形的，经上一级人民检察院批准，依法作出不起诉的决定。监察机关认为不起诉的决定有错误的，可以向上一级人民检察院提请复议。

第五十五条　监察机关在调查贪污贿赂、失职渎职等职务犯罪案件过程中，被调查人逃匿或者死亡，有必要继续调查的，应当继续调查并作出结论。被调查人逃匿，在通缉一年后不能到案，或者死亡的，由监察机关提请人民检察院依照法定程序，向人民法院提出没收违法所得的申请。

第五十六条　监察对象对监察机关作出的涉及本人的处理决定不服的，可以在收到处理决定之日起一个月内，向作出决定的监察机关申请复审,复审机关应当在一个月内作出复审决定;监察对象对复审决定仍不服的,可以在收到复审决定之日起一个月内,向上一级监察机关申请复核,复核机关应当在二个月内作出复核决定。复审、复核期间,不停止原处理决定的执行。复核机关经审查,认定处理决定有错误的,原处理机关应当及时予以纠正。

## 第六章 反腐败国际合作

**第五十七条** 国家监察委员会统筹协调与其他国家、地区、国际组织开展的反腐败国际交流、合作,组织反腐败国际条约实施工作。

**第五十八条** 国家监察委员会会同有关单位加强与有关国家、地区、国际组织在反腐败方面开展引渡、移管被判刑人、遣返、联合调查、调查取证、资产追缴和信息交流等执法司法合作和司法协助。

**第五十九条** 国家监察委员会加强对反腐败国际追逃追赃和防逃工作的组织协调,督促有关单位做好相关工作:

(一)对于重大贪污贿赂、失职渎职等职务犯罪案件,被调查人逃匿到国(境)外,掌握证据比较确凿的,通过开展境外追逃合作,追捕归案;

(二)向赃款赃物所在国请求查询、冻结、扣押、没收、追缴、返还涉案资产;

(三)查询、监控涉嫌职务犯罪的公职人员及其相关人员进出国(境)和跨境资金流动情况,在调查案件过程中设置防逃程序。

## 第七章 对监察机关和监察人员的监督

**第六十条** 各级监察委员会应当接受本级人民代表大会及其常务委员会的监督。

各级人民代表大会常务委员会听取和审议本级监察委员会的专项工作报告,组织执法检查。

县级以上各级人民代表大会及其常务委员会举行会议时,人民代表大会代表或者常务委员会组成人员可以依照法律规定的程序,就监察工作中的有关问题提出询问或者质询。

**第六十一条** 监察机关应当依法公开监察工作信息,接受民主监督、社会监督、舆论监督。

**第六十二条** 监察机关根据工作需要,可以从各方面代表中聘请特约监察员。特约监察员按照规定对监察机关及其工作人员履行职责情况实行监督。

**第六十三条** 监察机关通过设立内部专门的监督机构等方式,加强对监察人员执行职务和遵守法律情况的监督,建设忠诚、干净、担当的监察队伍。

**第六十四条** 监察人员涉嫌严重职务违法或者职务犯罪,为防止造成更为严重的后果或者恶劣影响,监察机关经依法审批,可以对其采取禁闭措施。禁闭的期限不得超过七日。

被禁闭人员应当配合监察机关调查。监察机关经调查发现被禁闭人员符合管护或者留置条件的,可以对其采取管护或者留置措施。

本法第五十条的规定,适用于禁闭措施。

**第六十五条** 监察人员必须模范遵守宪法和法律,忠于职守、秉公执法,清正廉洁、保守秘密;必须具有良好的政治素质,熟悉监察业务,具备运用法律、法规、政策和调查取证等能力,自觉接受监督。

**第六十六条** 对于监察人员打听案情、过问案件、说情干预的,办理监察事项的监察人员应当及时报告。有关情况应当登记备案。

发现办理监察事项的监察人员未经批准接触被调查人、涉案人员及其特定关系人,或者存在交往情形的,知情人应当及时报告。有关情况应当登记备案。

**第六十七条** 办理监察事项的监察人员有下列情形之一的,应当自行回避,监察对象、检举人及其他有关人员也有权要求其回避:

(一)是监察对象或者检举人的近亲属的;

(二)担任过本案的证人的;

(三)本人或者其近亲属与办理的监察事项有利害关系的;

(四)有可能影响监察事项公正处理的其他情形的。

**第六十八条** 监察机关涉密人员离岗离职后,应当遵守脱密期管理规定,严格履行保密义务,不得泄露相关秘密。

监察人员辞职、退休三年内,不得从事与监察和司法工作相关联且可能发生利益冲突的职业。

第六十九条 监察机关及其工作人员有下列行为之一的,被调查人及其近亲属、利害关系人有权向该机关申诉:

(一)采取强制到案、责令候查、管护、留置或者禁闭措施法定期限届满,不予以解除或者变更的;

(二)查封、扣押、冻结与案件无关或者明显超出涉案范围的财物的;

(三)应当解除查封、扣押、冻结措施而不解除的;

(四)贪污、挪用、私分、调换或者违反规定使用查封、扣押、冻结的财物的;

(五)利用职权非法干扰企业生产经营或者侵害企业经营者人身权利、财产权利和其他合法权益的;

(六)其他违反法律法规、侵害被调查人合法权益的行为。

受理申诉的监察机关应当在受理申诉之日起一个月内作出处理决定。申诉人对处理决定不服的,可以在收到处理决定之日起一个月内向上一级监察机关申请复查,上一级监察机关应当在收到复查申请之日起二个月内作出处理决定,情况属实的,及时予以纠正。

第七十条 对调查工作结束后发现立案依据不充分或者失实,案件处置出现重大失误,监察人员严重违法的,应当追究负有责任的领导人员和直接责任人员的责任。

## 第八章 法律责任

第七十一条 有关单位拒不执行监察机关作出的处理决定,或者无正当理由拒不采纳监察建议的,由其主管部门、上级机关责令改正,对单位给予通报批评;对负有责任的领导人员和直接责任人员依法给予处理。

第七十二条 有关人员违反本法规定,有下列行为之一的,由其所在单位、主管部门、上级机关或者监察机关责令改正,依法给予处理:

(一)不按要求提供有关材料,拒绝、阻碍调查措施实施等拒不配合监察机关调查的;

(二)提供虚假情况,掩盖事实真相的;

(三)串供或者伪造、隐匿、毁灭证据的;

（四）阻止他人揭发检举、提供证据的；

（五）其他违反本法规定的行为，情节严重的。

**第七十三条** 监察对象对控告人、检举人、证人或者监察人员进行报复陷害的；控告人、检举人、证人捏造事实诬告陷害监察对象的，依法给予处理。

**第七十四条** 监察机关及其工作人员有下列行为之一的，对负有责任的领导人员和直接责任人员依法给予处理：

（一）未经批准、授权处置问题线索，发现重大案情隐瞒不报，或者私自留存、处理涉案材料的；

（二）利用职权或者职务上的影响干预调查工作、以案谋私的；

（三）违法窃取、泄露调查工作信息，或者泄露举报事项、举报受理情况以及举报人信息的；

（四）对被调查人或者涉案人员逼供、诱供，或者侮辱、打骂、虐待、体罚或者变相体罚的；

（五）违反规定处置查封、扣押、冻结的财物的；

（六）违反规定发生办案安全事故，或者发生安全事故后隐瞒不报、报告失实、处置不当的；

（七）违反规定采取强制到案、责令候查、管护、留置或者禁闭措施，或者法定期限届满，不予以解除或者变更的；

（八）违反规定采取技术调查、限制出境措施，或者不按规定解除技术调查、限制出境措施的；

（九）利用职权非法干扰企业生产经营或者侵害企业经营者人身权利、财产权利和其他合法权益的；

（十）其他滥用职权、玩忽职守、徇私舞弊的行为。

**第七十五条** 违反本法规定，构成犯罪的，依法追究刑事责任。

**第七十六条** 监察机关及其工作人员行使职权，侵犯公民、法人和其他组织的合法权益造成损害的，依法给予国家赔偿。

## 第九章 附 则

**第七十七条** 中国人民解放军和中国人民武装警察部队开展监察工

作，由中央军事委员会根据本法制定具体规定。

第七十八条 本法自公布之日起施行。《中华人民共和国行政监察法》同时废止。

# 中华人民共和国监察官法

(2021年8月20日第十三届全国人民代表大会
常务委员会第三十次会议通过)

目　录

第一章　总　　则
第二章　监察官的职责、义务和权利
第三章　监察官的条件和选用
第四章　监察官的任免
第五章　监察官的管理
第六章　监察官的考核和奖励
第七章　监察官的监督和惩戒
第八章　监察官的职业保障
第九章　附　　则

## 第一章　总　　则

第一条 为了加强对监察官的管理和监督，保障监察官依法履行职责，维护监察官合法权益，推进高素质专业化监察官队伍建设，推进监察工作规范化、法治化，根据宪法和《中华人民共和国监察法》，制定本法。

第二条 监察官的管理和监督坚持中国共产党领导，坚持以马克思列宁主义、毛泽东思想、邓小平理论、"三个代表"重要思想、科学发展观、习近平新时代中国特色社会主义思想为指导，坚持党管干部原则，增强监察官的使命感、责任感、荣誉感,建设忠诚干净担当的监察官队伍。

**第三条** 监察官包括下列人员:

(一)各级监察委员会的主任、副主任、委员;

(二)各级监察委员会机关中的监察人员;

(三)各级监察委员会派驻或者派出到中国共产党机关、国家机关、法律法规授权或者委托管理公共事务的组织和单位以及所管辖的行政区域等的监察机构中的监察人员、监察专员;

(四)其他依法行使监察权的监察机构中的监察人员。

对各级监察委员会派驻到国有企业的监察机构工作人员、监察专员,以及国有企业中其他依法行使监察权的监察机构工作人员的监督管理,参照执行本法有关规定。

**第四条** 监察官应当忠诚坚定、担当尽责、清正廉洁,做严格自律、作风优良、拒腐防变的表率。

**第五条** 监察官应当维护宪法和法律的尊严和权威,以事实为根据,以法律为准绳,客观公正地履行职责,保障当事人的合法权益。

**第六条** 监察官应当严格按照规定的权限和程序履行职责,坚持民主集中制,重大事项集体研究。

**第七条** 监察机关应当建立健全对监察官的监督制度和机制,确保权力受到严格约束。

监察官应当自觉接受组织监督和民主监督、社会监督、舆论监督。

**第八条** 监察官依法履行职责受法律保护,不受行政机关、社会团体和个人的干涉。

## 第二章 监察官的职责、义务和权利

**第九条** 监察官依法履行下列职责:

(一)对公职人员开展廉政教育;

(二)对公职人员依法履职、秉公用权、廉洁从政从业以及道德操守情况进行监督检查;

(三)对法律规定由监察机关管辖的职务违法和职务犯罪进行调查;

(四)根据监督、调查的结果,对办理的监察事项提出处置意见;

（五）开展反腐败国际合作方面的工作；

（六）法律规定的其他职责。

监察官在职权范围内对所办理的监察事项负责。

**第十条** 监察官应当履行下列义务：

（一）自觉坚持中国共产党领导，严格执行中国共产党和国家的路线方针政策、重大决策部署；

（二）模范遵守宪法和法律；

（三）维护国家和人民利益，秉公执法，勇于担当、敢于监督，坚决同腐败现象作斗争；

（四）依法保障监察对象及有关人员的合法权益；

（五）忠于职守，勤勉尽责，努力提高工作质量和效率；

（六）保守国家秘密和监察工作秘密，对履行职责中知悉的商业秘密和个人隐私、个人信息予以保密；

（七）严守纪律，恪守职业道德，模范遵守社会公德、家庭美德；

（八）自觉接受监督；

（九）法律规定的其他义务。

**第十一条** 监察官享有下列权利：

（一）履行监察官职责应当具有的职权和工作条件；

（二）履行监察官职责应当享有的职业保障和福利待遇；

（三）人身、财产和住所安全受法律保护；

（四）提出申诉或者控告；

（五）《中华人民共和国公务员法》等法律规定的其他权利。

## 第三章 监察官的条件和选用

**第十二条** 担任监察官应当具备下列条件：

（一）具有中华人民共和国国籍；

（二）忠于宪法，坚持中国共产党领导和社会主义制度；

（三）具有良好的政治素质、道德品行和廉洁作风；

（四）熟悉法律、法规、政策，具有履行监督、调查、处置等职责的专业知识和能力；

（五）具有正常履行职责的身体条件和心理素质；

（六）具备高等学校本科及以上学历；

（七）法律规定的其他条件。

本法施行前的监察人员不具备前款第六项规定的学历条件的，应当接受培训和考核，具体办法由国家监察委员会制定。

**第十三条** 有下列情形之一的，不得担任监察官：

（一）因犯罪受过刑事处罚，以及因犯罪情节轻微被人民检察院依法作出不起诉决定或者被人民法院依法免予刑事处罚的；

（二）被撤销中国共产党党内职务、留党察看、开除党籍的；

（三）被撤职或者开除公职的；

（四）被依法列为失信联合惩戒对象的；

（五）配偶已移居国（境）外，或者没有配偶但是子女均已移居国（境）外的；

（六）法律规定的其他情形。

**第十四条** 监察官的选用，坚持德才兼备、以德为先，坚持五湖四海、任人唯贤，坚持事业为上、公道正派，突出政治标准，注重工作实绩。

**第十五条** 监察官采用考试、考核的办法，从符合监察官条件的人员中择优选用。

**第十六条** 录用监察官，应当依照法律和国家有关规定采取公开考试、严格考察、平等竞争、择优录取的办法。

**第十七条** 监察委员会可以根据监察工作需要，依照法律和国家有关规定从中国共产党机关、国家机关、事业单位、国有企业等机关、单位从事公务的人员中选择符合任职条件的人员担任监察官。

**第十八条** 监察委员会可以根据监察工作需要，依照法律和国家有关规定在从事与监察机关职能职责相关的职业或者教学、研究的人员中选拔或者聘任符合任职条件的人员担任监察官。

## 第四章　监察官的任免

**第十九条** 国家监察委员会主任由全国人民代表大会选举和罢免，副主任、委员由国家监察委员会主任提请全国人民代表大会常务委员会任免。

地方各级监察委员会主任由本级人民代表大会选举和罢免,副主任、委员由监察委员会主任提请本级人民代表大会常务委员会任免。

新疆生产建设兵团各级监察委员会主任、副主任、委员,由新疆维吾尔自治区监察委员会主任提请自治区人民代表大会常务委员会任免。

其他监察官的任免,按照管理权限和规定的程序办理。

**第二十条** 监察官就职时应当依照法律规定进行宪法宣誓。

**第二十一条** 监察官有下列情形之一的,应当免去其监察官职务:

(一)丧失中华人民共和国国籍的;

(二)职务变动不需要保留监察官职务的;

(三)退休的;

(四)辞职或者依法应当予以辞退的;

(五)因违纪违法被调离或者开除的;

(六)法律规定的其他情形。

**第二十二条** 监察官不得兼任人民代表大会常务委员会的组成人员,不得兼任行政机关、审判机关、检察机关的职务,不得兼任企业或者其他营利性组织、事业单位的职务,不得兼任人民陪审员、人民监督员、执业律师、仲裁员和公证员。

监察官因工作需要兼职的,应当按照管理权限批准,但是不得领取兼职报酬。

**第二十三条** 监察官担任县级、设区的市级监察委员会主任的,应当按照有关规定实行地域回避。

**第二十四条** 监察官之间有夫妻关系、直系血亲关系、三代以内旁系血亲以及近姻亲关系的,不得同时担任下列职务:

(一)同一监察委员会的主任、副主任、委员,上述人员和其他监察官;

(二)监察委员会机关同一部门的监察官;

(三)同一派驻机构、派出机构或者其他监察机构的监察官;

(四)上下相邻两级监察委员会的主任、副主任、委员。

## 第五章 监察官的管理

**第二十五条** 监察官等级分为十三级,依次为总监察官、一级副总监察官、二级副总监察官,一级高级监察官、二级高级监察官、三级高级监察官、四级高级监察官,一级监察官、二级监察官、三级监察官、四级监察官、五级监察官、六级监察官。

**第二十六条** 国家监察委员会主任为总监察官。

**第二十七条** 监察官等级的确定,以监察官担任的职务职级、德才表现、业务水平、工作实绩和工作年限等为依据。

监察官等级晋升采取按期晋升和择优选升相结合的方式,特别优秀或者作出特别贡献的,可以提前选升。

**第二十八条** 监察官的等级设置、确定和晋升的具体办法,由国家另行规定。

**第二十九条** 初任监察官实行职前培训制度。

**第三十条** 对监察官应当有计划地进行政治、理论和业务培训。

培训应当突出政治机关特色,坚持理论联系实际、按需施教、讲求实效,提高专业能力。

监察官培训情况,作为监察官考核的内容和任职、等级晋升的依据之一。

**第三十一条** 监察官培训机构按照有关规定承担培训监察官的任务。

**第三十二条** 国家加强监察学科建设,鼓励具备条件的普通高等学校设置监察专业或者开设监察课程,培养德才兼备的高素质监察官后备人才,提高监察官的专业能力。

**第三十三条** 监察官依照法律和国家有关规定实行任职交流。

**第三十四条** 监察官申请辞职,应当由本人书面提出,按照管理权限批准后,依照规定的程序免去其职务。

**第三十五条** 监察官有依法应当予以辞退情形的,依照规定的程序免去其职务。

辞退监察官应当按照管理权限决定。辞退决定应当以书面形式通知被辞退的监察官,并列明作出决定的理由和依据。

## 第六章 监察官的考核和奖励

**第三十六条** 对监察官的考核,应当全面、客观、公正,实行平时考核、专项考核和年度考核相结合。

**第三十七条** 监察官的考核应当按照管理权限,全面考核监察官的德、能、勤、绩、廉,重点考核政治素质、工作实绩和廉洁自律情况。

**第三十八条** 年度考核结果分为优秀、称职、基本称职和不称职四个等次。

考核结果作为调整监察官等级、工资以及监察官奖惩、免职、降职、辞退的依据。

**第三十九条** 年度考核结果以书面形式通知监察官本人。监察官对考核结果如果有异议,可以申请复核。

**第四十条** 对在监察工作中有显著成绩和贡献,或者有其他突出事迹的监察官、监察官集体,给予奖励。

**第四十一条** 监察官有下列表现之一的,给予奖励:

(一)履行监督职责,成效显著的;

(二)在调查、处置职务违法和职务犯罪工作中,做出显著成绩和贡献的;

(三)提出有价值的监察建议,对防止和消除重大风险隐患效果显著的;

(四)研究监察理论、总结监察实践经验成果突出,对监察工作有指导作用的;

(五)有其他功绩的。

监察官的奖励按照有关规定办理。

## 第七章 监察官的监督和惩戒

**第四十二条** 监察机关应当规范工作流程,加强内部监督制约机制建设,强化对监察官执行职务和遵守法律情况的监督。

**第四十三条** 任何单位和个人对监察官的违纪违法行为,有权检举、控告。受理检举、控告的机关应当及时调查处理,并将结果告知检举人、控告人。

对依法检举、控告的单位和个人,任何人不得压制和打击报复。

**第四十四条** 对于审判机关、检察机关、执法部门等移送的监察官违纪违法履行职责的问题线索,监察机关应当及时调查处理。

**第四十五条** 监察委员会根据工作需要,按照规定从各方面代表中聘请特约监察员等监督人员,对监察官履行职责情况进行监督,提出加强和改进监察工作的意见、建议。

**第四十六条** 监察官不得打听案情、过问案件、说情干预。对于上述行为,办理监察事项的监察官应当及时向上级报告。有关情况应当登记备案。

办理监察事项的监察官未经批准不得接触被调查人、涉案人员及其特定关系人,或者与其进行交往。对于上述行为,知悉情况的监察官应当及时向上级报告。有关情况应当登记备案。

**第四十七条** 办理监察事项的监察官有下列情形之一的,应当自行回避,监察对象、检举人、控告人及其他有关人员也有权要求其回避;没有主动申请回避的,监察机关应当依法决定其回避:

(一)是监察对象或者检举人、控告人的近亲属的;

(二)担任过本案的证人的;

(三)本人或者其近亲属与办理的监察事项有利害关系的;

(四)有可能影响监察事项公正处理的其他情形的。

**第四十八条** 监察官应当严格执行保密制度,控制监察事项知悉范围和时间,不得私自留存、隐匿、查阅、摘抄、复制、携带问题线索和涉案资料,严禁泄露监察工作秘密。

监察官离岗离职后,应当遵守脱密期管理规定,严格履行保密义务,不得泄露相关秘密。

**第四十九条** 监察官离任三年内,不得从事与监察和司法工作相关联且可能发生利益冲突的职业。

监察官离任后,不得担任原任职监察机关办理案件的诉讼代理人或者辩护人,但是作为当事人的监护人或者近亲属代理诉讼、进行辩护的除外。

监察官被开除后,不得担任诉讼代理人或者辩护人,但是作为当事人的监护人或者近亲属代理诉讼、进行辩护的除外。

**第五十条** 监察官应当遵守有关规范领导干部配偶、子女及其配偶经商办企业行为的规定。违反规定的,予以处理。

第五十一条　监察官的配偶、父母、子女及其配偶不得以律师身份担任该监察官所任职监察机关办理案件的诉讼代理人、辩护人,或者提供其他有偿法律服务。

第五十二条　监察官有下列行为之一的,依法给予处理;构成犯罪的,依法追究刑事责任:

(一)贪污贿赂的;

(二)不履行或者不正确履行监督职责,应当发现的问题没有发现,或者发现问题不报告、不处置,造成恶劣影响的;

(三)未经批准、授权处置问题线索,发现重大案情隐瞒不报,或者私自留存、处理涉案材料的;

(四)利用职权或者职务上的影响干预调查工作、以案谋私的;

(五)窃取、泄露调查工作信息,或者泄露举报事项、举报受理情况以及举报人信息的;

(六)隐瞒、伪造、变造、故意损毁证据、案件材料的;

(七)对被调查人或者涉案人员逼供、诱供,或者侮辱、打骂、虐待、体罚、变相体罚的;

(八)违反规定采取调查措施或者处置涉案财物的;

(九)违反规定发生办案安全事故,或者发生安全事故后隐瞒不报、报告失实、处置不当的;

(十)其他职务违法犯罪行为。

监察官有其他违纪违法行为,影响监察官队伍形象,损害国家和人民利益的,依法追究相应责任。

第五十三条　监察官涉嫌违纪违法,已经被立案审查、调查、侦查,不宜继续履行职责的,按照管理权限和规定的程序暂时停止其履行职务。

第五十四条　实行监察官责任追究制度,对滥用职权、失职失责造成严重后果的,终身追究责任或者进行问责。

监察官涉嫌严重职务违法、职务犯罪或者对案件处置出现重大失误的,应当追究负有责任的领导人员和直接责任人员的责任。

## 第八章　监察官的职业保障

第五十五条　除下列情形外,不得将监察官调离:

（一）按规定需要任职回避的；
（二）按规定实行任职交流的；
（三）因机构、编制调整需要调整工作的；
（四）因违纪违法不适合继续从事监察工作的；
（五）法律规定的其他情形。

**第五十六条** 任何单位或者个人不得要求监察官从事超出法定职责范围的事务。

对任何干涉监察官依法履职的行为，监察官有权拒绝并予以全面如实记录和报告；有违纪违法情形的，由有关机关根据情节轻重追究有关人员的责任。

**第五十七条** 监察官的职业尊严和人身安全受法律保护。

任何单位和个人不得对监察官及其近亲属打击报复。

对监察官及其近亲属实施报复陷害、侮辱诽谤、暴力侵害、威胁恐吓、滋事骚扰等违法犯罪行为的，应当依法从严惩治。

**第五十八条** 监察官因依法履行职责遭受不实举报、诬告陷害、侮辱诽谤，致使名誉受到损害的，监察机关应当会同有关部门及时澄清事实，消除不良影响，并依法追究相关单位或者个人的责任。

**第五十九条** 监察官因依法履行职责，本人及其近亲属人身安全面临危险的，监察机关、公安机关应当对监察官及其近亲属采取人身保护、禁止特定人员接触等必要保护措施。

**第六十条** 监察官实行国家规定的工资制度，享受监察官等级津贴和其他津贴、补贴、奖金、保险、福利待遇。监察官的工资及等级津贴制度，由国家另行规定。

**第六十一条** 监察官因公致残的，享受国家规定的伤残待遇。监察官因公牺牲或者病故的，其亲属享受国家规定的抚恤和优待。

**第六十二条** 监察官退休后，享受国家规定的养老金和其他待遇。

**第六十三条** 对于国家机关及其工作人员侵犯监察官权利的行为，监察官有权提出控告。

受理控告的机关应当依法调查处理，并将调查处理结果及时告知本人。

**第六十四条** 监察官对涉及本人的政务处分、处分和人事处理不服的，可以依照规定的程序申请复审、复核，提出申诉。

第六十五条　对监察官的政务处分、处分或者人事处理错误的，应当及时予以纠正；造成名誉损害的，应当恢复名誉、消除影响、赔礼道歉；造成经济损失的，应当赔偿。对打击报复的直接责任人员，应当依法追究其责任。

## 第九章　附　则

第六十六条　有关监察官的权利、义务和管理制度，本法已有规定的，适用本法的规定；本法未作规定的，适用《中华人民共和国公务员法》等法律法规的规定。

第六十七条　中国人民解放军和中国人民武装警察部队的监察官制度，按照国家和军队有关规定执行。

第六十八条　本法自 2022 年 1 月 1 日起施行。

# 中华人民共和国监察法实施条例

（2021 年 7 月 20 日国家监察委员会全体会议决定　2021 年 9 月 20 日国家监察委员会公告第 1 号公布　2025 年 4 月 27 日国家监察委员会全体会议修订　2025 年 6 月 1 日国家监察委员会公告第 2 号公布并施行）

## 目　录

第一章　总　则
第二章　监察机关及其职责
第三章　监察范围和管辖
第四章　监察权限
第五章　监察程序

第六章　反腐败国际合作
第七章　对监察机关和监察人员的监督
第八章　法律责任
第九章　附　　则

## 第一章　总　　则

**第一条**　为了推动监察工作法治化、规范化，保障依法公正行使监察权，根据《中华人民共和国监察法》（以下简称监察法），结合工作实际，制定本条例。

**第二条**　坚持中国共产党对监察工作的全面领导，增强政治意识、大局意识、核心意识、看齐意识，坚定中国特色社会主义道路自信、理论自信、制度自信、文化自信，坚决维护习近平总书记党中央的核心、全党的核心地位，坚决维护以习近平同志为核心的党中央权威和集中统一领导，把党的领导贯彻到监察工作各方面和全过程。

**第三条**　监察机关与党的纪律检查机关合署办公，坚持法治思维和法治方式，促进执纪执法贯通、有效衔接司法，实现依纪监督和依法监察、适用纪律和适用法律有机融合。

**第四条**　监察机关应当依法履行监督、调查、处置职责，坚持实事求是，坚持惩前毖后、治病救人，坚持惩戒与教育相结合，实现政治效果、法律效果和社会效果相统一。

**第五条**　监察机关应当坚定不移惩治腐败，推动深化改革、完善制度，规范权力运行，加强新时代廉洁文化建设，引导公职人员提高觉悟、担当作为、依法履职，一体推进不敢腐、不能腐、不想腐，着力铲除腐败滋生的土壤和条件。

**第六条**　监察机关坚持民主集中制，对于线索处置、立案调查、案件审理、处置执行、复审复核中的重要事项应当集体研究，严格按照权限履行请示报告程序。

**第七条**　监察机关应当尊重和保障人权，在适用法律上一律平等，充分保障监察对象以及相关人员的人身权、知情权、财产权、申辩权、申诉权以及申请复审复核权等合法权益。

**第八条** 监察机关办理职务犯罪案件,应当与人民法院、人民检察院互相配合、互相制约,在案件管辖、证据审查、案件移送、涉案财物处置等方面加强沟通协调,对于人民法院、人民检察院提出的退回补充调查、排除非法证据、调取同步录音录像、要求调查人员出庭等意见依法办理。

**第九条** 监察机关开展监察工作,可以依法提请组织人事、公安、国家安全、移民管理、审计、统计、市场监管、金融监管、财政、税务、自然资源、银行、证券、保险等有关部门、单位予以协助配合。

有关部门、单位应当根据监察机关的要求,依法协助采取有关措施、共享相关信息、提供相关资料和专业技术支持,配合开展监察工作。

## 第二章 监察机关及其职责

### 第一节 领导体制

**第十条** 国家监察委员会在党中央领导下开展工作。地方各级监察委员会在同级党委和上级监察委员会双重领导下工作,监督执法调查工作以上级监察委员会领导为主,线索处置和案件查办在向同级党委报告的同时应当一并向上一级监察委员会报告。

上级监察委员会应当加强对下级监察委员会的领导。下级监察委员会对上级监察委员会的决定必须执行,认为决定不当的,应当在执行的同时向上级监察委员会反映。上级监察委员会对下级监察委员会作出的错误决定,应当按程序予以纠正,或者要求下级监察委员会予以纠正。

**第十一条** 上级监察委员会可以依法统一调用所辖各级监察机关的监察人员办理监察事项。调用决定应当以书面形式作出。

监察机关办理监察事项应当加强互相协作和配合,对于重要、复杂事项可以提请上级监察机关予以协调。

**第十二条** 各级监察委员会依法向本级中国共产党机关、国家机关、中国人民政治协商会议委员会机关、法律法规授权或者受委托管理公共事务的组织和单位以及所管辖的国有企业、事业单位等派驻或者派出监察机构、监察专员。

省级和设区的市级监察委员会依法向地区、盟、开发区等不设置人民代表大会的区域派出监察机构或者监察专员。县级监察委员会和直辖市所辖区(县)监察委员会可以向街道、乡镇等区域派出监察机构或者监察专员。

监察机构、监察专员开展监察工作,受派出机关领导。

**第十三条** 各级监察委员会派驻或者派出的监察机构、监察专员根据派出机关授权,按照管理权限依法对派驻或者派出监督单位、区域等的公职人员开展监督,对职务违法和职务犯罪进行调查、处置。监察机构、监察专员可以按规定与地方监察委员会联合调查严重职务违法、职务犯罪,或者移交地方监察委员会调查。

前款规定的监察机构、监察专员未被授予职务犯罪调查权的,其发现监察对象涉嫌职务犯罪线索,应当及时向派出机关报告,由派出机关调查或者依法移交有关地方监察委员会调查。

**第十四条** 经国家监察委员会批准,国家监察委员会有关派驻监察机构、监察专员可以按照监察法第十二条第二款、第三款规定再派出。

再派出监察机构、监察专员开展监察工作,受派出它的监察机构、监察专员领导。

再派出监察机构、监察专员根据授权,按照管理权限依法对再派出监督单位的公职人员开展监督,对职务违法进行调查、处置。职务犯罪的调查、处置,按照本条例第五十二条第二款规定办理。

## 第二节 监察监督

**第十五条** 监察机关依法履行监察监督职责,对公职人员政治品行、行使公权力和道德操守情况进行监督检查,督促有关机关、单位加强对所属公职人员的教育、管理、监督。

**第十六条** 监察机关应当坚决维护宪法确立的国家指导思想,加强对公职人员特别是领导人员坚持党的领导、坚持中国特色社会主义制度,贯彻落实党和国家路线方针政策、重大决策部署,履行从严管理监督职责,依法行使公权力等情况的监督。

**第十七条** 监察机关应当加强对公职人员理想信念教育、为人民服务教育、宪法法律法规教育和社会主义先进文化、革命文化、中华优秀传统文化教育,弘扬社会主义核心价值观,深入开展警示教育,教育引导公职人员树立正确的权力观、政绩观、事业观,保持为民务实清廉本色。

**第十八条** 监察机关应当结合公职人员的职责加强日常监督,通过收集群众反映、座谈走访、查阅资料、召集或者列席会议、听取工作汇报和述责述廉、开展监督检查等方式,促进公职人员依法用权、公正用权、为民用权、廉洁用权。

**第十九条** 监察机关可以与公职人员进行谈心谈话,发现政治品行、行使公权力和道德操守方面有苗头性、倾向性问题的,及时进行教育提醒。

**第二十条** 监察机关对于发现的行业性、系统性、区域性的突出问题,以及群众反映强烈的问题,可以通过专项监督进行深入了解,督促有关机关、单位强化治理,促进公职人员履职尽责。

**第二十一条** 监察机关应当加强基层监督工作,促进基层监督资源和力量整合,有效衔接村(居)务监督等各类基层监督,畅通群众监督渠道,及时发现、处理侵害群众利益的不正之风和腐败问题。

**第二十二条** 监察机关应当以办案促进整改、以监督促进治理,在查清问题、依法处置的同时,剖析问题发生的原因,发现制度建设、权力配置、监督机制等方面存在的问题,向有关机关、单位提出改进工作的意见或者监察建议,促进完善制度,提高治理效能。

对同一行业、系统、区域相关职务违法或者职务犯罪案件,监察机关应当加强类案分析,深入挖掘存在的共性问题,提出综合性改进工作的意见或者监察建议。

**第二十三条** 监察机关应当依法运用大数据、人工智能等信息化手段,整合各类监督信息资源,强化数据综合分析研判,促进及时预警风险、精准发现问题。

**第二十四条** 监察机关开展监察监督,应当与纪律监督、派驻监督、巡视监督统筹衔接,与人大监督、民主监督、行政监督、司法监督、审计监督、财会监督、统计监督、群众监督和舆论监督等贯通协调,健全信息、资源、成果共享等机制,形成监督合力。

### 第三节 监察调查

**第二十五条** 监察机关依法履行监察调查职责,依据监察法、《中华人民共和国公职人员政务处分法》(以下简称政务处分法)和《中华人民共和国刑法》(以下简称刑法)等规定对职务违法和职务犯罪进行调查。

第二十六条 监察机关负责调查的职务违法是指公职人员实施的与其职务相关联,虽不构成犯罪但依法应当承担法律责任的下列违法行为:

(一)利用职权实施的违法行为;

(二)利用职务上的影响实施的违法行为;

(三)履行职责不力、失职失责的违法行为;

(四)其他违反与公职人员职务相关的特定义务的违法行为。

第二十七条 监察机关发现公职人员存在其他违法行为,具有下列情形之一的,可以依法进行调查、处置:

(一)超过行政违法追究时效,或者超过犯罪追诉时效、未追究刑事责任,但需要依法给予政务处分的;

(二)被追究行政法律责任,需要依法给予政务处分的;

(三)监察机关调查职务违法或者职务犯罪时,对被调查人实施的事实简单、清楚,需要依法给予政务处分的其他违法行为一并查核的。

监察机关发现公职人员成为监察对象前有前款规定的违法行为的,依照前款规定办理。

第二十八条 监察机关依法对监察法第十一条第二项规定的职务犯罪进行调查。

第二十九条 监察机关依法调查涉嫌贪污贿赂犯罪,包括贪污罪,挪用公款罪,受贿罪,单位受贿罪,利用影响力受贿罪,行贿罪,对有影响力的人行贿罪,对单位行贿罪,介绍贿赂罪,单位行贿罪,巨额财产来源不明罪,隐瞒境外存款罪,私分国有资产罪,私分罚没财物罪,以及公职人员在行使公权力过程中实施的职务侵占罪、挪用资金罪,对外国公职人员、国际公共组织官员行贿罪,非国家工作人员受贿罪和相关联的对非国家工作人员行贿罪。

第三十条 监察机关依法调查公职人员涉嫌滥用职权犯罪,包括滥用职权罪,国有公司、企业、事业单位人员滥用职权罪,滥用管理公司、证券职权罪,食品、药品监管渎职罪,故意泄露国家秘密罪,报复陷害罪,阻碍解救被拐卖、绑架妇女、儿童罪,帮助犯罪分子逃避处罚罪,违法发放林木采伐许可证罪,办理偷越国(边)境人员出入境证件罪,放行偷越国(边)境人员罪、挪用特定款物罪，非法剥夺公民宗教信仰自由罪、侵犯少数民族风俗习惯罪，打击报复会计、统计人员罪，以及司法工作人员以外的公职人员利用职权实施的非法拘禁罪、虐待被监管人罪、非法搜查罪。

第三十一条　监察机关依法调查公职人员涉嫌玩忽职守犯罪，包括玩忽职守罪，国有公司、企业、事业单位人员失职罪，签订、履行合同失职被骗罪，国家机关工作人员签订、履行合同失职被骗罪，环境监管失职罪，传染病防治失职罪，商检失职罪，动植物检疫失职罪，不解救被拐卖、绑架妇女、儿童罪，失职造成珍贵文物损毁、流失罪，过失泄露国家秘密罪。

第三十二条　监察机关依法调查公职人员涉嫌徇私舞弊犯罪，包括徇私舞弊低价折股、出售公司、企业资产罪，非法批准征收、征用、占用土地罪，非法低价出让国有土地使用权罪，非法经营同类营业罪，为亲友非法牟利罪，枉法仲裁罪，徇私舞弊发售发票、抵扣税款、出口退税罪，商检徇私舞弊罪，动植物检疫徇私舞弊罪，放纵走私罪，放纵制售伪劣商品犯罪行为罪，招收公务员、学生徇私舞弊罪，徇私舞弊不移交刑事案件罪，违法提供出口退税凭证罪，徇私舞弊不征、少征税款罪。

第三十三条　监察机关依法调查公职人员在行使公权力过程中涉及的重大责任事故犯罪，包括重大责任事故罪，教育设施重大安全事故罪，消防责任事故罪，重大劳动安全事故罪，强令、组织他人违章冒险作业罪，危险作业罪，不报、谎报安全事故罪，铁路运营安全事故罪，重大飞行事故罪，大型群众性活动重大安全事故罪，危险物品肇事罪，工程重大安全事故罪。

第三十四条　监察机关依法调查公职人员在行使公权力过程中涉及的其他犯罪，包括破坏选举罪，背信损害上市公司利益罪，金融工作人员购买假币、以假币换取货币罪，利用未公开信息交易罪，诱骗投资者买卖证券、期货合约罪，背信运用受托财产罪，违法运用资金罪，违法发放贷款罪，吸收客户资金不入账罪，违规出具金融票证罪，对违法票据承兑、付款、保证罪，非法转让、倒卖土地使用权罪，私自开拆、隐匿、毁弃邮件、电报罪，故意延误投递邮件罪，泄露不应公开的案件信息罪，披露、报道不应公开的案件信息罪，接送不合格兵员罪。

第三十五条　监察机关发现依法由其他机关管辖的违法犯罪线索，应当及时移送有管辖权的机关。

监察机关调查结束后,对于应当给予被调查人或者涉案人员行政处罚等其他处理的,依法移送有关机关。

### 第四节 监察处置

**第三十六条** 监察机关对违法的公职人员,依据监察法、政务处分法等规定作出政务处分决定。

**第三十七条** 监察机关在追究违法的公职人员直接责任的同时,依法对履行职责不力、失职失责、造成严重后果或者恶劣影响的领导人员予以问责。

监察机关应当组成调查组依法开展问责调查。调查结束后经集体讨论形成调查报告,需要进行问责的按照管理权限作出问责决定,或者向有权作出问责决定的机关、单位书面提出问责建议。

**第三十八条** 监察机关对涉嫌职务犯罪的人员,经调查认为犯罪事实清楚,证据确实、充分,需要追究刑事责任的,依法移送人民检察院审查起诉。

**第三十九条** 监察机关根据监督、调查结果,发现监察对象所在单位具有下列情形之一,需要整改纠正的,依法提出监察建议,推动以案促改工作:

(一)廉政建设方面存在突出问题的;
(二)权力运行制约监督方面存在较大风险的;
(三)监察对象教育管理监督方面存在突出问题的;
(四)执行法律法规制度不到位的;
(五)不履行或者不正确履行法定职责的;
(六)其他需要提出监察建议的情形。

监察机关应当跟踪了解监察建议的采纳情况,指导、督促有关单位限期整改,对未达到整改要求的提出进一步整改意见,推动监察建议落实到位。

### 第三章 监察范围和管辖

### 第一节 监察对象

**第四十条** 监察机关依法对所有行使公权力的公职人员进行监察,实现国家监察全面覆盖。

**第四十一条** 监察法第十五条第一项所称公务员范围,依据《中华人民共和国公务员法》(以下简称公务员法)确定。

监察法第十五条第一项所称参照公务员法管理的人员,是指有关单位中经批准参照公务员法进行管理的工作人员。

**第四十二条** 监察法第十五条第二项所称法律、法规授权或者受国家机关依法委托管理公共事务的组织中从事公务的人员,是指在上述组织中,除参照公务员法管理的人员外,对公共事务履行组织、领导、管理、监督等职责的人员,包括具有公共事务管理职能的行业协会等组织中从事公务的人员,以及法定检验检测、检疫等机构中从事公务的人员。

**第四十三条** 监察法第十五条第三项所称国有企业管理人员,是指国家出资企业中的下列人员:

(一)在国有独资、全资公司、企业中履行组织、领导、管理、监督等职责的人员;

(二)经党组织或者国家机关,国有独资、全资公司、企业,事业单位提名、推荐、任命、批准等,在国有控股、参股公司及其分支机构中履行组织、领导、管理、监督等职责的人员;

(三)经国家出资企业中负有管理、监督国有资产职责的组织批准或者研究决定,代表其在国有控股、参股公司及其分支机构中从事组织、领导、管理、监督等工作的人员。

**第四十四条** 监察法第十五条第四项所称公办的教育、科研、文化、医疗卫生、体育等单位中从事管理的人员,是指国家为了社会公益目的,由国家机关举办或者其他组织利用国有资产举办的教育、科研、文化、医疗卫生、体育等事业单位中,从事组织、领导、管理、监督等工作的人员。

**第四十五条** 监察法第十五条第五项所称基层群众性自治组织中从事管理的人员,是指该组织中的下列人员:

(一)从事集体事务和公益事业管理的人员;

(二)从事集体资金、资产、资源管理的人员;

(三)协助人民政府从事行政管理工作的人员,包括从事救灾、防疫、抢险、防汛、优抚、帮扶、移民、救济款物的管理,社会捐助公益事业款物的管理,国有土地的经营和管理,土地征收、征用补偿费用的管理,代征、代缴税款,有关计划生育、户籍、征兵工作,协助人民政府等国家机关在基层群众性自治组织中从事的其他管理工作。

**第四十六条** 下列人员属于监察法第十五条第六项所称其他依法履行公职的人员:

(一)履行人民代表大会职责的各级人民代表大会代表,履行公职的中国人民政治协商会议各级委员会委员、人民陪审员、人民监督员;

(二)虽未列入党政机关人员编制,但在党政机关中从事公务的人员;

(三)在集体经济组织等单位、组织中,由党组织或者国家机关、国有独资、全资公司、企业,国家出资企业中负有管理监督国有和集体资产职责的组织,事业单位提名、推荐、任命、批准等,从事组织、领导、管理、监督等工作的人员;

(四)在依法组建的评标、谈判、询价等组织中代表国家机关、国有独资、全资公司、企业,事业单位,人民团体临时履行公共事务组织、领导、管理、监督等职责的人员;

(五)其他依法行使公权力的人员。

**第四十七条** 有关机关、单位、组织集体作出的决定违法或者实施违法行为的,监察机关应当对负有责任的领导人员和直接责任人员中的公职人员依法追究法律责任。

## 第二节 管 辖

**第四十八条** 监察机关开展监督、调查、处置,按照管理权限与属地管辖相结合的原则,实行分级负责制。

**第四十九条** 设区的市级以上监察委员会按照管理权限,依法管辖同级党委管理的公职人员涉嫌职务违法和职务犯罪案件。

县级监察委员会和直辖市所辖区(县)监察委员会按照管理权限,依法管辖本辖区内公职人员涉嫌职务违法和职务犯罪案件。

地方各级监察委员会按照本条例第十三条、第五十二条规定,可以依法管辖工作单位在本辖区内的有关公职人员涉嫌职务违法和职务犯罪案件。

监察机关调查公职人员涉嫌职务犯罪案件,可以依法对涉嫌行贿犯罪、介绍贿赂犯罪或者共同职务犯罪的涉案人员中的非公职人员一并管辖并进行调查处置。非公职人员涉嫌利用影响力受贿罪的,监察机关按照其所利用的公职人员的管理权限确定管辖并进行调查处置。

第五十条　上级监察机关对于下一级监察机关管辖范围内的职务违法和职务犯罪案件,具有下列情形之一的,可以依法提级管辖:

（一）在本辖区有重大影响的;

（二）涉及多个下级监察机关管辖的监察对象,调查难度大的;

（三）其他需要提级管辖的重大、复杂案件。

上级监察机关对于所辖各级监察机关管辖范围内有重大影响的案件,必要时可以依法直接调查或者组织、指挥、参与调查。

地方各级监察机关所管辖的职务违法和职务犯罪案件,具有第一款规定情形的,可以依法报请上一级监察机关管辖。

第五十一条　上级监察机关可以依法将其所管辖的案件指定下级监察机关管辖。

设区的市级监察委员会将同级党委管理的公职人员涉嫌职务违法或者职务犯罪案件指定下级监察委员会管辖的,应当报请省级监察委员会批准;省级监察委员会将同级党委管理的公职人员涉嫌职务违法或者职务犯罪案件指定下级监察委员会管辖的,应当报送国家监察委员会相关监督检查部门备案。

上级监察机关对于下级监察机关管辖的职务违法和职务犯罪案件,具有下列情形之一,认为由其他下级监察机关管辖更为适宜的,可以依法指定给其他下级监察机关管辖:

（一）管辖有争议的;

（二）指定管辖有利于案件公正处理的;

（三）下级监察机关报请指定管辖的;

（四）其他有必要指定管辖的。

被指定的下级监察机关未经指定管辖的监察机关批准,不得将案件再行指定管辖。发现新的职务违法或者职务犯罪线索,以及其他重要情况、重大问题,应当及时向指定管辖的监察机关请示报告。

第五十二条　工作单位在地方、管理权限在主管部门的公职人员涉嫌职务违法和职务犯罪,一般由驻在主管部门、有管辖权的监察机构、监察专员管辖;经协商,监察机构、监察专员可以按规定移交公职人员工作单位所在地的地方监察委员会调查,或者与地方监察委员会联合调查。地方监察委员会在工作中发现上述公职人员有关问题线索,应当向驻在主管部门、有管辖权的监察机构、监察专员通报,并协商确定管辖。

前款规定单位的其他公职人员涉嫌职务违法的,可以由公职人员工作单位所在地的地方监察委员会管辖。涉嫌职务犯罪的,一般由公职人员工作单位所在地的地方监察委员会管辖;因涉及主管部门管理的公职人员等特殊情形,驻在主管部门的监察机构、监察专员认为由自己管辖或者其他地方监察委员会管辖更为适宜的,经与公职人员工作单位所在地的地方监察委员会协商,可以自行调查或者依法办理指定管辖。

地方监察委员会调查前两款规定案件,应当按程序将立案、留置、移送审查起诉、撤销案件等重要情况通报相关监察机构、监察专员。

第五十三条　监察机关办理案件中涉及无隶属关系的其他监察机关的监察对象,认为需要立案调查的,应当商请有管辖权的监察机关依法立案调查。商请立案时,应当提供涉案人员基本情况、已经查明的涉嫌违法犯罪事实以及相关证据材料。

承办案件的监察机关认为由其一并调查更为适宜的,可以报请有权决定的上级监察机关指定管辖。

第五十四条　公职人员既涉嫌贪污贿赂、失职渎职等严重职务违法和职务犯罪,又涉嫌公安机关、人民检察院等机关管辖的犯罪,依法由监察机关为主调查的,应当由监察机关和其他机关分别依职权立案,监察机关承担组织协调职责,协调调查和侦查工作进度、重要调查和侦查措施使用等重要事项。

第五十五条　监察机关必要时可以依法调查司法工作人员利用职权实施的涉嫌非法拘禁、刑讯逼供、非法搜查等侵犯公民权利、损害司法公正的犯罪,并在立案后及时通报同级人民检察院。

监察机关在调查司法工作人员涉嫌贪污贿赂等职务犯罪中,可以对其涉嫌的前款规定的犯罪一并调查,并及时通报同级人民检察院。人民检察院在办理直接受理侦查的案件中,发现犯罪嫌疑人同时涉嫌监察机关管辖的其他职务犯罪,经沟通全案移送监察机关管辖的,监察机关应当依法进行调查。

**第五十六条** 监察机关对于退休公职人员在退休前或者退休后,或者离职、死亡的公职人员在履职期间实施的涉嫌职务违法或者职务犯罪行为,可以依法进行调查。

对前款规定人员,按照其原任职务的管辖规定确定管辖的监察机关;由其他监察机关管辖更为适宜的,可以依法指定或者交由其他监察机关管辖。

## 第四章 监察权限

### 第一节 一般要求

**第五十七条** 监察机关应当加强监督执法调查工作规范化建设,严格按规定对监察措施进行审批和监管,依照法定的范围、程序和期限采取相关措施,出具、送达法律文书。

**第五十八条** 监察机关应当根据开展监督执法调查工作的需要、涉嫌职务违法或者职务犯罪行为的严重程度、监察措施适用对象与案件的关联程度,以及采取监察措施的紧急程度等情况,合理确定采取监察措施的对象、种类和期限,不得超过必要限度。禁止违反规定滥用监察措施。

**第五十九条** 监察机关在初步核实中,可以依法采取谈话、询问、查询、调取、勘验检查、调查实验、鉴定措施;立案后可以采取讯问、强制到案、责令候查、管护、留置、禁闭、冻结、搜查、查封、扣押、通缉措施。发现存在逃跑、自杀等重大安全风险,在立案前依法对监察法第二十五条第一款第一项、第二项规定的人员采取管护措施的,符合立案条件的应当及时立案。需要采取技术调查、限制出境措施的,应当按照规定交有关机关依法执行。设区的市级以下监察机关在初步核实中不得采取技术调查措施。监察机关采取谈话、函询方式处置问题线索的,适用监察法和本条例关于采取该两项措施的相关规定。

开展问责调查,根据具体情况可以依法采取相关监察措施。

第六十条　开展讯问、搜查、查封、扣押以及重要的谈话、询问等调查取证工作,应当全程同步录音录像,并保持录音录像资料的完整性。

对谈话、讯问、询问进行同步录音录像的,谈话笔录、讯问笔录、询问笔录记载的起止时间应当与录音录像资料反映的起止时间一致。谈话笔录、讯问笔录、询问笔录内容应当与录音录像资料内容相符。

同步录音录像资料应当妥善保管、及时归档,留存备查。监察机关案件监督管理部门应当开展常态化检查。人民检察院、人民法院需要调取同步录音录像的,监察机关应当依法予以提供。

第六十一条　需要商请其他监察机关协助收集证据材料的,应当依法出具《委托调查函》;商请其他监察机关对采取措施提供一般性协助的,应当依法出具《商请协助采取措施函》。商请协助事项涉及协助地监察机关管辖的监察对象的,应当由协助地监察机关按照所涉人员的管理权限报批。协助地监察机关对于协助请求,应当依法予以协助配合。

第六十二条　采取、解除或者变更监察措施需要告知、通知相关人员的,应当依法办理。告知包括口头、书面两种方式,除本条例另有规定外,通知应当采取书面方式。采取口头方式告知、通知的,应当将相关情况制作工作记录;采取书面方式告知、通知的,可以通过直接送交、邮寄、转交等途径送达,将有关回执或者凭证附卷。

无法告知、通知,或者相关人员拒绝接收的,调查人员应当在工作记录或者有关文书上记明。

第六十三条　监察机关采取监察措施,依法需要见证人在场的,应当邀请合适的见证人在场。下列人员不得担任见证人:

(一)生理上、精神上有缺陷或者未成年,不具有相应辨别能力或者不能正确表达的人;

(二)与案件有利害关系,可能影响案件公正处理的人;

(三)监察机关的工作人员或者其聘用的人员;

(四)依法协助监察机关采取监察措施的工作人员。

第六十四条　监察机关依法变更强制到案、责令候查、管护、留置以及禁闭等监察强制措施的,原监察强制措施自监察机关采取新的监察强制措施之时自动解除。

第六十五条　县级以上监察机关需要提请公安机关协助采取强制到案、责令候查、管护、留置、搜查措施的，应当按规定报批，请同级公安机关依法予以协助。提请协助时，应当出具提请协助函，列明提请协助的具体事项和建议，协助采取措施的时间、地点等内容，附采取监察措施决定书复印件。

因保密需要，不宜在采取监察措施前向公安机关告知采取措施对象姓名的，可以作出说明，进行保密处理。

需要提请异地公安机关协助采取监察措施的，应当按规定报批，向协作地同级监察机关出具协作函件和相关文书，由协作地监察机关提请当地公安机关依法予以协助。

### 第二节　证　　据

第六十六条　可以用于证明案件事实的材料都是证据，包括：

（一）物证；

（二）书证；

（三）证人证言；

（四）被害人陈述；

（五）被调查人陈述、供述和辩解；

（六）鉴定意见；

（七）勘验检查、辨认、调查实验等笔录；

（八）视听资料、电子数据。

监察机关向有关单位和个人收集、调取证据时，应当告知其必须依法如实提供证据。对于不按要求提供有关材料，泄露相关信息，伪造、隐匿、毁灭证据，提供虚假情况或者阻止他人提供证据的，依法追究法律责任。

监察机关依照监察法和本条例规定收集的证据材料，经审查符合法定要求的，在刑事诉讼中可以作为证据使用。

第六十七条　监察机关认定案件事实应当以证据为根据，全面、客观地收集、固定被调查人有无违法犯罪以及情节轻重的各种证据，形成相互印证、完整稳定的证据链。

只有被调查人陈述或者供述，没有其他证据的，不能认定案件事实；没有被调查人陈述或者供述,证据符合法定标准的,可以认定案件事实。

第六十八条 证据必须经过查证属实,才能作为定案的根据。审查认定证据,应当结合案件的具体情况,从证据与待证事实的关联程度、各证据之间的联系、是否依照法定程序收集等方面进行综合判断。

第六十九条 监察机关调查终结的职务违法案件,应当事实清楚、证据确凿。证据确凿,应当符合下列条件:

(一)定性处置的事实都有证据证实;

(二)定案证据真实、合法;

(三)据以定案的证据之间不存在无法排除的矛盾;

(四)综合全案证据,所认定事实清晰且令人信服。

第七十条 监察机关调查终结的职务犯罪案件,应当事实清楚,证据确实、充分。证据确实、充分,应当符合下列条件:

(一)定罪量刑的事实都有证据证明;

(二)据以定案的证据均经法定程序查证属实;

(三)综合全案证据,对所认定事实已排除合理怀疑。

证据不足的,不得移送人民检察院审查起诉。

第七十一条 调查人员应当依法文明规范开展调查工作。严禁以暴力、威胁、引诱、欺骗以及非法限制人身自由等非法方法收集证据,严禁侮辱、打骂、虐待、体罚或者变相体罚被调查人、涉案人员和证人。

监察机关应当保障被强制到案人员、被管护人员、被留置人员以及被禁闭人员的合法权益,尊重其人格和民族习俗,保障饮食、休息和安全,提供医疗服务。

第七十二条 对于调查人员采用暴力、威胁以及非法限制人身自由等非法方法收集的被调查人供述、证人证言、被害人陈述,应当依法予以排除。

前款所称暴力的方法,是指采用殴打、违法使用戒具等方法或者变相肉刑的恶劣手段,使人遭受难以忍受的痛苦而违背意愿作出供述、证言、陈述;威胁的方法,是指采用以暴力或者严重损害本人及其近亲属合法权益等进行威胁的方法,使人遭受难以忍受的痛苦而违背意愿作出供述、证言、陈述。

收集物证、书证不符合法定程序,可能严重影响案件公正处理的,应当予以补正或者作出合理解释；不能补正或者作出合理解释的，对该证据应当予以排除。

第七十三条 监察机关监督检查、调查、案件审理、案件监督管理等部门发现监察人员在办理案件中，可能存在以非法方法收集证据情形的，应当依据职责进行调查核实。对于被调查人控告、举报调查人员采用非法方法收集证据，并提供涉嫌非法取证的人员、时间、地点、方式和内容等材料或者线索的，应当受理并进行审核。根据现有材料无法证明证据收集合法性的，应当进行调查核实。

经调查核实，确认或者不能排除以非法方法收集证据的，对有关证据依法予以排除，不得作为案件定性处置、移送审查起诉的依据。认定调查人员非法取证的，应当依法处理，另行指派调查人员重新调查取证。

监察机关接到对下级监察机关调查人员采用非法方法收集证据的控告、举报，可以直接进行调查核实，也可以交由下级监察机关调查核实。交由下级监察机关调查核实的，下级监察机关应当及时将调查结果报告上级监察机关。

第七十四条 对收集的证据材料及扣押的财物应当妥善保管，严格履行交接、调用手续，定期对账核实，不得违规使用、调换、损毁或者自行处理。

第七十五条 监察机关对行政机关在行政执法和查办案件中收集的物证、书证、视听资料、电子数据，勘验、检查等笔录，以及鉴定意见等证据材料，经审查符合法定要求的，可以作为证据使用。

根据法律、行政法规规定行使国家行政管理职权的组织在行政执法和查办案件中收集的证据材料，视为行政机关收集的证据材料。

第七十六条 监察机关对人民法院、人民检察院、公安机关、国家安全机关等在刑事诉讼中收集的物证、书证、视听资料、电子数据，勘验、检查、辨认、侦查实验等笔录，以及鉴定意见等证据材料，经审查符合法定要求的，可以作为证据使用。

监察机关办理职务违法案件，对于人民法院生效刑事判决、裁定和人民检察院不起诉决定采信的证据材料，可以直接作为证据使用。

### 第三节 谈 话

第七十七条 监察机关对涉嫌职务违法的监察对象，可以依法进行谈话,要求其如实说明情况或者作出陈述。

谈话应当个别进行。负责谈话的人员不得少于二人。

**第七十八条** 对一般性问题线索的处置,可以采取谈话方式进行,对监察对象给予警示、批评、教育。谈话应当在监察机关谈话场所、具备安全保障条件的工作地点等场所进行,明确告知谈话事项,注重谈清问题、取得教育效果。

**第七十九条** 采取谈话方式处置问题线索的,经审批可以由监察人员或者委托被谈话人所在单位主要负责人等进行谈话。

监察机关谈话应当形成谈话笔录或者记录。谈话结束后,可以根据需要要求被谈话人在十五个工作日以内作出书面说明。被谈话人应当在书面说明每页签名,修改的地方也应当签名。

委托谈话的,受委托人应当在收到委托函后的十五个工作日以内进行谈话。谈话结束后及时形成谈话情况材料报送监察机关,必要时附被谈话人的书面说明。

**第八十条** 监察机关开展初步核实工作,一般不与被核查人接触;确有需要与被核查人谈话的,应当按规定报批。

**第八十一条** 监察机关对涉嫌职务违法的被调查人立案后,可以依法进行谈话。

与被调查人首次谈话时,应当出示《被调查人权利义务告知书》,由其签名、捺指印。被调查人拒绝签名、捺指印的,调查人员应当在文书上记明。对于被调查人未被限制人身自由的,应当在首次谈话时出具《谈话通知书》。

与涉嫌严重职务违法的被调查人进行谈话的,应当全程同步录音录像,并告知被调查人。告知情况应当在录音录像中予以反映,并在笔录中记明。

**第八十二条** 立案后,与被责令候查人员或者未被限制人身自由的被调查人谈话的,应当在具备安全保障条件的场所进行。

调查人员按规定通知被调查人所在单位派员或者被调查人家属陪同被调查人到指定场所的,应当与陪同人员办理交接手续,填写《陪送交接单》。

第八十三条　调查人员与被强制到案人员、被管护人员、被留置人员或者被禁闭人员谈话的，按照法定程序在执行相关监察强制措施的场所进行。

与在押的犯罪嫌疑人、被告人谈话的，应当持以监察机关名义出具的介绍信、工作证件，商请有关案件主管机关依法协助办理。

与在看守所、监狱服刑的人员谈话的，应当持以监察机关名义出具的介绍信、工作证件办理。

第八十四条　与被调查人进行谈话，应当合理安排时间、控制时长，保证其饮食和必要的休息时间。

第八十五条　谈话笔录应当在谈话现场制作。笔录应当详细具体，如实反映谈话情况。笔录制作完成后，应当交给被调查人核对。被调查人没有阅读能力的，应当向其宣读。

笔录记载有遗漏或者差错的，应当补充或者更正，由被调查人在补充或者更正处捺指印。被调查人核对无误后，应当在笔录中逐页签名、捺指印。被调查人拒绝签名、捺指印的，调查人员应当在笔录中记明。调查人员也应当在笔录中签名。

第八十六条　被调查人请求自行书写说明材料的，应当准许。必要时，调查人员可以要求被调查人自行书写说明材料。

被调查人应当在说明材料上逐页签名、捺指印，在末页写明日期。对说明材料有修改的，在修改之处应当捺指印。说明材料应当由二名调查人员接收，在首页记明接收的日期并签名。

第八十七条　本条例第八十一条至第八十六条的规定，也适用于在初步核实中开展的谈话。

### 第四节　讯　　问

第八十八条　监察机关对涉嫌职务犯罪的被调查人，可以依法进行讯问，要求其如实供述涉嫌犯罪的情况。

第八十九条　讯问被管护人员、被留置人员，应当在留置场所进行。

第九十条　讯问应当个别进行，调查人员不得少于二人。

首次讯问时，应当向被讯问人出示《被调查人权利义务告知书》，由其签名、捺指印。被讯问人拒绝签名、捺指印的,调查人员应当在文书上记明。被讯问人未被限制人身自由的,应当在首次讯问时向其出具《讯问通知书》。

讯问一般按照下列顺序进行:

(一)核实被讯问人的基本情况,包括姓名、曾用名、出生年月日、户籍地、身份证件号码、民族、职业、政治面貌、文化程度、工作单位及职务、住所、家庭情况、社会经历,是否属于党代表大会代表、人大代表、政协委员,是否受到过党纪政务处分,是否受到过刑事处罚等;

(二)告知被讯问人如实供述自己罪行可以依法从宽处理和认罪认罚的法律规定;

(三)讯问被讯问人是否有犯罪行为,让其陈述有罪的事实或者无罪的辩解,应当允许其连贯陈述。

调查人员的提问应当与调查的案件相关。被讯问人对调查人员的提问应当如实回答。调查人员对被讯问人的辩解,应当如实记录,认真查核。

发现涉嫌职务犯罪的被调查人自动投案、如实供述监察机关还未掌握的违法犯罪行为、揭发他人犯罪行为或者提供重要线索等,可能具有自首、立功等法定情节的,应当依法及时讯问。对某一具体涉嫌职务犯罪事实初步查清后,应当在全面梳理分析在案证据的基础上进行讯问。

讯问时,应当告知被讯问人将进行全程同步录音录像。告知情况应当在录音录像中予以反映,并在笔录中记明。

**第九十一条** 本条例第八十二条至第八十六条的要求,也适用于讯问。

## 第五节　询　　问

**第九十二条** 监察机关按规定报批后,可以依法对证人、被害人等人员进行询问,了解核实有关问题或者案件情况。

**第九十三条** 证人未被限制人身自由的,可以在其工作地点、住所或者其提出的地点进行询问,也可以通知其到指定地点接受询问。到证人提出的地点或者调查人员指定的地点进行询问的,应当在笔录中记明。

调查人员认为有必要或者证人提出需要由所在单位派员或者其家属陪同到询问地点的,应当办理交接手续并填写《陪送交接单》。

**第九十四条** 询问应当个别进行。负责询问的调查人员不得少于二人。

首次询问时,应当向证人出示《证人权利义务告知书》,由其签名、捺指印。证人拒绝签名、捺指印的,调查人员应当在文书上记明。证人未被限制人身自由的,应当在首次询问时向其出具《询问通知书》。

询问时,应当核实证人身份,问明证人的基本情况,告知证人应当如实提供证据、证言,以及作伪证或者隐匿证据应当承担的法律责任。不得向证人泄露案情,不得采用非法方法获取证言。

询问重大或者有社会影响案件的重要证人,应当对询问过程全程同步录音录像,并告知证人。告知情况应当在录音录像中予以反映,并在笔录中记明。

**第九十五条** 询问未成年人,应当通知其法定代理人到场。无法通知或者法定代理人不能到场的,应当通知未成年人的其他成年亲属或者所在学校、居住地基层组织的代表等有关人员到场。询问结束后,由法定代理人或者有关人员在笔录中签名。调查人员应当将到场情况记录在案。

询问聋、哑人,应当有通晓聋、哑手势的人员参加。调查人员应当在笔录中记明证人的聋、哑情况,以及翻译人员的姓名、工作单位和职业。询问不通晓当地通用语言、文字的证人,应当有翻译人员。询问结束后,由翻译人员在笔录中签名。

**第九十六条** 凡是知道案件情况的人,都有如实作证的义务。对故意提供虚假证言的证人,应当依法追究法律责任。

证人或者其他任何人不得帮助被调查人伪造、隐匿、毁灭证据或者串供,不得实施其他干扰调查活动的行为。

**第九十七条** 证人、鉴定人、被害人因作证,本人或者近亲属人身安全面临危险,向监察机关请求保护的,监察机关应当受理并及时进行审查;对于确实存在人身安全危险的,监察机关应当采取必要的保护措施。监察机关发现存在上述情形的,应当主动采取保护措施。

监察机关可以采取下列一项或者多项保护措施:

(一)不公开真实姓名、住址和工作单位等个人信息;

(二)禁止特定的人员接触证人、鉴定人、被害人及其近亲属;

(三)对人身和住宅采取专门性保护措施;

(四)其他必要的保护措施。

依法决定不公开证人、鉴定人、被害人的真实姓名、住址和工作单位等个人信息的,可以在询问笔录等法律文书、证据材料中使用化名。但是应当另行书面说明使用化名的情况并标明密级,单独成卷。

监察机关采取保护措施需要协助的,可以提请公安机关等有关单位和要求有关个人依法予以协助。

第九十八条　本条例第八十三条至第八十六条的要求,也适用于询问。询问重要涉案人员,根据情况适用本条例第八十二条的规定。

询问被害人,适用询问证人的规定。

## 第六节　强制到案

第九十九条　监察机关调查严重职务违法或者职务犯罪,对于经通知无正当理由不到案的被调查人,经依法审批,可以强制其到监察机关谈话场所或者留置场所接受调查。

首次通知到案一般应当以书面方式,确因情况紧急无法书面通知的,可以通过电话等方式通知,并将相关情况制作工作记录。

采取强制到案措施时,调查人员不得少于二人,应当向被强制到案人员出具《强制到案决定书》。

第一百条　监察机关应当立即将被强制到案人员送至监察机关谈话场所或者留置场所。强制到案的时间自被强制到案人员到达相关场所时起算。

被强制到案人员到案后,应当要求其在《强制到案决定书》上填写到案时间,并签名、捺指印;强制到案结束后,应当要求被强制到案人员在《强制到案决定书》上填写结束时间,并签名、捺指印。被强制到案人员拒绝填写或者签名、捺指印的,调查人员应当在文书上记明。

一次强制到案持续的时间不得超过十二小时;依法需要采取管护或者留置措施的,按规定报批后,强制到案持续的时间不得超过二十四小时。两次强制到案间隔的时间不得少于二十四小时,不得以连续强制到案的方式变相拘禁被调查人。两次强制到案的间隔时间从第一次强制到案结束时起算。

第一百零一条　监察机关强制被调查人到案后,应当对涉嫌职务违法的被调查人及时谈话,对涉嫌职务犯罪的被调查人及时讯问。

第一百零二条　监察机关在强制到案期限内未作出采取其他监察强制措施决定的,强制到案期满,应当立即结束强制到案。

### 第七节　责令候查

第一百零三条　监察机关调查严重职务违法或者职务犯罪,对于符合监察法第二十三条第一款规定的,经依法审批,可以对被调查人采取责令候查措施。

第一百零四条　采取责令候查措施时,调查人员不得少于二人,应当向被责令候查人员宣布《责令候查决定书》,出示《被责令候查人员权利义务告知书》,由被责令候查人员签名、捺指印,要求其遵守监察法第二十三条第二款的规定,告知其违反规定应负的法律责任。被责令候查人员拒绝签名、捺指印的,调查人员应当在文书上记明。

监察机关将其他监察强制措施变更为责令候查措施的,应当按照前款规定履行权利义务告知程序。

责令候查最长不得超过十二个月,自向被责令候查人员宣布之日起算。

第一百零五条　除无法通知的以外,监察机关应当在采取责令候查措施后二十四小时以内,通知被责令候查人员所在单位和家属。当面通知的,由有关人员在《责令候查通知书》上签名。无法当面通知的,可以先以电话等方式通知,并通过邮寄、转交等方式送达《责令候查通知书》,要求有关人员在《责令候查通知书》上签名。有关人员拒绝签名的,调查人员应当在文书上记明。

第一百零六条　责令候查应当由决定采取责令候查措施的监察机关执行。

执行责令候查的监察机关应当履行下列职责:

(一)监督、考察被责令候查人员遵守有关规定,及时掌握其活动、住址、工作单位、联系方式及变动情况;

(二)审批被责令候查人员离开所居住的直辖市、设区的市的城市市区

或者不设区的市、县的辖区(以下统称所居住的市、县)的申请;

(三)被责令候查人员违反应当遵守的规定的,及时制止或者纠正;

(四)会同被责令候查人员所在单位、家属等对被责令候查人员开展思想教育、心理疏导工作。

**第一百零七条** 被责令候查人员未经批准不得离开所居住的市、县。确有正当理由需要离开的,应当经决定采取责令候查措施的监察机关批准。

在同一直辖市、设区的市内跨区活动的,不属于离开所居住的市、县。

本条第一款所称正当理由,是指就医、就学、参与诉讼、往返居住地与工作地、处理重要家庭事务或者参加重要公务、商务活动等。

**第一百零八条** 被责令候查人员需要离开所居住的市、县的,应当向监察机关提出书面申请,并注明事由、目的地、路线、交通方式、往返日期、联系方式等。监察机关应当自收到书面申请之日起三日以内作出决定。被责令候查人员有紧急事由,无法及时提出书面申请的,可以先行通过电话等方式提出申请,并及时补办书面申请手续。

监察机关批准被责令候查人员离开所居住的市、县的申请后,应当告知其遵守下列要求:

(一)保持联系方式畅通,并在接到通知后及时到案接受调查;

(二)严格按照批准的地点、路线、往返日期出行;

(三)不得从事妨碍调查的活动;

(四)返回居住地后及时向执行机关报告。

对于被责令候查人员因正常工作或者生活需要经常性离开所居住的市、县的,可以根据情况简化批准程序,一次性审批其在特定期间内按照批准的地点、路线出行。

**第一百零九条** 被责令候查人员具有下列情形之一的,可以认定为监察法第二十三条第三款所规定的违反责令候查规定,情节严重:

(一)企图逃跑、自杀的;

(二)实施伪造、隐匿、毁灭证据或者串供、干扰证人作证行为,严重影响调查工作正常进行的;

(三)对举报人、控告人、被害人、证人、鉴定人等相关人员实施打击报复的;

(四)未经批准,擅自离开所居住的市、县,严重影响调查工作正常进行,或者两次未经批准,擅自离开所居住的市、县的;

(五)经通知无正当理由不到案,严重影响调查工作正常进行,或者两次经通知无正当理由不到案的;

(六)住址、工作单位和联系方式等发生变动,未按规定向监察机关报告,导致无法通知到案,严重影响调查工作正常进行的。

依照监察法第二十三条第一款第三项规定被责令候查的人员,违反责令候查规定,情节严重,依法应予留置的,省级监察机关应当报请国家监察委员会批准,设区的市级以下监察机关应当逐级报送省级监察机关批准。

**第一百一十条** 被管护人员、被留置人员、被禁闭人员及其近亲属向监察机关申请变更为责令候查措施的,应当以书面方式提出。监察机关收到申请后,应当在三日以内作出决定。经审查,符合责令候查条件的,可以将管护、留置或者禁闭措施依法变更为责令候查措施;不符合责令候查条件的,应当告知申请人,并说明不同意的理由。

**第一百一十一条** 对被责令候查人员不需要继续采取责令候查措施或者责令候查期满的,应当按规定报批后解除责令候查措施。调查人员应当向被责令候查人员宣布《解除责令候查决定书》,由其签名、捺指印。被责令候查人员拒绝签名、捺指印的,调查人员应当在文书上记明。

解除责令候查措施的,应当及时通知被责令候查人员所在单位和家属。当面通知的,由有关人员在《解除责令候查通知书》上签名。无法当面通知的,可以先以电话等方式通知,并通过邮寄、转交等方式送达《解除责令候查通知书》,要求有关人员在《解除责令候查通知书》上签名。有关人员拒绝签名的,调查人员应当在文书上记明。

**第一百一十二条** 案件依法移送人民检察院审查起诉的,责令候查措施自移送之日自动解除,不再办理解除法律手续。

## 第八节 管 护

**第一百一十三条** 监察机关对于符合监察法第二十五条第一款规定的未被留置人员,经依法审批,可以对其采取管护措施。

**第一百一十四条** 采取管护措施时,调查人员不得少于二人,应当向被管护人员宣布《管护决定书》,告知被管护人员权利义务,要求其在《管护决定书》上签名、捺指印。被管护人员拒绝签名、捺指印的,调查人员应当在文书上记明。

第一百一十五条　采取管护措施后,应当立即将被管护人员送留置场所,至迟不得超过二十四小时。

第一百一十六条　采取管护措施后,应当在二十四小时以内通知被管护人员所在单位和家属。当面通知的,由有关人员在《管护通知书》上签名。无法当面通知的,可以先以电话等方式通知,并通过邮寄、转交等方式送达《管护通知书》,要求有关人员在《管护通知书》上签名。有关人员拒绝签名的,调查人员应当在文书上记明。

因可能伪造、隐匿、毁灭证据,干扰证人作证或者串供等有碍调查情形而不宜通知的,应当按规定报批,记录在案。有碍调查的情形消失后,应当立即通知被管护人员所在单位和家属。

第一百一十七条　监察机关采取管护措施后,应当在二十四小时以内对被管护人员进行谈话、讯问。

第一百一十八条　管护时间不得超过七日,自向被管护人员宣布之日起算。因案情复杂、疑难,在七日以内无法作出留置或者解除管护决定的,经审批可以延长一日至三日。

延长管护时间的,应当在管护期满前向被管护人员宣布延长管护时间的决定,要求其在《延长管护时间决定书》上签名、捺指印。被管护人员拒绝签名、捺指印的,调查人员应当在文书上记明。

延长管护时间的,应当及时通知被管护人员所在单位和家属。

第一百一十九条　对被管护人员不需要继续采取管护措施的,应当按规定报批后解除管护或者变更为责令候查措施。管护期满的,应当按规定报批后予以解除。

解除管护措施的,调查人员应当向被管护人员宣布解除管护措施的决定,由其在《解除管护决定书》上签名、捺指印;变更为责令候查措施的,应当向被管护人员宣布变更为责令候查措施的决定,由其在《变更管护决定书》上签名、捺指印。被管护人员拒绝签名、捺指印的,调查人员应当在文书上记明。

解除管护措施或者变更为责令候查措施的,应当及时通知被管护人员所在单位和家属、申请人。调查人员应当与交接人办理交接手续,并由其在《解除管护通知书》或者《变更管护通知书》上签名。无法通知或者有关人员拒绝签名的,调查人员应当在文书上记明。不得因办理交接手续延迟解除或者变更管护措施。

第一百二十条　在管护期满前,将管护措施变更为留置措施的,按照本条例关于采取留置措施的规定执行。

### 第九节　留　　置

第一百二十一条　监察机关调查严重职务违法或者职务犯罪,对于符合监察法第二十四条第一款规定的,经依法审批,可以对被调查人采取留置措施。

监察法第二十四条第一款规定的已经掌握其部分违法犯罪事实及证据,是指同时具备下列情形:

(一)有证据证明发生了违法犯罪事实;

(二)有证据证明该违法犯罪事实是被调查人实施;

(三)证明被调查人实施违法犯罪行为的证据已经查证属实。

部分违法犯罪事实,既可以是单一违法犯罪行为的事实,也可以是数个违法犯罪行为中任何一个违法犯罪行为的事实。

监察法第二十四条第一款规定的重要问题,是指对被调查人涉嫌的严重职务违法或者职务犯罪,在定性处置、定罪量刑等方面有重要影响的事实、情节及证据。

第一百二十二条　被调查人具有下列情形之一的,可以认定为监察法第二十四条第一款第二项所规定的可能逃跑、自杀:

(一)着手准备自杀、自残或者逃跑的;

(二)曾经有自杀、自残或者逃跑行为的;

(三)有自杀、自残或者逃跑意图的;

(四)其他可能逃跑、自杀的情形。

第一百二十三条　被调查人具有下列情形之一的,可以认定为监察法第二十四条第一款第三项所规定的可能串供或者伪造、隐匿、毁灭证据:

（一）曾经或者企图串供,伪造、隐匿、毁灭、转移证据的;

（二）曾经或者企图威逼、恐吓、利诱、收买证人,干扰证人作证的;

（三）有同案人或者与被调查人存在密切关联违法犯罪的涉案人员在逃,重要证据尚未收集完成的;

（四）其他可能串供或者伪造、隐匿、毁灭证据的情形。

**第一百二十四条** 被调查人具有下列情形之一的,可以认定为监察法第二十四条第一款第四项所规定的可能有其他妨碍调查行为:

（一）可能继续实施违法犯罪行为的;

（二）有危害国家安全、公共安全等现实危险的;

（三）可能对举报人、控告人、被害人、证人、鉴定人等相关人员实施打击报复的;

（四）无正当理由拒不到案,严重影响调查的;

（五）其他可能妨碍调查的行为。

**第一百二十五条** 对下列人员不得采取留置措施:

（一）患有严重疾病、生活不能自理的;

（二）怀孕或者正在哺乳自己婴儿的妇女;

（三）生活不能自理的人的唯一扶养人。

上述情形消失后,根据调查需要可以对相关人员采取留置措施。

**第一百二十六条** 采取留置措施时,调查人员不得少于二人,应当向被留置人员宣布《留置决定书》,告知被留置人员权利义务,要求其在《留置决定书》上签名、捺指印。被留置人员拒绝签名、捺指印的,调查人员应当在文书上记明。

**第一百二十七条** 采取留置措施后,应当在二十四小时以内通知被留置人员所在单位和家属。当面通知的,由有关人员在《留置通知书》上签名。无法当面通知的,可以先以电话等方式通知,并通过邮寄、转交等方式送达《留置通知书》,要求有关人员在《留置通知书》上签名。有关人员拒绝签名的,调查人员应当在文书上记明。

因可能伪造、隐匿、毁灭证据,干扰证人作证或者串供等有碍调查情形而不宜通知的,应当按规定报批,记录在案。有碍调查的情形消失后,应当立即通知被留置人员所在单位和家属。

第一百二十八条　监察机关采取留置措施后,应当在二十四小时以内对涉嫌职务违法的被调查人进行谈话,对涉嫌职务犯罪的被调查人进行讯问。

第一百二十九条　留置时间不得超过三个月,自向被留置人员宣布之日起算。具有下列情形之一的,经审批可以延长一次,延长时间不得超过三个月:

(一)案情重大,严重危害国家利益或者公共利益的;

(二)案情复杂,涉案人员多、金额巨大,涉及范围广的;

(三)重要证据尚未收集完成,或者重要涉案人员尚未到案,导致违法犯罪的主要事实仍须继续调查的;

(四)其他需要延长留置时间的情形。

省级以下监察机关采取留置措施的,延长留置时间应当报请上一级监察机关批准。

延长留置时间的,应当在留置期满前向被留置人员宣布延长留置时间的决定,要求其在《延长留置时间决定书》上签名、捺指印。被留置人员拒绝签名、捺指印的,调查人员应当在文书上记明。

延长留置时间的,应当及时通知被留置人员所在单位和家属。

第一百三十条　对涉嫌职务犯罪的被调查人可能判处十年有期徒刑以上刑罚,监察机关按照本条例第一百二十九条规定延长期限届满,仍不能调查终结的,经审批可以再延长,再延长时间不得超过二个月。

省级以下监察机关需要再延长留置时间的,应当逐级报送国家监察委员会批准。

再延长留置时间的,应当在留置期满前向被留置人员宣布再延长留置时间的决定,要求其在《再延长留置时间决定书》上签名、捺指印。被留置人员拒绝签名、捺指印的,调查人员应当在文书上记明。

再延长留置时间的,应当及时通知被留置人员所在单位和家属。

第一百三十一条　报请批准延长或者再延长留置时间,应当在报请材料中写明被留置人员基本情况、主要案情和留置后调查工作进展情况、下一步调查工作计划、延长或者再延长留置时间的具体理由及起止时间。

报请批准延长或者再延长留置时间,应当根据案件具体情况和实际工作需要,提出合理、必要的时间建议。

上级监察机关收到报请批准延长或者再延长留置时间的申请后,应当及时研究,在原留置期限届满前按程序作出决定。

第一百三十二条　省级以上监察机关在调查期间,发现涉嫌职务犯罪的被调查人另有与留置时的罪行不同种的重大职务犯罪或者同种的影响罪名认定、量刑档次的重大职务犯罪,经审批可以依照监察法第四十八条第三款的规定重新计算留置时间。留置时间重新计算以一次为限。

依照前款规定重新计算留置时间的,国家监察委员会调查部门应当自发现之日起五日以内履行报批程序,省级监察机关应当自发现之日起五日以内报请国家监察委员会批准。

重新计算留置时间的,应当自作出决定之日起五日以内向被留置人员宣布,要求其在《重新计算留置时间决定书》上签名、捺指印,并及时通知被留置人员所在单位和家属。被留置人员拒绝签名、捺指印的,调查人员应当在文书上记明。

第一百三十三条　重新计算留置时间的,留置时间不得超过三个月。新发现的罪行具有本条例第一百二十九条、第一百三十条规定情形的,可以依法延长和再延长留置时间。但是,此前已经根据本条例第一百三十条规定再延长留置时间的,不得再次适用该规定再延长留置时间。

第一百三十四条　对被留置人员不需要继续采取留置措施的,应当按规定报批后解除留置或者变更为责令候查措施。留置期满的,应当按规定报批后予以解除。

解除留置措施的,调查人员应当向被留置人员宣布解除留置措施的决定,由其在《解除留置决定书》上签名、捺指印;变更为责令候查措施的,应当向被留置人员宣布变更为责令候查措施的决定,由其在《变更留置决定书》上签名、捺指印。被留置人员拒绝签名、捺指印的,调查人员应当在文书上记明。

解除留置措施或者变更为责令候查措施的,应当及时通知被留置人员所在单位和家属、申请人。调查人员应当与交接人办理交接手续,并由其在《解除留置通知书》或者《变更留置通知书》上签名。无法通知或者有关人员拒绝签名的,调查人员应当在文书上记明。不得因办理交接手续延迟解除或者变更留置措施。

案件依法移送人民检察院审查起诉的,留置措施自犯罪嫌疑人被执行拘留时自动解除,不再办理解除法律手续。

### 第十节 查询、冻结

第一百三十五条 监察机关调查严重职务违法或者职务犯罪,根据工作需要,按规定报批后,可以依法查询、冻结涉案单位和个人的存款、汇款、债券、股票、基金份额等财产。

第一百三十六条 查询、冻结财产时,调查人员不得少于二人。调查人员应当出具《协助查询财产通知书》或者《协助冻结财产通知书》,送交银行或者其他金融机构、邮政部门等单位执行。有关单位和个人应当予以配合,并严格保密。

查询财产应当在《协助查询财产通知书》中填写查询账号、查询内容等信息。没有具体账号的,应当填写足以确定账户或者权利人的自然人姓名、身份证件号码或者市场主体名称、统一社会信用代码等信息。

冻结财产应当在《协助冻结财产通知书》中填写冻结账户名称、冻结账号、冻结数额、冻结期限起止时间等信息。冻结数额应当具体、明确,暂时无法确定具体数额的,应当在《协助冻结财产通知书》上明确写明"只收不付"。冻结证券和交易结算资金时,应当明确冻结的范围是否及于孳息。

冻结财产,应当为被调查人及其所扶养的亲属保留必需的生活费用。

第一百三十七条 调查人员可以根据需要对查询结果进行打印、抄录、复制、拍照,要求相关单位在有关材料上加盖证明印章。对查询结果有疑问的,可以要求相关单位进行书面解释并加盖印章。

第一百三十八条 监察机关对查询信息应当加强管理,规范信息交接、调阅、使用程序和手续,防止滥用和泄露。

调查人员不得查询与案件调查工作无关的信息。

第一百三十九条 冻结财产的期限不得超过六个月。冻结期限到期未办理续冻手续的,冻结自动解除。

有特殊原因需要延长冻结期限的,应当在到期前按原程序报批,办理续冻手续。每次续冻期限不得超过六个月。

**第一百四十条** 已被冻结的财产可以轮候冻结,不得重复冻结。轮候冻结的,监察机关应当要求有关银行或者其他金融机构等单位在解除冻结或者作出处理前予以通知。

监察机关接受司法机关、其他监察机关等国家机关移送的涉案财物后,该国家机关采取的冻结期限届满,监察机关续行冻结的顺位与该国家机关冻结的顺位相同。

**第一百四十一条** 冻结财产应当通知权利人或者其法定代理人、委托代理人,要求其在《冻结财产告知书》上签名。冻结股票、债券、基金份额等财产,应当告知权利人或者其法定代理人、委托代理人有权申请出售。

对于被冻结的股票、债券、基金份额等财产,权利人或者其法定代理人、委托代理人申请出售,不损害国家利益、被害人利益,不影响调查正常进行的,经审批可以在案件办结前由相关机构依法出售或者变现。对于被冻结的汇票、本票、支票即将到期的,经审批可以在案件办结前由相关机构依法出售或者变现。出售上述财产的,应当出具《许可出售冻结财产通知书》。

出售或者变现所得价款应当继续冻结在其对应的银行账户中;没有对应的银行账户的,应当存入监察机关指定的专用账户保管,并将存款凭证送监察机关登记。监察机关应当及时向权利人或者其法定代理人、委托代理人出具《出售冻结财产通知书》,并要求其签名。拒绝签名的,调查人员应当在文书上记明。

**第一百四十二条** 对于冻结的财产,应当及时核查。经查明与案件无关的,经审批,应当在查明后三日以内将《解除冻结财产通知书》送交有关单位执行。解除情况应当告知被冻结财产的权利人或者其法定代理人、委托代理人。

## 第十一节 搜 查

**第一百四十三条** 监察机关调查职务犯罪案件,为了收集犯罪证据、查获被调查人,按规定报批后,可以依法对被调查人以及可能隐藏被调查人或者犯罪证据的人的身体、物品、住处、工作地点和其他有关地方进行搜查。

**第一百四十四条** 搜查应当在调查人员主持下进行,调查人员不得少于二人。搜查女性的身体,由女性工作人员进行。

搜查时,应当有被搜查人或者其家属、其所在单位工作人员或者其他见证人在场。调查人员应当向被搜查人或者其家属、见证人出示《搜查证》,要求其签名或者盖章。被搜查人或者其家属不在场,或者拒绝签名、盖章的,调查人员应当在文书上记明。

**第一百四十五条** 搜查时,应当要求在场人员予以配合,不得进行阻碍。对以暴力、威胁等方法阻碍搜查的,应当依法制止。对阻碍搜查构成违法犯罪的,依法追究法律责任。

**第一百四十六条** 对搜查取证工作,应当全程同步录音录像。

对搜查情况应当制作《搜查笔录》,由调查人员和被搜查人或者其家属、见证人签名或者盖章。被搜查人或者其家属不在场,或者拒绝签名、盖章的,调查人员应当在笔录中记明。

对于查获的重要物证、书证、视听资料、电子数据及其放置、存储位置应当拍照,并在《搜查笔录》中作出文字说明。

**第一百四十七条** 搜查时,应当避免未成年人或者其他不适宜在搜查现场的人在场。

搜查人员应当服从指挥、文明执法,不得擅自变更搜查对象和扩大搜查范围,严禁单独进入搜查区域。搜查的具体时间、方法,在实施前应当严格保密。

**第一百四十八条** 在搜查过程中查封、扣押财物和文件的,按照查封、扣押的有关规定办理。

## 第十二节　调　　取

**第一百四十九条** 监察机关按规定报批后,可以依法向有关单位和个人调取用以证明案件事实的证据材料。

**第一百五十条** 调取证据材料时,调查人员不得少于二人。调查人员应当依法出具《调取证据通知书》,必要时附《调取证据清单》。

有关单位和个人配合监察机关调取证据,应当严格保密。

**第一百五十一条** 调取物证应当调取原物。原物不便搬运、保存,或者依法应当返还,或者因保密工作需要不能调取原物的,可以将原物封存,并拍照、录像。对原物拍照或者录像时,应当足以反映原物的外形、内容。

调取书证、视听资料应当调取原件。取得原件确有困难或者因保密工作需要不能调取原件的,可以调取副本或者复制件。

调取物证的照片、录像和书证、视听资料的副本、复制件的,应当书面记明不能调取原物、原件的原因,原物、原件存放地点,制作过程,是否与原物、原件相符,并由调查人员和物证、书证、视听资料原持有人签名或者盖章。持有人无法签名、盖章或者拒绝签名、盖章的,应当在笔录中记明,由见证人签名。

第一百五十二条　调取外文材料作为证据使用的,应当交由具有资质的机构和人员出具中文译本。中文译本应当加盖翻译机构公章。

第一百五十三条　收集、提取电子数据,能够扣押原始存储介质的,应当予以扣押、封存并在笔录中记录封存状态。无法扣押原始存储介质的,可以采取调取、勘验检查措施,通过现场或者网络远程收集、提取电子数据,但应当在笔录中记明不能扣押的原因、原始存储介质的存放地点或者电子数据的来源等情况。

由于客观原因无法或者不宜采取前款规定方式收集、提取电子数据的,可以采取打印、拍照或者录像等方式固定相关证据,并在笔录中说明原因。

收集、提取的电子数据,足以保证完整性,无删除、修改、增加等情形的,可以作为证据使用。

收集、提取电子数据,应当制作笔录,记录案由、对象、内容,收集、提取电子数据的时间、地点、方法、过程,并附电子数据清单,注明类别、文件格式、完整性校验值等,由调查人员、电子数据持有人(提供人)签名或者盖章;电子数据持有人(提供人)无法签名或者拒绝签名的,应当在笔录中记明,由见证人签名或者盖章。有条件的,应当对相关活动进行录像。

第一百五十四条　调取的物证、书证、视听资料等原件,经查明与案件无关的,经审批,应当在查明后三日以内退还,并办理交接手续。

### 第十三节　查封、扣押

第一百五十五条　监察机关按规定报批后,可以依法查封、扣押用以证明被调查人涉嫌违法犯罪以及情节轻重的财物、文件、电子数据等证据材料。

对于被调查人到案时随身携带的物品,以及被调查人或者其他相关人员主动上交的财物和文件,依法需要扣押的,依照前款规定办理。对于被调查人随身携带的与案件无关的个人用品,应当逐件登记,随案移交或者退还。

第一百五十六条 对查封、扣押工作,应当全程同步录音录像。

查封、扣押时,应当出具《查封/扣押通知书》,调查人员不得少于二人。持有人拒绝交出应当查封、扣押的财物和文件的,可以依法强制查封、扣押。

调查人员对于查封、扣押的财物和文件,应当会同在场见证人和被查封、扣押财物持有人进行清点核对,开列《查封/扣押财物、文件清单》,由调查人员、见证人和持有人签名或者盖章。持有人不在场或者拒绝签名、盖章的,调查人员应当在清单上记明。

查封、扣押财物,应当为被调查人及其所扶养的亲属保留必需的生活费用和物品。

第一百五十七条 查封、扣押不动产和置于该不动产上不宜移动的设施、家具和其他相关财物,以及车辆、船舶、航空器和大型机械、设备等财物,必要时可以依法扣押其权利证书,经拍照或者录像后原地封存。调查人员应当在查封清单上记明相关财物的所在地址和特征,已经拍照或者录像及其权利证书被扣押的情况,由调查人员、见证人和持有人签名或者盖章。持有人不在场或者拒绝签名、盖章的,调查人员应当在清单上记明。

查封、扣押前款规定财物的,必要时可以将被查封财物交给持有人或者其近亲属保管。调查人员应当告知保管人妥善保管,不得对被查封财物进行转移、变卖、毁损、抵押、赠予等处理。

调查人员应当将《查封/扣押通知书》送达不动产、生产设备或者车辆、船舶、航空器等财物的登记、管理部门,告知其在查封期间禁止办理抵押、转让、出售等权属关系变更、转移登记手续。相关情况应当在查封清单上记明。被查封、扣押的财物已经办理抵押登记的,监察机关在执行没收、追缴、责令退赔等决定时应当及时通知抵押权人。

第一百五十八条 查封、扣押下列物品,应当依法进行相应的处理:

(一)查封、扣押外币、金银珠宝、文物、名贵字画以及其他不易辨别真伪的贵重物品,具备当场密封条件的,应当当场密封,由二名以上调查人员在密封材料上签名并记明密封时间。不具备当场密封条件的,应当在笔录中记明,以拍照、录像等方法加以保全后进行封存。查封、扣押的贵重物品需要鉴定的,应当及时鉴定。

(二)查封、扣押存折、银行卡、有价证券等支付凭证和具有一定特征能够证明案情的现金,应当记明特征、编号、种类、面值、张数、金额等,当场密封,由二名以上调查人员在密封材料上签名并记明密封时间。

(三)查封、扣押易损毁、灭失、变质等不宜长期保存的物品以及有消费期限的卡、券,应当在笔录中记明,以拍照、录像等方法加以保全后进行封存,或者经审批委托有关机构变卖、拍卖。变卖、拍卖的价款存入专用账户保管,待调查终结后一并处理。

(四)对于可以作为证据使用的录音录像、电子数据存储介质,应当记明案由、对象、内容,录制、复制的时间、地点、规格、类别、应用长度、文件格式及长度等,制作清单。具备查封、扣押条件的电子设备、存储介质应当密封保存。必要时,可以请有关机关协助。

(五)对被调查人使用违法犯罪所得与合法收入共同购置的不可分割的财产,可以先行查封、扣押。对无法分割退还的财产,涉及违法的,可以经被调查人申请并经监察机关批准,由被调查人亲属或者被调查人委托的其他人员在监察机关监督下自行变现后上缴违法所得及孳息,也可以由监察机关在结案后委托有关单位拍卖、变卖,退还不属于违法所得的部分及孳息;涉及职务犯罪的,依法移送司法机关处置,并说明涉嫌犯罪所得及孳息数额。

(六)查封、扣押危险品、违禁品,应当及时送交有关部门,或者根据工作需要严格封存保管。

第一百五十九条 对于需要启封的财物和文件,应当由二名以上调查人员共同办理。重新密封时,由二名以上调查人员在密封材料上签名、记明时间。

第一百六十条 查封、扣押涉案财物,应当按规定将涉案财物详细信息、《查封/扣押财物、文件清单》录入并上传监察机关涉案财物信息管理系统。

对于涉案款项,应当在采取措施后十五日以内存入监察机关指定的专用账户。对于涉案物品,应当在采取措施后三十日以内移交涉案财物保管部门保管。因特殊原因不能按时存入专用账户或者移交保管的,应当按规定报批,将保管情况录入涉案财物信息管理系统,在原因消除后及时存入或者移交。

第一百六十一条　对于已移交涉案财物保管部门保管的涉案财物,根据调查工作需要,经审批可以临时调用,并应当确保完好。调用结束后,应当及时归还。调用和归还时,调查人员、保管人员应当当面清点查验。保管部门应当对调用和归还情况进行登记,全程录像并上传涉案财物信息管理系统。

第一百六十二条　对于被扣押的股票、债券、基金份额等财产,以及即将到期的汇票、本票、支票,依法需要出售或者变现的,按照本条例关于出售冻结财产的规定办理。

第一百六十三条　监察机关接受司法机关、其他监察机关等国家机关移送的涉案财物后,该国家机关采取的查封、扣押期限届满,监察机关续行查封、扣押的顺位与该国家机关查封、扣押的顺位相同。

第一百六十四条　对查封、扣押的财物和文件,应当及时进行核查。经查明与案件无关的,经审批,应当在查明后三日以内解除查封、扣押,予以退还。解除查封、扣押的,应当向有关单位、原持有人或者近亲属送达《解除查封/扣押通知书》,附《解除查封/扣押财物、文件清单》,要求其签名或者盖章。

第一百六十五条　在立案调查之前,对监察对象及相关人员主动上交的涉案财物,经审批可以接收。

接收时,应当由二名以上调查人员,会同持有人和见证人进行清点核对,当场填写《主动上交财物登记表》。调查人员、持有人和见证人应当在登记表上签名或者盖章。

对于主动上交的财物,应当根据立案及调查情况及时决定是否依法查封、扣押。

## 第十四节　勘验检查、调查实验

**第一百六十六条**　监察机关按规定报批后,可以依法对与违法犯罪有关的场所、物品、人身、尸体、电子数据等进行勘验检查。

**第一百六十七条**　依法需要勘验检查的,应当制作《勘验检查证》;需要委托勘验检查的,应当出具《委托勘验检查书》,送具有专门知识的人办理。

**第一百六十八条**　勘验检查应当由二名以上调查人员主持,邀请与案件无关的见证人在场。勘验检查情况应当制作笔录,并由参加勘验检查人员和见证人签名或者盖章。

勘验检查现场、拆封电子数据存储介质应当全程同步录音录像。对现场情况应当拍摄现场照片、制作现场图,并由勘验检查人员签名或者盖章。

**第一百六十九条**　为了确定被调查人或者相关人员的某些特征、伤害情况或者生理状态,可以依法对其人身进行检查。必要时可以聘请法医或者医师进行人身检查。检查女性身体,应当由女性工作人员或者医师进行。被调查人拒绝检查的,可以依法强制检查。

人身检查不得采用损害被检查人生命、健康或者贬低其名誉、人格的方法。对人身检查过程中知悉的个人隐私,应当严格保密。

对人身检查的情况应当制作笔录,由参加检查的调查人员、检查人员、被检查人员和见证人签名或者盖章。被检查人员拒绝签名、盖章的,调查人员应当在笔录中记明。

**第一百七十条**　为查明案情,在必要的时候,经审批可以依法进行调查实验。调查实验,可以聘请有关专业人员参加,也可以要求被调查人、被害人、证人参加。

进行调查实验,应当全程同步录音录像,制作调查实验笔录,由参加实验的人签名或者盖章。进行调查实验,禁止一切足以造成危险、侮辱人格的行为。

调查实验的条件与事件发生时的条件有明显差异,或者存在影响实验结论科学性的其他情形的,调查实验笔录不得作为认定案件的依据。

**第一百七十一条**　调查人员在必要时,可以依法让被害人、证人和被调查人对与违法犯罪有关的物品、文件、尸体或者场所进行辨认;也可以让被害人、证人对被调查人进行辨认,或者让被调查人对涉案人员进行辨认。

辨认工作应当由二名以上调查人员主持进行。在辨认前,应当向辨认人详细询问辨认对象的具体特征,避免辨认人见到辨认对象,并告知辨认人作虚假辨认应当承担的法律责任。几名辨认人对同一辨认对象进行辨认时,应当由辨认人个别进行。辨认应当形成笔录,并由调查人员、辨认人签名或者盖章。

**第一百七十二条** 辨认人员时,被辨认的人数不得少于七人,照片不得少于十张。

辨认人不愿公开进行辨认时,应当在不暴露辨认人的情况下进行辨认,并为其保守秘密。

**第一百七十三条** 组织辨认物品时一般应当辨认实物。被辨认的物品系名贵字画等贵重物品或者存在不便搬运等情况的,可以对实物照片进行辨认。辨认人进行辨认时,应当在辨认出的实物照片与附纸骑缝上捺指印予以确认,在附纸上写明该实物涉案情况并签名、捺指印。

辨认物品时,同类物品不得少于五件,照片不得少于五张。

对于难以找到相似物品的特定物,可以将该物品照片交由辨认人进行确认后,在照片与附纸骑缝上捺指印,在附纸上写明该物品涉案情况并签名、捺指印。在辨认人确认前,应当向其详细询问物品的具体特征,并对确认过程和结果形成笔录。

**第一百七十四条** 辨认笔录具有下列情形之一的,不得作为认定案件的依据:

(一)辨认开始前使辨认人见到辨认对象的;

(二)辨认活动没有个别进行的;

(三)辨认对象没有混杂在具有类似特征的其他对象中,或者供辨认的对象数量不符合规定的,但特定辨认对象除外;

(四)辨认中给辨认人明显暗示或者明显有指认嫌疑的;

(五)辨认不是在调查人员主持下进行的;

(六)违反有关规定,不能确定辨认笔录真实性的其他情形。

辨认笔录存在其他瑕疵的,应当结合全案证据审查其真实性和关联性,作出综合判断。

### 第十五节 鉴 定

**第一百七十五条** 监察机关为解决案件中的专门性问题,按规定报批后,可以依法进行鉴定。

鉴定时应当出具《委托鉴定书》,由二名以上调查人员送交具有鉴定资格的鉴定机构、鉴定人进行鉴定。

**第一百七十六条** 监察机关可以依法开展下列鉴定:

(一)对笔迹、印刷文件、污损文件、制成时间不明的文件和以其他形式表现的文件等进行鉴定;

(二)对案件中涉及的财务会计资料及相关财物进行会计鉴定;

(三)对被调查人、证人的行为能力进行精神病鉴定;

(四)对人体造成的损害或者死因进行人身伤亡医学鉴定;

(五)对录音录像资料进行鉴定;

(六)对因电子信息技术应用而出现的材料及其派生物进行电子数据鉴定;

(七)其他可以依法进行的专业鉴定。

**第一百七十七条** 监察机关应当为鉴定提供必要条件,向鉴定人送交有关检材和对比样本等原始材料,介绍与鉴定有关的情况。调查人员应当明确提出要求鉴定事项,但不得暗示或者强迫鉴定人作出某种鉴定意见。

监察机关应当做好检材的保管和送检工作,记明检材送检环节的责任人,确保检材在流转环节的同一性和不被污染。

**第一百七十八条** 鉴定人应当在出具的鉴定意见上签名,并附鉴定机构和鉴定人的资质证明或者其他证明文件。多个鉴定人的鉴定意见不一致的,应当在鉴定意见上记明分歧的内容和理由,并且分别签名。

监察机关对于法庭审理中依法决定鉴定人出庭作证的,应予以协调。

鉴定人故意作虚假鉴定的,应当依法追究法律责任。

**第一百七十九条** 调查人员应当对鉴定意见进行审查。对经审查作为证据使用的鉴定意见,应当告知被调查人及相关单位、人员,送达《鉴定意见告知书》。

被调查人或者相关单位、人员提出补充鉴定或者重新鉴定申请,经审查符合法定要求的,应当按规定报批,进行补充鉴定或者重新鉴定。

对鉴定意见告知情况可以制作笔录,载明告知内容和被告知人的意见等。

第一百八十条　经审查具有下列情形之一的,应当补充鉴定:

(一)鉴定内容有明显遗漏的;

(二)发现新的有鉴定意义的证物的;

(三)对鉴定证物有新的鉴定要求的;

(四)鉴定意见不完整,委托事项无法确定的;

(五)其他需要补充鉴定的情形。

第一百八十一条　经审查具有下列情形之一的,应当重新鉴定:

(一)鉴定程序违法或者违反相关专业技术要求的;

(二)鉴定机构、鉴定人不具备鉴定资质和条件的;

(三)鉴定人故意作出虚假鉴定或者违反回避规定的;

(四)鉴定意见依据明显不足的;

(五)检材虚假或者被损坏的;

(六)其他应当重新鉴定的情形。

决定重新鉴定的,应当另行确定鉴定机构和鉴定人。

第一百八十二条　因无鉴定机构,或者根据法律法规等规定,监察机关可以指派、聘请具有专门知识的人就案件的专门性问题出具报告。

## 第十六节　技术调查

第一百八十三条　监察机关根据调查涉嫌重大贪污贿赂等职务犯罪需要,依照规定的权限和程序报经批准,可以依法采取技术调查措施,按照规定交公安机关或者国家有关执法机关依法执行。

第一百八十四条　依法采取技术调查措施的,监察机关应当出具《采取技术调查措施委托函》《采取技术调查措施决定书》和《采取技术调查措施适用对象情况表》,送交有关机关执行。其中,设区的市级以下监察机关委托有关执行机关采取技术调查措施,还应当提供《立案决定书》。

第一百八十五条　技术调查措施的期限按照监察法的规定执行,期限届满前未办理延期手续的,到期自动解除。

对于不需要继续采取技术调查措施的,监察机关应当按规定及时报批,将《解除技术调查措施决定书》送交有关机关执行。

需要依法变更技术调查措施种类或者增加适用对象的,监察机关应当重新办理报批和委托手续,依法送交有关机关执行。

第一百八十六条 对于采取技术调查措施收集的信息和材料,依法需要作为刑事诉讼证据使用的,监察机关应当按规定报批,出具《调取技术调查证据材料通知书》向有关执行机关调取。

对于采取技术调查措施收集的物证、书证及其他证据材料,监察机关应当制作书面说明,写明获取证据的时间、地点、数量、特征以及采取技术调查措施的批准机关、种类等。调查人员应当在书面说明上签名。

对于采取技术调查措施获取的证据材料,如果使用该证据材料可能危及有关人员的人身安全,或者可能产生其他严重后果的,应当采取不暴露有关人员身份、技术方法等保护措施。必要时,可以建议由审判人员在庭外进行核实。

第一百八十七条 调查人员对采取技术调查措施过程中知悉的国家秘密、工作秘密、商业秘密、个人隐私和个人信息,应当严格保密。

采取技术调查措施获取的证据、线索及其他有关材料,只能用于对违法犯罪的调查、起诉和审判,不得用于其他用途。

对采取技术调查措施获取的与案件无关的材料,应当经审批及时销毁。对销毁情况应当制作记录,由调查人员签名。

## 第十七节 通　缉

第一百八十八条 县级以上监察机关对在逃的应当被留置人员,依法决定在本行政区域内通缉的,应当按规定报批,送交同级公安机关执行。送交执行时,应当出具《通缉决定书》,附《留置决定书》等法律文书和被通缉人员信息,以及承办单位、承办人员等有关情况。

通缉范围超出本行政区域的,应当报有决定权的上级监察机关出具《通缉决定书》,并附《留置决定书》及相关材料,送交同级公安机关执行。

第一百八十九条 国家监察委员会依法需要提请公安部对在逃人员

发布公安部通缉令的，应当先提请公安部采取网上追逃措施。如情况紧急，可以向公安部同时出具《通缉决定书》和《提请采取网上追逃措施函》。

省级以下监察机关报请国家监察委员会提请公安部发布公安部通缉令的，应当先提请本地公安机关采取网上追逃措施。

**第一百九十条** 监察机关接到公安机关抓获被通缉人员的通知后，应当立即核实被抓获人员身份，并在接到通知后二十四小时以内派员办理交接手续。边远或者交通不便地区，至迟不得超过三日。

公安机关在移交前，将被抓获人员送往当地监察机关留置场所临时看管的，当地监察机关应当接收，并保障临时看管期间的安全，对工作信息严格保密。

监察机关需要提请公安机关协助将被抓获人员带回的，应当按规定报批，请本地同级公安机关依法予以协助。提请协助时，应当出具《提请协助采取留置措施函》，附《留置决定书》复印件及相关材料。

**第一百九十一条** 监察机关对于被通缉人员已经归案、死亡，或者依法撤销留置决定以及发现有其他不需要继续采取通缉措施情形的，应当经审批出具《撤销通缉通知书》，送交协助采取原措施的公安机关执行。需要撤销网上追逃措施的，监察机关应当出具《撤销网上追逃通知书》，送交协助采取原措施的公安机关执行。

## 第十八节 限制出境

**第一百九十二条** 监察机关为防止被调查人及相关人员逃匿境外，按规定报批后，可以依法决定采取限制出境措施，交由移民管理机构依法执行。

**第一百九十三条** 监察机关采取限制出境措施应当出具有关函件，与采取限制出境措施决定书等文书材料一并送交移民管理机构执行。其中，采取边控措施的，应当附《边控对象通知书》；采取法定不批准出境措施的，应当附《法定不准出境人员报备表》。

**第一百九十四条** 限制出境措施有效期不超过三个月，到期自动解除。

到期后仍有必要继续采取边控措施的，应当按原程序报批。承办部门应当出具有关函件，在到期前与《延长限制出境措施期限决定书》一并送交移民管理机构执行。延长期限每次不得超过三个月。

到期后仍有必要继续采取法定不批准出境措施的,应当在报备期满三日前按规定再次办理法定不批准出境人员报备手续。

第一百九十五条 监察机关接到口岸移民管理机构查获被决定采取留置措施的边控对象的通知后,应当于二十四小时以内到达口岸办理移交手续。无法及时到达的,应当委托当地监察机关及时前往口岸办理移交手续。当地监察机关应当予以协助。

第一百九十六条 对于不需要继续采取限制出境措施的,应当按规定报批,及时予以解除。承办部门应当出具有关函件,与《解除限制出境措施决定书》一并送交移民管理机构执行。

第一百九十七条 县级以上监察机关在重要紧急情况下,经审批可以依法直接向口岸所在地口岸移民管理机构提请办理临时限制出境措施,期限不超过七日,不能延期。

## 第五章 监察程序

### 第一节 线索处置

第一百九十八条 监察机关应当对问题线索归口受理、集中管理、分类处置、定期清理。

第一百九十九条 监察机关对于报案或者举报应当依法接受。属于本级监察机关管辖的,依法予以受理;属于其他监察机关管辖的,应当在五个工作日以内予以转送。

监察机关可以向下级监察机关发函交办检举控告,并进行督办,下级监察机关应当按期回复办理结果。

第二百条 对于涉嫌职务违法或者职务犯罪的公职人员自动投案的,应当依法接待和办理。

第二百零一条 监察机关对于执法机关、司法机关等其他机关移送的问题线索,应当及时审核,并按照下列方式办理:

(一)本单位有管辖权的,及时研究提出处置意见;

(二)本单位没有管辖权但其他监察机关有管辖权的,在五个工作日以

内转送有管辖权的监察机关;

(三)本单位对部分问题线索有管辖权的,对有管辖权的部分提出处置意见,并及时将其他问题线索转送有管辖权的机关;

(四)监察机关没有管辖权的,及时退回移送机关。

**第二百零二条** 信访举报部门归口受理本机关管辖监察对象涉嫌职务违法和职务犯罪问题的检举控告,统一接收有关监察机关以及其他单位移送的相关检举控告,移交本机关监督检查部门或者相关部门,并将移交情况通报案件监督管理部门。

案件监督管理部门统一接收巡视巡察机构和审计机关、执法机关、司法机关等其他机关移送的职务违法和职务犯罪问题线索,按程序移交本机关监督检查部门或者相关部门办理。

监督检查部门、调查部门在工作中发现的相关问题线索,属于本部门受理范围的,应当报送案件监督管理部门备案;属于本机关其他部门受理范围的,经审批后移交案件监督管理部门分办。

**第二百零三条** 案件监督管理部门应当对问题线索实行集中管理、动态更新,定期汇总、核对问题线索及处置情况,向监察机关主要负责人报告,并向相关部门通报。

问题线索承办部门应当指定专人负责管理线索,逐件编号登记、建立管理台账。线索管理处置各环节应当由经手人员签名,全程登记备查,及时与案件监督管理部门核对。

**第二百零四条** 监督检查部门应当结合问题线索所涉及地区、部门、单位总体情况进行综合分析,提出处置意见并制定处置方案,经审批按照适当了解、谈话函询、初步核实、暂存待查、予以了结等方式进行处置,或者按照职责移送调查部门处置。

**第二百零五条** 采取适当了解方式处置问题线索,应当按规定报批后,依法依规向有关单位和个人了解情况,验证问题的真实性,不得采取限制人身、财产权利的措施,不得与被反映人接触。

承办部门应当根据适当了解的情况,提出谈话函询、初步核实、拟立案调查、予以了结、暂存待查,或者移送有关部门、机关处理等建议,按程序报批后办理。

第二百零六条　采取谈话方式处置问题线索的,按照本条例第七十八条、第七十九条规定办理。

函询应当以监察机关办公厅(室)名义发函给被反映人,并抄送其所在单位和派驻监察机构主要负责人。被函询人应当在收到函件后十五个工作日以内写出说明材料,由其所在单位主要负责人签署意见后发函回复。被函询人为所在单位主要负责人的,或者被函询人所作说明涉及所在单位主要负责人的,应当直接发函回复监察机关。

被函询人已经退休的,按照第二款规定程序办理。

监察机关根据工作需要,经审批可以对谈话、函询情况进行抽查核实。

承办部门应当根据谈话、函询的情况,提出初步核实、拟立案调查、予以了结、暂存待查,或者移送有关部门、机关处理等建议,按程序报批后办理。

第二百零七条　监察机关对具有可查性的职务违法和职务犯罪问题线索,应当按规定报批后,依法开展初步核实工作。采取初步核实方式处置问题线索,应当确定初步核实对象,制定工作方案,明确需要核实的问题和采取的措施,成立核查组。

在初步核实中应当注重收集客观性证据,确保真实性和准确性。在初步核实中发现或者受理被核查人新的具有可查性的问题线索的,应当经审批纳入原初核方案开展核查。

核查组在初步核实工作结束后应当撰写初步核实情况报告,列明被核查人基本情况、反映的主要问题、办理依据、初步核实结果、存在疑点、处理建议,由全体人员签名。

承办部门应当综合分析初步核实情况,提出拟立案调查、予以了结、暂存待查,或者移送有关部门、机关处理等建议,按照批准初步核实的程序报批。

第二百零八条　监察机关根据适当了解、谈话、函询或者初步核实情况,发现公职人员有职务违法行为但情节较轻的,可以按照本条例第二三十一条规定处理,予以了结。

第二百零九条　检举控告人使用本人真实姓名或者本单位名称,有电话等具体联系方式的,属于实名检举控告。监察机关对实名检举控告应当优先办理、优先处置，依法给予答复。虽有署名但不是检举控告人真实姓名（单位名称）或者无法验证的检举控告，按照匿名检举控告处理。

信访举报部门对属于本机关受理的实名检举控告，应当在收到检举控告之日起十五个工作日以内按规定告知实名检举控告人受理情况，并做好记录。

调查人员应当将实名检举控告的处理结果在办结之日起十五个工作日以内向检举控告人反馈，并记录反馈情况。对检举控告人提出异议的应当如实记录，并向其进行说明；对提供新证据材料的，应当依法核查处理。

## 第二节 立 案

**第二百一十条** 监察机关已经掌握监察对象涉嫌职务违法或者职务犯罪的部分事实和证据，认为需要追究其法律责任的，应当按规定报批后，依法立案调查。

**第二百一十一条** 监察机关立案调查职务违法或者职务犯罪案件，需要对涉嫌行贿犯罪、介绍贿赂犯罪或者共同职务犯罪的涉案人员立案调查的，应当一并办理立案手续。需要交由下级监察机关立案的，经审批交由下级监察机关办理立案手续。

对单位涉嫌受贿、行贿等职务犯罪，需要追究法律责任的，依法对该单位办理立案调查手续。对事故（事件）中存在职务违法或者职务犯罪问题，需要追究法律责任，但相关责任人员尚不明确的，可以以事立案。对单位立案或者以事立案后，经调查确定相关责任人员的，按照管理权限报批确定被调查人。

监察机关根据人民法院生效刑事判决、裁定和人民检察院不起诉决定认定的事实，需要对监察对象给予政务处分的，可以由相关监督检查部门依据司法机关的生效判决、裁定、决定及其认定的事实、性质和情节，提出给予政务处分的意见，按程序移送审理。对依法被追究行政法律责任的监察对象，需要给予政务处分的，应当依法办理立案手续。

**第二百一十二条** 对案情简单、经过初步核实已查清主要职务违法事实，应当追究监察对象法律责任，不再需要开展调查的，立案和移送审理可以一并报批，履行立案程序后再移送审理。

第二百一十三条　上级监察机关需要指定下级监察机关立案调查的，应当按规定报批，向被指定管辖的监察机关出具《指定管辖决定书》，由其办理立案手续。

第二百一十四条　批准立案后，应当由二名以上调查人员出示证件，向被调查人宣布立案决定。宣布立案决定后，应当及时向被调查人所在单位等相关组织送达《立案通知书》，并向被调查人所在单位主要负责人通报。

对涉嫌严重职务违法或者职务犯罪的公职人员立案调查并采取留置措施的，应当按规定通知被调查人所在单位和家属，并向社会公开发布。

## 第三节　调　　查

第二百一十五条　监察机关对已经立案的职务违法或者职务犯罪案件应当依法进行调查，收集证据查明违法犯罪事实。

调查职务违法或者职务犯罪案件，对被调查人没有采取留置措施的，应当在立案后一年以内作出处理决定；对被调查人解除留置措施的，应当在解除留置措施后一年以内作出处理决定。案情重大、复杂的案件，经上一级监察机关批准，可以适当延长，但延长期限不得超过六个月。

被调查人在监察机关立案调查以后逃匿的，调查期限自被调查人到案之日起重新计算。

第二百一十六条　案件立案后，监察机关主要负责人应当依照法定程序批准确定调查方案。

监察机关应当组成调查组依法开展调查。调查工作应当严格按照批准的方案执行，不得随意扩大调查范围、变更调查对象和事项，对重要事项应当及时请示报告。调查人员在调查工作期间，未经批准不得单独接触任何涉案人员及其特定关系人，不得擅自采取调查措施。

第二百一十七条　调查组应当将调查认定的涉嫌违法犯罪事实形成书面材料，交给被调查人核对，听取其意见。被调查人应当在书面材料上签署意见。对被调查人签署不同意见或者拒不签署意见的，调查组应当作出说明或者注明情况。对被调查人提出申辩的事实、理由和证据应当进行核实，成立的予以采纳。

调查组对于立案调查的涉嫌行贿犯罪、介绍贿赂犯罪或者共同职务犯罪的涉案人员,在查明其涉嫌犯罪问题后,依照前款规定办理。

对于按照本条例规定,对立案和移送审理一并报批的案件,应当在报批前履行本条第一款规定的程序。

第二百一十八条 调查组在调查工作结束后应当集体讨论,形成调查报告。调查报告应当列明被调查人基本情况、问题线索来源及调查依据、调查过程、涉嫌的主要职务违法或者职务犯罪事实,被调查人的态度和认识,处置建议及法律依据,并由调查组组长以及有关人员签名。

对调查过程中发现的重要问题和形成的意见建议,应当形成专题报告。

第二百一十九条 调查组对被调查人涉嫌职务犯罪拟依法移送人民检察院审查起诉的,应当起草《起诉建议书》。《起诉建议书》应当载明被调查人基本情况、调查简况、认罪认罚情况、采取监察强制措施的时间,涉嫌职务犯罪事实以及证据,对被调查人从重、从轻、减轻或者免除处罚等情节,提出对被调查人移送起诉的理由和法律依据,采取刑事强制措施的建议,并注明移送案卷数及涉案财物等内容。

调查组应当形成被调查人到案经过及量刑情节方面的材料,包括案件来源、到案经过,自动投案、如实供述、立功等量刑情节,认罪悔罪态度、退赃、避免和减少损害结果发生等方面的情况说明及相关材料。被检举揭发的问题已被立案、查破,被检举揭发人已被采取调查措施或者刑事强制措施、起诉或者审判的,还应当附有关法律文书。

第二百二十条 经调查认为被调查人构成职务违法或者职务犯罪的,应当区分不同情况提出相应处理意见,经审批将调查报告、职务违法或者职务犯罪事实材料、涉案财物报告、涉案人员处理意见等材料,连同全部证据和文书手续移送审理。

对涉嫌职务犯罪的案件材料应当按照刑事诉讼要求单独立卷,与《起诉建议书》、涉案财物报告、同步录音录像资料及其自查报告等材料一并移送审理。

调查全过程形成的材料应当案结卷成、事毕归档。

### 第四节 审 理

第二百二十一条 案件审理部门收到移送审理的案件后,应当审核材料是否齐全、手续是否完备。对被调查人涉嫌职务犯罪的,还应当审核相关案卷材料是否符合职务犯罪案件立卷要求,是否在调查报告中单独表述已查明的涉嫌犯罪问题,是否形成《起诉建议书》。

经审核符合移送条件的,应当予以受理;不符合移送条件的,经审批可以暂缓受理或者不予受理,并要求承办部门补充完善材料。

第二百二十二条　案件审理部门受理案件后,应当成立由二人以上组成的审理组,全面审理案卷材料。

案件审理部门对于受理的案件,应当以监察法、政务处分法、刑法、《中华人民共和国刑事诉讼法》等法律法规为准绳,对案件事实和证据、性质认定、程序手续、涉案财物等进行全面审理。

案件审理部门应当强化监督制约职能,对案件严格审核把关,坚持实事求是、独立审理,依法提出审理意见。坚持调查与审理相分离的原则,案件调查人员不得参与审理。

第二百二十三条　审理工作应当坚持民主集中制原则,经集体审议形成审理意见。

第二百二十四条　审理工作应当在受理之日起一个月以内完成,重大、复杂案件经批准可以适当延长。

第二百二十五条　案件审理部门根据案件审理情况,经审批可以与被调查人谈话,告知其在审理阶段的权利义务,核对涉嫌违法犯罪事实,听取其辩解意见,了解有关情况。与被调查人谈话应当在具备安全保障条件的场所进行,被调查人为在押的犯罪嫌疑人、被告人或者在看守所、监狱服刑人员的,按照本条例第八十三条规定办理。谈话时,案件审理人员不得少于二人。

具有下列情形之一的,一般应当与被调查人谈话:

(一)对被调查人采取留置措施,拟移送起诉的;

(二)可能存在以非法方法收集证据情形的;

(三)被调查人对涉嫌违法犯罪事实材料签署不同意见或者拒不签署意见的;

(四)被调查人要求向案件审理人员当面陈述的;

(五)其他有必要与被调查人进行谈话的情形。

**第二百二十六条** 经审理认为主要违法犯罪事实不清、证据不足的，应当经审批将案件退回承办部门重新调查。

具有下列情形之一，需要补充完善证据的，经审批可以退回补充调查：

（一）部分事实不清、证据不足的；

（二）遗漏违法犯罪事实的；

（三）其他需要进一步查清案件事实的情形。

案件审理部门将案件退回重新调查或者补充调查的，应当出具审核意见，写明调查事项、理由、调查方向、需要补充收集的证据及其证明作用等，连同案卷材料一并送交承办部门。

承办部门补充调查结束后，应当经审批将补证情况报告及相关证据材料，连同案卷材料一并移送案件审理部门；对确实无法查明的事项或者无法补充的证据，应当作出书面说明。重新调查终结后，应当重新形成调查报告，依法移送审理。

重新调查完毕移送审理的，审理期限重新计算。补充调查期间不计入审理期限。

**第二百二十七条** 审理工作结束后应当形成审理报告，载明被调查人基本情况、调查简况、涉嫌违法或者犯罪事实、被调查人态度和认识、涉案财物处置、承办部门意见、审理意见等内容，提请监察机关集体审议。

对被调查人涉嫌职务犯罪需要追究刑事责任的，应当形成《起诉意见书》，作为审理报告附件。《起诉意见书》应当忠实于事实真象，载明被调查人基本情况、调查简况、采取监察强制措施的时间、依法查明的犯罪事实和证据、从重、从轻、减轻或者免除处罚等情节、涉案财物情况、涉嫌罪名和法律依据、采取刑事强制措施的建议，以及其他需要说明的情况。

案件审理部门经审理认为现有证据不足以证明被调查人存在违法犯罪行为，且通过退回补充调查仍无法达到证明标准的，应当提出撤销案件的建议。

**第二百二十八条** 上级监察机关办理下级监察机关管辖案件的，可以经审理后按程序直接进行处置，也可以经审理形成处置意见后，交由下级监察机关办理。

**第二百二十九条** 被指定管辖的监察机关在调查结束后应当将案件

移送审理,提请监察机关集体审议。

上级监察机关将其所管辖的案件指定管辖的,被指定管辖的下级监察机关应当按照前款规定办理后,将案件报上级监察机关依法作出政务处分决定。上级监察机关在作出决定前,应当进行审理。

上级监察机关将下级监察机关管辖的案件指定其他下级监察机关管辖的,被指定管辖的监察机关应当按照第一款规定办理后,将案件送交有管理权限的监察机关依法作出政务处分决定。有管理权限的监察机关应当进行审理,审理意见与被指定管辖的监察机关意见不一致的,双方应当进行沟通;经沟通不能取得一致意见的,报请有权决定的上级监察机关决定。经协商,有管理权限的监察机关在被指定管辖的监察机关审理阶段可以提前阅卷,沟通了解情况。

对于前款规定的重大、复杂案件,被指定管辖的监察机关经集体审议后将处理意见报有权决定的上级监察机关审核同意的,有管理权限的监察机关可以经集体审议后依法处置。

### 第五节　处　　置

**第二百三十条**　监察机关根据监督、调查结果,依据监察法、政务处分法等规定进行处置。

**第二百三十一条**　监察机关对于公职人员有职务违法行为但情节较轻的,可以依法进行谈话提醒、批评教育、责令检查,或者予以诫勉。上述方式可以单独使用,也可以依据规定合并使用。

谈话提醒、批评教育应当由监察机关相关负责人或者承办部门负责人进行,可以由被谈话提醒、批评教育人所在单位有关负责人陪同;经批准也可以委托其所在单位主要负责人进行。对谈话提醒、批评教育情况应当制作记录。

被责令检查的公职人员应当作出书面检查并进行整改。整改情况在一定范围内通报。

诫勉由监察机关以谈话或者书面方式进行。采取谈话方式予以诫勉的,应当由监察机关相关负责人或者承办部门负责人进行;经批准也可以委托诫勉对象所在单位主要负责人进行。对谈话情况应当制作记录。

第二百三十二条　对违法的公职人员依法需要给予政务处分的,应当根据情节轻重作出警告、记过、记大过、降级、撤职、开除的政务处分决定,制作政务处分决定书。

第二百三十三条　监察机关应当将政务处分决定书在作出后一个月以内送达被处分人和被处分人所在机关、单位,并依法履行宣布、书面告知程序。

政务处分决定自作出之日起生效。有关机关、单位、组织应当依法及时执行处分决定,并将执行情况向监察机关报告。处分决定应当在作出之日起一个月以内执行完毕,特殊情况下经监察机关批准可以适当延长办理期限,最迟不得超过六个月。

第二百三十四条　监察机关对不履行或者不正确履行职责造成严重后果或者恶劣影响的领导人员,可以按照管理权限采取通报、诫勉、政务处分等方式进行问责;提出组织处理的建议。

第二百三十五条　监察机关依法向监察对象所在单位提出监察建议的,应当经审批制作监察建议书。

监察建议书一般应当包括下列内容:

(一)监督调查情况;

(二)发现的主要问题及其产生的原因;

(三)整改建议内容和要求;

(四)整改期限和反馈整改情况的要求;

(五)提出异议的期限和方式。

第二百三十六条　监察机关在研究提出监察建议过程中,应当坚持问题导向、系统观念,加强分析研判,保证监察建议质量。

监察机关可以采取专题调研、部门会商、征求特约监察员等有关人员意见,以及与被建议单位或者其他有关方面沟通等方式,提高监察建议的针对性、可行性。

第二百三十七条　监察机关经调查,对没有证据证明或者现有证据不足以证明被调查人存在违法犯罪行为的,应当依法撤销案件。省级以下监察机关撤销案件后,应当在七个工作日以内向上一级监察机关报送备案报告。上一级监察机关监督检查部门负责备案工作。

省级以下监察机关拟撤销上级监察机关指定管辖或者交办案件的,应当将《撤销案件意见书》连同案卷材料,在法定调查期限到期七个工作日前报指定管辖或者交办案件的监察机关审查。对于重大、复杂案件,在法定调查期限到期十个工作日前报指定管辖或者交办案件的监察机关审查。

指定管辖或者交办案件的监察机关由监督检查部门负责审查工作。指定管辖或者交办案件的监察机关同意撤销案件的,下级监察机关应当作出撤销案件决定,制作《撤销案件决定书》;指定管辖或者交办案件的监察机关不同意撤销案件的,下级监察机关应当执行该决定。

监察机关对于撤销案件的决定应当向被调查人宣布,由其在《撤销案件决定书》上签名、捺指印,立即解除监察强制措施,并通知其所在单位。

撤销案件后又发现重要事实或者有充分证据,认为被调查人有违法犯罪事实需要追究法律责任的,应当重新立案调查。

第二百三十八条 对于涉嫌行贿等犯罪的非监察对象,案件调查终结后依法移送起诉。综合考虑行为性质、手段、后果、时间节点、认罪悔罪态度等具体情况,对于情节较轻,经审批不予移送起诉的,应当采取批评教育、责令具结悔过等方式处置;应当给予行政处罚的,依法移送有关行政执法部门。

对于有行贿行为的涉案单位和人员,按规定记入相关信息记录,可以作为信用评价的依据。

对于涉案单位和人员通过行贿等非法手段取得的财物及孳息,应当依法予以没收、追缴或者责令退赔,不得没收、追缴与案件无关的财物。对于涉案单位和人员主动上交的涉案财物,应当严格核查,确系违法所得及孳息的,依法予以没收、追缴。对于违法取得的经营资格、资质、荣誉、奖励、学历学位、职称或者职务职级等其他不正当利益,应当建议有关机关、单位、组织依照法律法规及有关规定予以纠正处理。

第二百三十九条 对查封、扣押、冻结的涉嫌职务犯罪所得财物及孳息应当妥善保管,并制作《移送司法机关涉案财物清单》随案移送人民检察院。对作为证据使用的实物应当随案移送;对不宜移送的,应当将清单、照片和其他证明文件随案移送。

对于移送人民检察院的涉案财物,价值不明的,应当在移送起诉前委托进行价格认定。在价格认定过程中，需要对涉案财物先行作出真伪鉴定或者出具技术、质量检测报告的，应当委托有关鉴定机构或者检测机构进行真伪鉴定或者技术、质量检测。

对不属于犯罪所得但属于违法取得的财物及孳息，应当依法予以没收、追缴或者责令退赔，并出具有关法律文书。

对经认定不属于违法所得的财物及孳息，应当及时予以返还，并办理签收手续。

第二百四十条　监察机关经调查，对违法取得的财物及孳息决定追缴或者责令退赔的，可以依法要求公安、自然资源、住房城乡建设、市场监管、金融监管等部门以及银行等机构、单位予以协助。

追缴涉案财物以追缴原物为原则，原物已经转化为其他财物的，应当追缴转化后的财物。涉案财物已被用于清偿合法债务、转让或者设置其他权利负担，善意第三人通过正常市场交易、支付合理对价，并实际取得相应权利的，不得对善意取得的财物进行追缴。

有证据证明依法应当追缴、没收的涉案财物无法找到、被他人善意取得、价值灭失减损或者与其他合法财产混合且不可分割的，可以依法追缴、没收被调查人的其他等值财产。

追缴或者责令退赔应当自处置决定作出之日起一个月以内执行完毕。因被调查人的原因逾期执行的除外。

人民检察院、人民法院依法将不认定为犯罪所得的相关涉案财物退回监察机关的，监察机关应当依法处理。

第二百四十一条　监察对象对监察机关作出的涉及本人的处理决定不服的，可以在收到处理决定之日起一个月以内，向作出决定的监察机关申请复审。复审机关应当依法受理，并在受理后一个月以内作出复审决定。监察对象对复审决定仍不服的，可以在收到复审决定之日起一个月以内，向上一级监察机关申请复核。复核机关应当依法受理，并在受理后二个月以内作出复核决定。

上一级监察机关的复核决定和国家监察委员会的复审、复核决定为最终决定。

第二百四十二条　复审、复核机关承办部门应当成立工作组，调阅原案卷宗,必要时可以进行调查取证。承办部门应当集体研究,提出办理意见,经审批作出复审、复核决定。决定应当送达申请人,抄送相关单位,并在一定范围内宣布。

复审、复核期间,不停止原处理决定的执行。复审、复核机关经审查认定处理决定有错误或者不当的,应当依法撤销、变更原处理决定,或者责令原处理机关及时予以纠正。复审、复核机关经审查认定处理决定事实清楚、适用法律正确的,应当予以维持。

坚持复审复核与调查审理分离,原案调查、审理人员不得参与复审复核。

## 第六节 移送审查起诉

**第二百四十三条** 监察机关决定对涉嫌职务犯罪的被调查人移送起诉的,应当出具《起诉意见书》,连同案卷材料、证据及到案经过材料等,一并移送同级人民检察院。

监察机关案件审理部门负责与人民检察院审查起诉的衔接工作,调查、案件监督管理等部门应当予以协助。

国家监察委员会派驻或者派出的监察机构、监察专员调查的职务犯罪案件,应当依法移送省级人民检察院审查起诉。

**第二百四十四条** 涉嫌职务犯罪的被调查人和涉案人员符合监察法第三十四条、第三十五条规定情形的,结合其案发前的一贯表现、违法犯罪行为的情节、后果和影响等因素,监察机关经综合研判和集体审议,报请上一级监察机关批准,可以在移送人民检察院时依法提出从轻、减轻或者免除处罚等从宽处罚建议。报请批准时,应当一并提供主要证据材料、忏悔反思材料。

上级监察机关相关监督检查部门负责审查工作,重点审核拟认定的从宽处罚情形、提出的从宽处罚建议,经审批在十五个工作日以内作出批复。

**第二百四十五条** 涉嫌职务犯罪的被调查人具有下列情形之一,如实交代自己主要犯罪事实的,可以认定为监察法第三十四条第一项规定的自动投案,真诚悔罪悔过:

(一)职务犯罪问题未被监察机关掌握或者监察机关正在就有关问题

线索进行适当了解时,向监察机关投案的;

(二)在监察机关谈话、函询过程中,如实交代监察机关未掌握的涉嫌职务犯罪问题的;

(三)在初步核实阶段,尚未受到监察机关谈话时投案的;

(四)职务犯罪问题虽被监察机关立案,但尚未受到讯问或者采取监察强制措施,向监察机关投案的;

(五)因伤病等客观原因无法前往投案,先委托他人代为表达投案意愿,或者以书信、网络、电话、传真等方式表达投案意愿,后到监察机关接受处理的;

(六)涉嫌职务犯罪潜逃后又投案,包括在被通缉、抓捕过程中投案的;

(七)经查实确已准备去投案,或者正在投案途中被有关机关抓获的;

(八)经他人规劝或者在他人陪同下投案的;

(九)虽未向监察机关投案,但向其所在党组织、单位或者有关负责人员投案,向有关巡视巡察机构投案,以及向公安机关、人民检察院、人民法院投案的;

(十)具有其他应当视为自动投案的情形的。

被调查人自动投案后不能如实交代自己的主要犯罪事实,或者自动投案并如实供述自己的罪行后又翻供的,不能适用前款规定。

**第二百四十六条** 涉嫌职务犯罪的被调查人具有下列情形之一的,可以认定为监察法第三十四条第二项规定的积极配合调查工作,如实供述监察机关还未掌握的违法犯罪行为:

(一)监察机关所掌握线索针对的犯罪事实不成立,在此范围外被调查人主动交代其他罪行的;

(二)主动交代监察机关尚未掌握的犯罪事实,与监察机关已掌握的犯罪事实属不同种罪行的;

(三)主动交代监察机关尚未掌握的犯罪事实,与监察机关已掌握的犯罪事实属同种罪行的;

(四)监察机关掌握的证据不充分,被调查人如实交代有助于收集定案证据的。

**第二百四十七条** 涉嫌职务犯罪的被调查人具有下列情形之一的,可

以认定为监察法第三十四条第三项规定的积极退赃,减少损失:

(一)全额退赃的;

(二)退赃能力不足,但被调查人及其亲友在监察机关追缴赃款赃物过程中积极配合,且大部分已追缴到位的;

(三)犯罪后主动采取措施避免损失发生,或者积极采取有效措施减少、挽回大部分损失的。

**第二百四十八条** 涉嫌职务犯罪的被调查人具有下列情形之一的,可以认定为监察法第三十四条第四项规定的具有重大立功表现:

(一)检举揭发他人重大犯罪行为且经查证属实的;

(二)提供其他重大案件的重要线索且经查证属实的;

(三)阻止他人重大犯罪活动的;

(四)协助抓捕其他重大职务犯罪案件被调查人、重大犯罪嫌疑人(包括同案犯)的;

(五)为国家挽回重大损失等对国家和社会有其他重大贡献的。

前款所称重大犯罪一般是指依法可能被判处无期徒刑以上刑罚的犯罪行为;重大案件一般是指在本省、自治区、直辖市或者全国范围内有较大影响的案件;查证属实一般是指有关案件已被监察机关或者司法机关立案调查、侦查,被调查人、犯罪嫌疑人被监察机关采取监察强制措施或者被司法机关采取刑事强制措施,或者被告人被人民法院作出有罪判决,并结合案件事实、证据进行判断。

监察法第三十四条第四项规定的案件涉及国家重大利益,是指案件涉及国家主权和领土完整、国家安全、外交、社会稳定、经济发展等情形。

**第二百四十九条** 涉嫌行贿等犯罪的涉案人员具有下列情形之一的,可以认定为监察法第三十五条规定的揭发有关被调查人职务违法犯罪行为,查证属实或者提供重要线索,有助于调查其他案件:

(一)揭发所涉案件以外的被调查人职务犯罪行为,经查证属实的;

(二)提供的重要线索指向具体的职务犯罪事实,对调查其他案件起到实质性推动作用的;

(三)提供的重要线索有助于加快其他案件办理进度,或者对其他案件固定关键证据、挽回损失、追逃追赃等起到积极作用的。

**第二百五十条** 从宽处罚建议一般应当在移送起诉时作为《起诉意见书》内容一并提出，特殊情况下也可以在案件移送后、人民检察院提起公诉前，单独形成从宽处罚建议书移送人民检察院。对于从宽处罚建议所依据的证据材料，应当一并移送人民检察院。

监察机关对于被调查人在调查阶段认罪认罚，但不符合监察法规定的提出从宽处罚建议条件，在移送起诉时没有提出从宽处罚建议的，应当在《起诉意见书》中写明其自愿认罪认罚的情况。

**第二百五十一条** 监察机关一般应当在正式移送起诉十日前，向拟移送的人民检察院采取书面通知等方式预告移送事宜。监察机关发现被调查人因身体等原因存在不适宜羁押等可能影响刑事强制措施执行情形的，应当通报人民检察院；被调查人已被采取留置措施的，可以在移送起诉前依法变更为责令候查措施。对于未采取监察强制措施的案件，可以根据案件具体情况，向人民检察院提出对被调查人采取刑事强制措施的建议。

**第二百五十二条** 监察机关办理的职务犯罪案件移送起诉，需要指定起诉、审判管辖的，应当与同级人民检察院协商有关程序事宜。需要由同级人民检察院的上级人民检察院指定管辖的，应当商请同级人民检察院办理指定管辖事宜。

监察机关一般应当在移送起诉二十日前，将商请指定管辖函送交同级人民检察院。商请指定管辖函应当附案件基本情况，对于被调查人已被其他机关立案侦查的犯罪认为需要并案审查起诉的，一并进行说明。

派驻或者派出的监察机构、监察专员调查的职务犯罪案件需要指定起诉、审判管辖的，应当报派出机关办理指定管辖手续。

**第二百五十三条** 上级监察机关指定下级监察机关进行调查，移送起诉时需要人民检察院依法指定管辖的，应当按规定办理有关程序事宜。

**第二百五十四条** 监察机关对已经移送起诉的职务犯罪案件，发现遗漏被调查人罪行需要补充移送起诉的，应当经审批出具《补充起诉意见书》，连同相关案卷材料、证据等一并移送同级人民检察院。

对于经人民检察院指定管辖的案件需要补充移送起诉的，可以直接移送原受理移送起诉的人民检察院；需要追加犯罪嫌疑人、被告人的，应当再次商请人民检察院办理指定管辖手续。

**第二百五十五条** 对于涉嫌行贿犯罪、介绍贿赂犯罪或者共同职务犯罪等关联案件的涉案人员,移送起诉时一般应当随主案确定管辖。

主案与关联案件由不同监察机关立案调查的,调查关联案件的监察机关在移送起诉前,应当报告或者通报调查主案的监察机关,由其统一协调案件管辖事宜。因特殊原因,关联案件不宜随主案确定管辖的,调查主案的监察机关应当及时通报和协调有关事项。

**第二百五十六条** 监察机关对于人民检察院在审查起诉中书面提出的下列要求应当予以配合:

(一)认为可能存在以非法方法收集证据情形,要求监察机关对证据收集的合法性作出说明或者提供相关证明材料的;

(二)排除非法证据后,要求监察机关另行指派调查人员重新取证的;

(三)对物证、书证、视听资料、电子数据及勘验检查、辨认、调查实验等笔录存在疑问,要求调查人员提供获取、制作的有关情况的;

(四)要求监察机关对案件中某些专门性问题进行鉴定,或者对勘验检查进行复验、复查的;

(五)认为主要犯罪事实已经查清,仍有部分证据需要补充完善,要求监察机关补充提供证据的;

(六)人民检察院依法提出的其他工作要求。

**第二百五十七条** 监察机关对于人民检察院依法退回补充调查的案件,应当向主要负责人报告,并积极开展补充调查工作。

**第二百五十八条** 对人民检察院退回补充调查的案件,经审批分别作出下列处理:

(一)认定犯罪事实的证据不够充分的,应当在补充证据后,制作补充调查报告书,连同相关材料一并移送人民检察院审查,对无法补充完善的证据,应当作出书面情况说明并加盖监察机关或者承办部门公章;

(二)在补充调查中发现新的同案犯或者增加、变更犯罪事实,需要追究刑事责任的,应当重新提出处理意见,移送人民检察院审查;

(三)犯罪事实的认定出现重大变化,认为不应当追究被调查人刑事责任的,应当在补充调查期限内重新提出处理意见,将处理结果书面通知人民检察院并说明理由;

（四）认为移送起诉的犯罪事实清楚、证据确实、充分的，应当说明理由，移送人民检察院依法审查。

第二百五十九条　人民检察院在审查起诉过程中发现新的职务违法或者职务犯罪问题线索并移送监察机关的，监察机关应当依法处置。

第二百六十条　在案件审判过程中，人民检察院书面要求监察机关补充提供证据，对证据进行补正、解释，或者协助人民检察院补充侦查的，监察机关应当予以配合。监察机关不能提供有关证据材料的，应当书面说明情况。

人民法院在审判过程中就证据收集合法性问题要求有关调查人员出庭说明情况时，监察机关应当依法予以配合。

第二百六十一条　监察机关认为人民检察院不起诉决定有错误的，应当在收到不起诉决定书后三十日以内，依法向其上一级人民检察院提请复议。监察机关应当将上述情况及时向上一级监察机关书面报告。

第二百六十二条　对于监察机关移送起诉的案件，人民检察院作出不起诉决定，人民法院作出无罪判决，或者监察机关经人民检察院退回补充调查后不再移送起诉，涉及对被调查人已生效政务处分事实认定的，监察机关应当依法对政务处分决定进行审核。认为原政务处分决定认定事实清楚、适用法律正确的，不再改变；认为原政务处分决定确有错误或者不当的，依法予以撤销或者变更。

第二百六十三条　对于贪污贿赂、失职渎职等职务犯罪案件，被调查人逃匿，在通缉一年后不能到案，或者被调查人死亡，依法应当追缴其违法所得及其他涉案财产的，承办部门在调查终结后应当依法移送审理。

监察机关应当经集体审议，出具《没收违法所得意见书》，连同案卷材料、证据等，一并移送人民检察院依法提出没收违法所得的申请。

监察机关将《没收违法所得意见书》移送人民检察院后，在逃的被调查人自动投案或者被抓获的，监察机关应当及时通知人民检察院。

第二百六十四条　监察机关立案调查拟适用缺席审判程序的贪污贿赂犯罪案件，应当逐级报送国家监察委员会同意。

监察机关承办部门认为在境外的被调查人犯罪事实已经查清，证据确实、充分，依法应当追究刑事责任的，应当依法移送审理。

监察机关应当经集体审议,出具《起诉意见书》,连同案卷材料、证据等,一并移送人民检察院审查起诉。

在审查起诉或者缺席审判过程中,犯罪嫌疑人、被告人向监察机关自动投案或者被抓获的,监察机关应当立即通知人民检察院、人民法院。

## 第六章 反腐败国际合作

### 第一节 工作职责和领导体制

第二百六十五条 国家监察委员会统筹协调与其他国家、地区、国际组织开展反腐败国际交流、合作。

国家监察委员会组织《联合国反腐败公约》等反腐败国际条约的实施以及履约审议等工作,承担《联合国反腐败公约》司法协助中央机关有关工作。

国家监察委员会组织协调有关单位建立集中统一、高效顺畅的反腐败国际追逃追赃和防逃协调机制,统筹协调、督促指导各级监察机关反腐败国际追逃追赃等涉外案件办理工作,具体履行下列职责:

(一)制定反腐败国际追逃追赃和防逃工作计划,研究工作中的重要问题;

(二)会同有关单位开展反腐败国际追逃追赃等重大涉外案件办理工作;

(三)办理由国家监察委员会管辖的涉外案件;

(四)指导地方各级监察机关依法开展涉外案件办理工作;

(五)汇总和通报全国职务犯罪外逃案件信息和追逃追赃工作信息;

(六)建立健全反腐败国际追逃追赃和防逃合作网络;

(七)承担监察机关开展国际刑事司法协助的主管机关职责;

(八)承担其他与反腐败国际追逃追赃等涉外案件办理工作相关的职责。

第二百六十六条 地方各级监察机关在国家监察委员会领导下,统筹协调、督促指导本地区反腐败国际追逃追赃等涉外案件办理工作,具体履行下列职责:

（一）落实上级监察机关关于反腐败国际追逃追赃和防逃工作部署,制定工作计划；

（二）按照管辖权限或者上级监察机关指定管辖,办理涉外案件；

（三）按照上级监察机关要求,协助配合其他监察机关开展涉外案件办理工作；

（四）汇总和通报本地区职务犯罪外逃案件信息和追逃追赃工作信息；

（五）承担本地区其他与反腐败国际追逃追赃等涉外案件办理工作相关的职责。

省级监察委员会应当会同有关单位,建立健全本地区反腐败国际追逃追赃和防逃协调机制。

国家监察委员会派驻或者派出的监察机构、监察专员统筹协调、督促指导驻在单位反腐败国际追逃追赃等涉外案件办理工作,参照第一款规定执行。

**第二百六十七条** 国家监察委员会国际合作局归口管理监察机关反腐败国际追逃追赃等涉外案件办理工作。地方各级监察委员会应当明确专责部门,归口管理本地区涉外案件办理工作。

国家监察委员会派驻或者派出的监察机构、监察专员和地方各级监察机关办理涉外案件中有关执法司法国际合作事项,应当逐级报送国家监察委员会审批。由国家监察委员会依法直接或者协调有关单位与有关国家（地区）相关机构沟通,以双方认可的方式实施。

**第二百六十八条** 监察机关应当建立追逃追赃和防逃工作内部联络机制。承办部门在调查过程中,发现被调查人或者重要涉案人员外逃、违法所得及其他涉案财产被转移到境外的,可以请追逃追赃部门提供工作协助。监察机关将案件移送人民检察院审查起诉后,仍有重要涉案人员外逃或者未追缴的违法所得及其他涉案财产的,应当由追逃追赃部门继续办理,或者由追逃追赃部门指定协调有关单位办理。

## 第二节 国（境）内工作

**第二百六十九条** 监察机关应当将防逃工作纳入日常监督内容,督促相关机关、单位建立健全防逃责任机制。

监察机关在监督、调查工作中，应当根据情况制定对监察对象、重要涉案人员的防逃方案，防范人员外逃和资金外流风险。监察机关应当会同同级组织人事、外事、公安、移民管理等单位健全防逃预警机制，对存在外逃风险的监察对象早发现、早报告、早处置。

**第二百七十条** 监察机关应当加强与同级人民银行、公安等单位的沟通协作，推动预防、打击利用离岸公司和地下钱庄等向境外转移违法所得及其他涉案财产，对涉及职务违法和职务犯罪的行为依法进行调查。

**第二百七十一条** 国家监察委员会派驻或者派出的监察机构、监察专员和地方各级监察委员会发现监察对象出逃、失踪、出走，或者违法所得及其他涉案财产被转移至境外的，应当在二十四小时以内将有关信息逐级报送至国家监察委员会国际合作局，并迅速开展相关工作。

**第二百七十二条** 监察机关追逃追赃部门统一接收巡视巡察机构、审计机关、执法机关、司法机关等单位移交的外逃信息。

监察机关对涉嫌职务违法和职务犯罪的外逃人员，应当明确承办部门，建立案件档案。

**第二百七十三条** 监察机关应当依法全面收集外逃人员涉嫌职务违法和职务犯罪证据。

**第二百七十四条** 开展反腐败国际追逃追赃等涉外案件办理工作，应当把思想教育贯穿始终，落实宽严相济刑事政策，依法适用认罪认罚从宽制度，促使外逃人员回国投案或者配合调查、主动退赃。开展相关工作，应当尊重所在国家（地区）的法律规定。

**第二百七十五条** 外逃人员归案、违法所得及其他涉案财产被追缴后，承办案件的监察机关应当将情况逐级报送国家监察委员会国际合作局。监察机关应当依法对涉案人员和违法所得及其他涉案财产作出处置，或者请有关单位依法处置。对不需要继续采取相关措施的，应当及时解除或者撤销。

### 第三节 对外合作

**第二百七十六条** 监察机关对依法应当留置或者已经决定留置的外逃人员，需要申请发布国际刑警组织红色通报的，应当逐级报送国家监察委员会审核。国家监察委员会审核后,依法通过公安部向国际刑警组织提出申请。

需要延期、暂停、撤销红色通报的,申请发布红色通报的监察机关应当逐级报送国家监察委员会审核,由国家监察委员会依法通过公安部联系国际刑警组织办理。

**第二百七十七条** 地方各级监察机关通过引渡方式办理相关涉外案件的,应当按照《中华人民共和国引渡法》、相关双边及多边国际条约等规定准备引渡请求书及相关材料,逐级报送国家监察委员会审核。由国家监察委员会依法通过外交途径向外国提出引渡请求。

**第二百七十八条** 地方各级监察机关通过刑事司法协助方式办理相关涉外案件的,应当按照《中华人民共和国国际刑事司法协助法》(以下简称国际刑事司法协助法)、相关双边及多边国际条约等规定准备刑事司法协助请求书及相关材料,逐级报送国家监察委员会审核。由国家监察委员会依法直接或者通过对外联系机关等渠道,向外国提出刑事司法协助请求。

国家监察委员会收到外国提出的刑事司法协助请求书及所附材料,经审查认为符合有关规定的,作出决定并交由省级监察机关执行,或者转交其他有关主管机关。省级监察机关应当立即执行,或者交由下级监察机关执行,并将执行结果或者妨碍执行的情形及时报送国家监察委员会。在执行过程中,需要依法采取查询、调取、查封、扣押、冻结等措施或者需要返还涉案财物的,根据我国法律规定和国家监察委员会的执行决定办理有关法律手续。

**第二百七十九条** 地方各级监察机关通过执法合作方式办理相关涉外案件的,应当将合作事项及相关材料逐级报送国家监察委员会审核。由国家监察委员会依法直接或者协调有关单位,向有关国家(地区)相关机构提交并开展合作。

**第二百八十条** 地方各级监察机关通过境外追诉方式办理相关涉外案件的,应当提供外逃人员相关违法线索和证据,逐级报送国家监察委员会审核。由国家监察委员会按照国际刑事司法协助法等规定直接或者协调有关单位向有关国家(地区)相关机构提交,请其依法对外逃人员调查、起诉、审判、移管被判刑人或者遣返外逃人员。

第二百八十一条　监察机关对依法应当追缴的境外违法所得及其他涉案财产,应当责令涉案人员以合法方式退赔。涉案人员拒不退赔的,可以依法通过下列方式追缴:

(一)在开展引渡等追逃合作时,随附请求有关国家(地区)移交相关违法所得及其他涉案财产;

(二)依法启动违法所得没收程序,申请由人民法院对相关违法所得及其他涉案财产作出没收裁定,请有关国家(地区)承认和执行,并予以返还;

(三)请有关国家(地区)依法追缴相关违法所得及其他涉案财产,并予以返还;

(四)通过其他合法方式追缴。

## 第七章　对监察机关和监察人员的监督

第二百八十二条　监察机关和监察人员必须自觉坚持党的领导,在党组织的管理、监督下开展工作,依法接受本级人民代表大会及其常务委员会的监督,接受民主监督、司法监督、社会监督、舆论监督,加强内部监督制约机制建设,确保权力受到严格的约束和监督。

第二百八十三条　各级监察委员会应当按照监察法第六十条第二款规定,由主要负责人在本级人民代表大会常务委员会全体会议上报告专项工作。

在报告专项工作前,应当与本级人民代表大会有关专门委员会、常务委员会有关工作机构沟通协商,并配合开展专题调查研究等工作。各级人民代表大会常务委员会审议专项工作报告时,本级监察委员会应当根据要求派出负责人列席相关会议,听取意见。

各级监察委员会应当认真研究处理本级人民代表大会常务委员会反馈的审议意见,并按照要求书面报告研究处理情况。本级人民代表大会常务委员会对专项工作报告作出决议的,监察委员会应当在决议规定的期限内,将执行决议的情况向其报告。

第二百八十四条　各级监察委员会应当积极接受、配合本级人民代表大会常务委员会组织的执法检查。对本级人民代表大会常务委员会的执法检查报告,应当认真研究处理,并向其报告研究处理情况。本级人民代表大会常务委员会对执法检查报告作出决议的，监察委员会应当在决议规定的期限内，将执行决议的情况向其报告。

第二百八十五条　各级监察委员会在本级人民代表大会常务委员会会议审议与监察工作有关的议案和报告时，应当派相关负责人到会听取意见，回答询问。

本级人民代表大会常务委员会就与监察工作有关的重大问题，召开全体会议、联组会议或者分组会议进行专题询问的，监察委员会负责人应当到会，听取意见，回答询问。各级监察委员会应当及时向本级人民代表大会常务委员会提交专题询问中提出意见的研究处理情况报告。

监察机关对依法交由监察机关答复的质询案应当按照要求进行答复。口头答复的，由监察机关主要负责人或者委派相关负责人到会答复。书面答复的，由监察机关主要负责人签署。

第二百八十六条　各级监察机关应当通过互联网政务媒体、报刊、广播、电视等途径，向社会及时准确公开下列监察工作信息：

（一）监察法规；

（二）依法应当向社会公开的案件调查信息；

（三）检举控告地址、电话、网站等信息；

（四）其他依法应当公开的信息。

第二百八十七条　各级监察机关可以根据工作需要，按程序选聘特约监察员履行监督、咨询等职责。特约监察员名单应当向社会公布。

监察机关应当为特约监察员依法开展工作提供必要条件和便利。特约监察员对监察机关提出的意见、建议和批评，监察机关应当及时办理和反馈。

第二百八十八条　监察机关实行严格的人员准入制度，严把政治关、品行关、能力关、作风关、廉洁关。监察人员必须忠诚坚定、担当尽责、遵纪守法、清正廉洁。

第二百八十九条　监察机关应当建立信访举报、监督检查、调查、案件监督管理、案件审理等部门相互协调制约的工作机制。

监督检查和调查部门实行分工协作、相互制约。监督检查部门主要负责联系地区、部门、单位的日常监督检查和对涉嫌一般违法问题线索处置。

调查部门主要负责对涉嫌严重职务违法和职务犯罪问题线索进行初步核实和立案调查。

案件监督管理部门负责对监督检查、调查工作全过程进行监督管理，做好线索管理、组织协调、监督检查、督促办理、统计分析等工作。案件监督管理部门发现监察人员在监督检查、调查中有违规办案行为的，及时督促整改；涉嫌违纪违法的，根据管理权限移交相关部门处理。

**第二百九十条** 监察机关应当部署使用覆盖信访举报、线索处置、监督检查、调查、案件审理等监察执法主要流程和关键要素的监察一体化工作平台，推动数字技术融入监察工作，通过信息化手段加强对监督、调查、处置工作的全过程监督管理。

**第二百九十一条** 监察机关应当对监察权运行关键环节进行经常性监督检查，适时开展专项督查。案件监督管理、案件审理等部门应当按照各自职责，对问题线索处置、调查措施使用、涉案财物管理等进行监督检查，建立常态化、全覆盖的案件质量评查机制。

**第二百九十二条** 监察机关应当加强对监察人员执行职务和遵纪守法情况的监督，按照管理权限依法对监察人员涉嫌违法犯罪问题进行调查处置。

**第二百九十三条** 监察机关及其监督检查、调查部门负责人应当定期检查调查期间的录音录像、谈话笔录、讯问笔录、询问笔录、涉案财物登记资料，加强对调查全过程的监督，发现问题及时纠正并报告。

对谈话、讯问和询问的同步录音录像，应当重点检查是否存在以下情形：

（一）以暴力、威胁等非法方法收集证据；

（二）未保证被调查人的饮食和必要的休息时间；

（三）谈话笔录、讯问笔录、询问笔录记载的起止时间与谈话、讯问、询问录音录像资料反映的起止时间不一致；

（四）谈话笔录、讯问笔录、询问笔录与谈话、讯问、询问录音录像资料内容存在实质性差异。

**第二百九十四条** 对监察人员打听案情、过问案件、说情干预的，办理监察事项的监察人员应当及时向上级负责人报告。有关情况应当登记备案。

发现办理监察事项的监察人员未经批准接触被调查人、涉案人员及其特定关系人，或者存在交往情形的，知情的监察人员应当及时向上级负责人报告。有关情况应当登记备案。

**第二百九十五条** 办理监察事项的监察人员有监察法第六十七条所列情形之一的，应当自行提出回避；没有自行提出回避的，监察机关应当依法决定其回避，监察对象、检举人及其他有关人员也有权要求其回避。

选用借调人员、看护人员、调查场所，应当严格执行回避制度。

**第二百九十六条** 监察人员自行提出回避，或者监察对象、检举人及其他有关人员要求监察人员回避的，应当书面或者口头提出，并说明理由。口头提出的，应当形成记录。

监察机关主要负责人的回避，由上级监察机关主要负责人决定；其他监察人员的回避，由本级监察机关主要负责人决定。

**第二百九十七条** 上级监察机关应当通过专项检查、业务考评、开展复查等方式，强化对下级监察机关及监察人员执行职务和遵纪守法情况的监督。

**第二百九十八条** 监察机关应当对监察人员有计划地进行政治、理论和业务培训。培训应当坚持理论联系实际、按需施教、讲求实效，突出政治机关特色，建设忠诚干净担当、敢于善于斗争的高素质专业化监察队伍，全面提高监察工作规范化法治化正规化水平。

**第二百九十九条** 监察机关应当严格执行保密制度，控制监察事项知悉范围和时间。监察人员不准私自留存、隐匿、查阅、摘抄、复制、携带问题线索和涉案资料，严禁泄露监察工作秘密。

监察机关应当建立健全检举控告保密制度，对检举控告人的姓名（单位名称）、工作单位、住址、电话和邮箱等有关情况以及检举控告内容必须严格保密。

**第三百条** 监察机关涉密人员离岗离职后，应当遵守脱密期管理规定，严格履行保密义务，不得泄露相关秘密。

**第三百零一条** 监察人员离任三年以内，不得从事与监察和司法工作相关联且可能发生利益冲突的职业。

监察人员离任后,不得担任原任职监察机关办理案件的诉讼代理人或者辩护人,但是作为当事人的监护人或者近亲属代理诉讼或者进行辩护的除外。

**第三百零二条** 监察人员应当严格遵守有关规范领导干部配偶、子女及其配偶经商办企业行为的规定。

**第三百零三条** 监察机关及其工作人员在履行职责过程中应当依法保护企业产权和自主经营权,严禁利用职权非法干扰企业生产经营。需要企业经营者协助调查的,应当依法保障其人身权利、财产权利和其他合法权益,避免或者尽量减少对涉案企业正常生产经营活动的影响。

监察机关查封、扣押、冻结以及追缴涉案财物,应当严格区分企业财产与经营者个人财产,被调查人个人财产与家庭成员财产,违法所得、其他涉案财产与合法财产。

查封经营性涉案财物,企业继续使用对该涉案财物价值无重大影响的,可以允许其使用。对于按规定不应交由企业保管使用的涉案财物,监察机关应当采取合理的保管保值措施。对于正在运营或者正在用于科技创新、产品研发的设备和技术资料等,一般不予查封、扣押,确需调取违法犯罪证据的,可以采取拍照、复制等方式。

**第三百零四条** 监察机关根据已经掌握的事实及证据,发现涉嫌严重职务违法或者职务犯罪的监察人员可能实施下列行为之一的,经依法审批,可以在具备安全保障条件的场所对其采取禁闭措施:

(一)继续实施违法犯罪行为的;

(二)为被调查人或者涉案人员通风报信等泄露监察工作秘密的;

(三)威胁、恐吓、蓄意报复举报人、控告人、被害人、证人、鉴定人等相关人员的;

(四)其他可能造成更为严重的后果或者恶劣影响的行为。

**第三百零五条** 采取禁闭措施时,调查人员不得少于二人,应当向被禁闭人员宣布《禁闭决定书》,告知被禁闭人员权利义务,要求其在《禁闭决定书》上签名、捺指印。被禁闭人员拒绝签名、捺指印的,调查人员应当在文书上记明。

禁闭的期限不得超过七日,自向被禁闭人员宣布之日起算。

**第三百零六条** 采取禁闭措施后,应当在二十四小时以内通知被禁闭人员所在单位和家属。当面通知的,由有关人员在《禁闭通知书》上签名。无法当面通知的,可以先以电话等方式通知,并通过邮寄、转交等方式送达《禁闭通知书》,要求有关人员在《禁闭通知书》上签名。有关人员拒绝签名的,调查人员应当在文书上记明。

因可能伪造、隐匿、毁灭证据,干扰证人作证或者串供等有碍调查情形而不宜通知的,应当按规定报批,记录在案。有碍调查的情形消失后,应当立即通知被禁闭人员所在单位和家属。

**第三百零七条** 对被禁闭人员不需要继续采取禁闭措施的,应当按规定报批后解除禁闭或者变更为责令候查措施。禁闭期满的,应当按规定报批后予以解除。

解除禁闭措施的,调查人员应当向被禁闭人员宣布解除禁闭措施的决定,由其在《解除禁闭决定书》上签名、捺指印;变更为责令候查措施的,应当向被禁闭人员宣布变更为责令候查措施的决定,由其在《变更禁闭决定书》上签名、捺指印。被禁闭人员拒绝签名、捺指印的,调查人员应当在文书上记明。

解除禁闭措施或者变更为责令候查措施的,应当及时通知被禁闭人员所在单位和家属、申请人。调查人员应当与交接人办理交接手续,并由其在《解除禁闭通知书》或者《变更禁闭通知书》上签名。无法通知或者有关人员拒绝签名的,调查人员应当在文书上记明。不得因办理交接手续延迟解除或者变更禁闭措施。

在禁闭期满前,对被禁闭人员采取管护、留置措施的,按照本条例关于采取管护、留置措施的规定执行。

**第三百零八条** 被调查人及其近亲属、利害关系人认为监察机关及其工作人员存在监察法第六十九条第一款规定的有关情形,向监察机关提出申诉的,由监察机关案件监督管理部门依法受理。监察机关应当自受理申诉之日起一个月以内作出处理决定。

前款规定的利害关系人,是指与有关涉案财产存在利害关系的自然人、法人或者其他组织。

**第三百零九条** 监察机关案件监督管理部门受理申诉后,应当组织成立核查组,对申诉反映的问题进行核实。根据工作需要,核查组可以调阅相关措施文书等材料,听取申诉人意见和承办部门工作人员的情况说明。案件监督管理部门应当集体研究,提出办理意见,经审批作出决定。

第三百一十条　监察机关应当自申诉处理决定作出之日起七日以内,向申诉人送达申诉处理决定书,要求其在申诉处理决定书上签名。申诉人拒绝签名的,工作人员应当在文书上记明。

第三百一十一条　申诉人对申诉处理决定不服的,可以自收到申诉处理决定书之日起一个月以内向上一级监察机关申请复查。上一级监察机关应当进行核实,并自收到复查申请之日起二个月以内作出处理决定。

第三百一十二条　监察机关应当加强留置场所管理和监督工作,依法规范管理、使用留置场所。

留置场所应当建立健全保密、消防、医疗、防疫、餐饮及安保等方面安全制度,制定突发事件处置预案,采取安全防范措施,严格落实安全工作责任制。

发生被强制到案人员、被管护人员、被留置人员或者被禁闭人员死亡、伤残、脱逃等办案安全事故、事件的,应当及时做好处置、处理工作。相关情况应当立即报告监察机关主要负责人,并在二十四小时以内逐级上报至国家监察委员会。

第三百一十三条　监察机关在维护监督执法调查工作纪律方面失职失责的,依法追究责任。监察人员涉嫌严重职务违法、职务犯罪或者对案件处置出现重大失误的,既应当追究直接责任,还应当严肃追究负有责任的领导人员责任。

监察机关应当建立办案质量责任制,对滥用职权、失职失责造成严重后果的,实行终身责任追究。

## 第八章　法律责任

第三百一十四条　有关单位拒不执行监察机关依法作出的下列处理决定的,应当由其主管部门、上级机关责令改正,对单位给予通报批评,对负有责任的领导人员和直接责任人员依法给予处理:

(一)政务处分决定;

(二)问责决定;

(三)谈话提醒、批评教育、责令检查,或者予以诫勉的决定;

(四)采取调查措施的决定;

(五)复审、复核决定;

(六)监察机关依法作出的其他处理决定。

**第三百一十五条** 监察对象对控告人、申诉人、批评人、检举人、证人、监察人员进行打击、压制等报复陷害的,监察机关应当依法给予政务处分。构成犯罪的,依法追究刑事责任。

**第三百一十六条** 控告人、检举人、证人采取捏造事实、伪造材料等方式诬告陷害的,监察机关应当依法给予政务处分,或者移送有关机关处理。构成犯罪的,依法追究刑事责任。

监察人员因依法履行职责遭受不实举报、诬告陷害、侮辱诽谤,致使名誉受到损害的,监察机关应当会同有关部门及时澄清事实,消除不良影响,并依法追究相关单位或者个人的责任。

**第三百一十七条** 监察机关应当建立健全办案安全责任制。承办部门主要负责人和调查组组长是调查安全第一责任人。调查组应当指定专人担任安全员。

地方各级监察机关履行管理、监督职责不力发生严重办案安全事故、事件的,或者办案中存在严重违规违纪违法行为的,省级监察机关主要负责人应当按规定向国家监察委员会作出检讨,并予以通报、严肃追责问责。

案件监督管理部门应当对办案安全责任制落实情况组织经常性检查和不定期抽查,发现问题及时报告并督促整改。

**第三百一十八条** 监察人员在履行职责中有下列行为之一的,依法严肃处理;构成犯罪的,依法追究刑事责任:

(一)贪污贿赂、徇私舞弊的;

(二)不履行或者不正确履行监督职责,应当发现的问题没有发现,或者发现问题不报告、不处理,造成严重影响的;

(三)未经批准、授权处置问题线索,发现重大案情隐瞒不报,或者私自留存、处理涉案材料的;

(四)利用职权或者职务上的影响干预调查工作的;

(五)违法窃取、泄露调查工作信息,或者泄露举报事项、举报受理情况以及举报人信息的；

（六）对被调查人或者涉案人员等逼供、诱供，或者侮辱、打骂、虐待、体罚或者变相体罚的；

（七）违反规定处置查封、扣押、冻结的财物的；

（八）违反规定导致发生办案安全事故、事件，或者发生安全事故、事件后隐瞒不报、报告失实、处置不当的；

（九）违反规定采取强制到案、责令候查、管护、留置或者禁闭措施，或者法定期限届满，不予以解除或者变更的；

（十）违反规定采取技术调查、限制出境措施，或者不按规定解除技术调查、限制出境措施的；

（十一）利用职权非法干扰企业生产经营或者侵害企业经营者人身权利、财产权利和其他合法权益的；

（十二）其他职务违法和职务犯罪行为。

第三百一十九条　对监察人员在履行职责中存在违法行为的，可以根据情节轻重，依法进行谈话提醒、批评教育、责令检查、诫勉，或者给予政务处分。构成犯罪的，依法追究刑事责任。

第三百二十条　监察机关及其工作人员在行使职权时，具有下列情形之一的，受害人可以申请国家赔偿：

（一）违法采取管护、禁闭措施，或者依照法定条件和程序采取管护、禁闭措施，但是管护时间、禁闭时间超过法定时限，其后决定撤销案件的；

（二）采取留置措施后，决定撤销案件的；

（三）违法没收、追缴或者违法查封、扣押、冻结财物造成损害的；

（四）违法行使职权，造成被调查人、涉案人员或者证人身体伤害或者死亡的；

（五）其他侵犯公民、法人和其他组织合法权益造成损害的。

受害人死亡的，其继承人和其他有扶养关系的亲属有权要求赔偿；受害的法人或者其他组织终止的，其权利承受人有权要求赔偿。

第三百二十一条　监察机关及其工作人员违法行使职权侵犯公民、法人和其他组织的合法权益造成损害的，该机关为赔偿义务机关。申请赔偿应当向赔偿义务机关提出，由该机关负责复审复核工作的部门受理。

赔偿以支付赔偿金为主要方式。能够返还财产或者恢复原状的,予以返还财产或者恢复原状。

## 第九章 附　　则

**第三百二十二条**　本条例所称监察机关,包括各级监察委员会及其派驻或者派出监察机构、监察专员,以及再派出的监察机构、监察专员。

**第三百二十三条**　本条例所称严重职务违法,是指根据监察机关已经掌握的事实及证据,被调查人涉嫌的职务违法行为情节严重,可能被给予撤职以上政务处分。

本条例所称重大职务犯罪、重大贪污贿赂等职务犯罪,是指具有下列情形之一的职务犯罪:

(一)案情重大、复杂,涉及国家利益、重大公共利益或者犯罪行为致使公共财产、国家和人民利益遭受特别重大损失的;

(二)被调查人可能被判处十年有期徒刑以上刑罚的;

(三)案件在全国或者本省、自治区、直辖市范围内有较大影响的。

**第三百二十四条**　本条例所称同种罪行和不同种罪行,应当以罪名区分,但属选择性罪名或者在法律、事实上密切关联的犯罪,应当认定为同种罪行。

**第三百二十五条**　本条例所称近亲属,是指夫、妻、父、母、子、女、同胞兄弟姊妹。

**第三百二十六条**　本条例所称以上、以下、以内,包括本级、本数。

**第三百二十七条**　期间以时、日、月、年计算,期间开始的时和日不算在期间以内。本条例另有规定的除外。

按照年、月计算期间的,到期月的对应日为期间的最后一日;没有对应日的,月末日为期间的最后一日。

期间的最后一日是节假日的,以节假日结束的次日为期间的最后一日。但被调查人被采取责令候查、管护、留置或者禁闭措施的期间应当至期满之日为止,不得因节假日而延长。

**第三百二十八条**　本条例由国家监察委员会负责解释。

**第三百二十九条**　本条例自发布之日起施行。

# 国家监察委员会特约监察员工作办法

(2018年8月24日,中央纪委、国家监委印发)

## 第一章 总 则

**第一条** 为深化国家监察体制改革,充分发挥中央纪律检查委员会和国家监察委员会合署办公优势,推动监察机关依法接受民主监督、社会监督、舆论监督,规范特约监察员工作,根据《中华人民共和国监察法》,制定本办法。

**第二条** 特约监察员是国家监察委员会根据工作需要,按照一定程序优选聘请,以兼职形式履行监督、咨询等相关职责的公信人士。

特约监察员主要从全国人大代表中优选聘请,也可以从全国政协委员,中央和国家机关有关部门工作人员,各民主党派成员、无党派人士,企业、事业单位和社会团体代表,专家学者,媒体和文艺工作者,以及一线代表和基层群众中优选聘请。

**第三条** 特约监察员工作应当坚持以习近平新时代中国特色社会主义思想为指导,聚焦中央纪律检查委员会和国家监察委员会中心工作,专注服务于全面从严治党、党风廉政建设和反腐败工作大局,着重发挥对监察机关及其工作人员的监督作用,着力发挥参谋咨询、桥梁纽带、舆论引导作用。

## 第二章 聘请、换届、解聘

**第四条** 特约监察员应当具备下列条件:

(一)坚持中国共产党领导和拥护党的路线、方针、政策,走中国特色社会主义道路,遵守中华人民共和国宪法和法律、法规,具有中华人民共和国国籍;

(二)有较高的业务素质,具备与履行职责相应的专业知识和工作能

力,在各自领域有一定代表性和影响力;

(三)热心全面从严治党、党风廉政建设和反腐败工作,有较强的责任心,认真履行职责,热爱特约监察员工作;

(四)坚持原则、实事求是,密切联系群众,公正廉洁、作风正派,遵守职业道德和社会公德;

(五)身体健康。

**第五条** 受到党纪处分、政务处分、刑事处罚的人员,以及其他不适宜担任特约监察员的人员,不得聘请为特约监察员。

**第六条** 特约监察员的聘请由国家监察委员会依照下列程序进行:

(一)根据工作需要,会同有关部门、单位提出特约监察员推荐人选,并征得被推荐人所在单位及本人同意;

(二)会同有关部门、单位对特约监察员推荐人选进行考察;

(三)经中央纪委国家监委对考察情况进行研究,确定聘请特约监察员人选;

(四)聘请人选名单及意见抄送特约监察员所在单位及推荐单位,并在中央纪委国家监委组织部备案;

(五)召开聘请会议,颁发聘书,向社会公布特约监察员名单。

**第七条** 特约监察员在国家监察委员会领导班子产生后换届,每届任期与本届领导班子任期相同,连续任职一般不得超过两届。

特约监察员受聘期满自然解聘。

**第八条** 特约监察员具有下列情形之一的,国家监察委员会商推荐单位予以解聘,由推荐单位书面通知本人及所在单位:

(一)受到党纪处分、政务处分、刑事处罚的;

(二)因工作调整、健康状况等原因不宜继续担任特约监察员的;

(三)本人申请辞任特约监察员的;

(四)无正当理由连续一年不履行特约监察员职责和义务的;

(五)有其他不宜继续担任特约监察员的情形的。

## 第三章 职责、权利、义务

**第九条** 特约监察员履行下列职责:

（一）对纪检监察机关及其工作人员履行职责情况进行监督，提出加强和改进纪检监察工作的意见、建议；

（二）对制定纪检监察法律法规、出台重大政策、起草重要文件、提出监察建议等提供咨询意见；

（三）参加国家监察委员会组织的调查研究、监督检查、专项工作；

（四）宣传纪检监察工作的方针、政策和成效；

（五）办理国家监察委员会委托的其他事项。

**第十条** 特约监察员履行职责享有下列权利：

（一）了解国家监察委员会和各省、自治区、直辖市监察委员会开展监察工作、履行监察职责情况，提出意见、建议和批评；

（二）根据履职需要并按程序报批后，查阅、获得有关文件和资料；

（三）参加或者列席国家监察委员会组织的有关会议；

（四）参加国家监察委员会组织的有关业务培训；

（五）了解、反映有关行业、领域廉洁从政从业情况及所提意见建议办理情况；

（六）受国家监察委员会委托开展工作时，享有与受托工作相关的法定权限。

**第十一条** 特约监察员应当履行下列义务：

（一）模范遵守宪法和法律，保守国家秘密、工作秘密以及因履行职责掌握的商业秘密和个人隐私，廉洁自律、接受监督；

（二）学习、掌握有关纪检监察法律法规和业务；

（三）参加国家监察委员会组织的活动，遵守国家监察委员会有关工作制度，按照规定的权限和程序认真履行职责；

（四）履行特约监察员职责过程中，遇有利益冲突情形时主动申请回避；

（五）未经国家监察委员会同意，不得以特约监察员身份发表言论、出版著作，参加有关社会活动；

（六）不得以特约监察员身份谋取任何私利和特权。

## 第四章 履职保障

**第十二条** 国家监察委员会为特约监察员依法开展对监察机关及其

工作人员监督等工作提供必要的工作条件和便利。

第十三条　特约监察员因履行本办法规定职责所支出的相关费用,由国家监察委员会按规定核报。

特约监察员履行本办法规定职责所需经费,列入国家监察委员会业务经费保障范围。

第十四条　国家监察委员会负责特约监察员工作的办事机构设在办公厅,履行下列职责:

(一)统筹协调特约监察员相关工作,完善工作机制,制定工作计划,对国家监察委员会相关部门落实特约监察员工作机制和计划情况进行督促检查,总结、报告特约监察员年度工作情况;

(二)组织开展特约监察员聘请、解聘等工作;

(三)组织特约监察员参加有关会议或者活动,定期开展走访,通报工作、交流情况,听取意见、建议;

(四)受理、移送、督办特约监察员提出的意见、建议和批评,并予以反馈;

(五)协调有关部门,定期向特约监察员提供有关刊物、资料,组织开展特约监察员业务培训;

(六)承担监察机关特约监察员工作的联系和指导,组织经验交流,加强和改进特约监察员工作;

(七)对特约监察员进行动态管理和考核;

(八)加强与特约监察员所在单位及推荐单位的沟通联系,了解特约监察员工作情况,反馈特约监察员履职情况,并征求意见、建议;

(九)办理其他相关工作。

第十五条　特约监察员不脱离本职工作岗位,工资、奖金、福利待遇由所在单位负责。

## 第五章　附　　则

第十六条　本办法由国家监察委员会负责解释。

第十七条　本办法自2018年8月24日起施行。2013年10月10日原监察部公布的《监察机关特邀监察员工作办法》同时废止。

# 中国共产党纪律检查机关监督执纪工作规则

(2018年11月26日中共中央政治局会议审议批准
2018年12月28日中共中央办公厅发布)

## 第一章 总　　则

**第一条**　为了加强党对纪律检查和国家监察工作的统一领导,加强党的纪律建设,推进全面从严治党,规范纪检监察机关监督执纪工作,根据《中国共产党章程》和有关法律,结合纪检监察体制改革和监督执纪工作实践,制定本规则。

**第二条**　坚持以马克思列宁主义、毛泽东思想、邓小平理论、"三个代表"重要思想、科学发展观、习近平新时代中国特色社会主义思想为指导,全面贯彻纪律检查委员会和监察委员会合署办公要求,依规依纪依法严格监督执纪,坚持打铁必须自身硬,把权力关进制度笼子,建设忠诚干净担当的纪检监察干部队伍。

**第三条**　监督执纪工作应当遵循以下原则:

(一)坚持和加强党的全面领导,牢固树立政治意识、大局意识、核心意识、看齐意识,坚定中国特色社会主义道路自信、理论自信、制度自信、文化自信,坚决维护习近平总书记党中央的核心、全党的核心地位,坚决维护党中央权威和集中统一领导,严守政治纪律和政治规矩,体现监督执纪工作的政治性,构建党统一指挥、全面覆盖、权威高效的监督体系;

(二)坚持纪律检查工作双重领导体制,监督执纪工作以上级纪委领导为主,线索处置、立案审查等在向同级党委报告的同时应当向上级纪委报告;

(三)坚持实事求是,以事实为依据,以党章党规党纪和国家法律法规为准绳,强化监督、严格执纪,把握政策、宽严相济,对主动投案、主动交代问题的宽大处理,对拒不交代、欺瞒组织的从严处理;

（四）坚持信任不能代替监督，执纪者必先守纪，以更高的标准、更严的要求约束自己，严格工作程序，有效管控风险，强化对监督执纪各环节的监督制约，确保监督执纪工作经得起历史和人民的检验。

第四条 坚持惩前毖后、治病救人，把纪律挺在前面，精准有效运用监督执纪"四种形态"，把思想政治工作贯穿监督执纪全过程，严管和厚爱结合，激励和约束并重，注重教育转化，促使党员自觉防止和纠正违纪行为，惩治极少数，教育大多数，实现政治效果、纪法效果和社会效果相统一。

## 第二章 领导体制

第五条 中央纪律检查委员会在党中央领导下进行工作。地方各级纪律检查委员会和基层纪律检查委员会在同级党的委员会和上级纪律检查委员会双重领导下进行工作。

党委应当定期听取、审议同级纪律检查委员会和监察委员会的工作报告，加强对纪委监委工作的领导、管理和监督。

第六条 党的纪律检查机关和国家监察机关是党和国家自我监督的专责机关，中央纪委和地方各级纪委贯彻党中央关于国家监察工作的决策部署，审议决定监委依法履职中的重要事项，把执纪和执法贯通起来，实现党内监督和国家监察的有机统一。

第七条 监督执纪工作实行分级负责制：

（一）中央纪委国家监委负责监督检查和审查调查中央委员、候补中央委员，中央纪委委员，中央管理的领导干部，党中央工作部门、党中央批准设立的党组（党委），各省、自治区、直辖市党委、纪委等党组织的涉嫌违纪或者职务违法、职务犯罪问题。

（二）地方各级纪委监委负责监督检查和审查调查同级党委委员、候补委员，同级纪委委员，同级党委管理的党员、干部以及监察对象，同级党委工作部门、党委批准设立的党组（党委），下一级党委、纪委等党组织的涉嫌违纪或者职务违法、职务犯罪问题。

（三）基层纪委负责监督检查和审查同级党委管理的党员，同级党委下属的各级党组织的涉嫌违纪问题；未设立纪律检查委员会的党的基层委员会，由该委员会负责监督执纪工作。

地方各级纪委监委依照规定加强对同级党委履行职责、行使权力情况的监督。

**第八条** 对党的组织关系在地方、干部管理权限在主管部门的党员、干部以及监察对象涉嫌违纪违法问题,应当按照谁主管谁负责的原则进行监督执纪,由设在主管部门、有管辖权的纪检监察机关进行审查调查,主管部门认为有必要的,可以与地方纪检监察机关联合审查调查。地方纪检监察机关接到问题线索反映的,经与主管部门协调,可以对其进行审查调查,也可以与主管部门组成联合审查调查组,审查调查情况及时向对方通报。

**第九条** 上级纪检监察机关有权指定下级纪检监察机关对其他下级纪检监察机关管辖的党组织和党员、干部以及监察对象涉嫌违纪或者职务违法、职务犯罪问题进行审查调查,必要时也可以直接进行审查调查。上级纪检监察机关可以将其直接管辖的事项指定下级纪检监察机关进行审查调查。

纪检监察机关之间对管辖事项有争议的,由其共同的上级纪检监察机关确定;认为所管辖的事项重大、复杂,需要由上级纪检监察机关管辖的,可以报请上级纪检监察机关管辖。

**第十条** 纪检监察机关应当严格执行请示报告制度。中央纪委定期向党中央报告工作,研究涉及全局的重大事项、遇有重要问题以及作出立案审查调查决定、给予党纪政务处分等事项应当及时向党中央请示报告,既要报告结果也要报告过程。执行党中央重要决定的情况应当专题报告。

地方各级纪检监察机关对作出立案审查调查决定、给予党纪政务处分等重要事项,应当向同级党委请示汇报并向上级纪委监委报告,形成明确意见后再正式行文请示。遇有重要事项应当及时报告。

纪检监察机关应当坚持民主集中制,对于线索处置、谈话函询、初步核实、立案审查调查、案件审理、处置执行中的重要问题,经集体研究后,报纪检监察机关相关负责人、主要负责人审批。

**第十一条** 纪检监察机关应当建立监督检查、审查调查、案件监督管理、案件审理相互协调、相互制约的工作机制。市地级以上纪委监委实行监督检查和审查调查部门分设,监督检查部门主要负责联系地区和部门、单位的日常监督检查和对涉嫌一般违纪问题线索处置,审查调查部门主要负责对涉嫌严重违纪或者职务违法、职务犯罪问题线索进行初步核实和立案审查调查；案件监督管理部门负责对监督检查、审查调查工作全过程进行监督管理，案件审理部门负责对需要给予党纪政务处分的案件审核把关。

纪检监察机关在工作中需要协助的，有关组织和机关、单位、个人应当依规依纪依法予以协助。

**第十二条** 纪检监察机关案件监督管理部门负责对监督执纪工作全过程进行监督管理，做好线索管理、组织协调、监督检查、督促办理、统计分析等工作。党风政风监督部门应当加强对党风政风建设的综合协调，做好督促检查、通报曝光和综合分析等工作。

## 第三章 监督检查

**第十三条** 党委（党组）在党内监督中履行主体责任，纪检监察机关履行监督责任，应当将纪律监督、监察监督、巡视监督、派驻监督结合起来，重点检查遵守、执行党章党规党纪和宪法法律法规，坚定理想信念，增强"四个意识"，坚定"四个自信"，维护习近平总书记核心地位，维护党中央权威和集中统一领导，贯彻执行党和国家的路线方针政策以及重大决策部署，坚持主动作为、真抓实干，落实全面从严治党责任、民主集中制原则、选人用人规定以及中央八项规定精神，巡视巡察整改，依法履职、秉公用权、廉洁从政从业以及恪守社会道德规范等情况，对发现的问题分类处置、督促整改。

**第十四条** 纪委监委（纪检监察组、纪检监察工委）报请或者会同党委（党组）定期召开专题会议，听取加强党内监督情况专题报告，综合分析所联系的地区、部门、单位政治生态状况，提出加强和改进的意见及工作措施，抓好组织实施和督促检查。

**第十五条** 纪检监察机关应当结合被监督对象的职责，加强对行使权力情况的日常监督，通过多种方式了解被监督对象的思想、工作、作风、生活情况，发现苗头性、倾向性问题或者轻微违纪问题，应当及时约谈提醒、批评教育、责令检查、诫勉谈话，提高监督的针对性和实效性。

**第十六条** 纪检监察机关应当畅通来信、来访、来电和网络等举报渠道，建设覆盖纪检监察系统的检举举报平台，及时受理检举控告，发挥党员和群众的监督作用。

第十七条　纪检监察机关应当建立健全党员领导干部廉政档案，主要内容包括：

（一）任免情况、人事档案情况、因不如实报告个人有关事项受到处理的情况等；

（二）巡视巡察、信访、案件监督管理以及其他方面移交的问题线索和处置情况；

（三）开展谈话函询、初步核实、审查调查以及其他工作形成的有关材料；

（四）党风廉政意见回复材料；

（五）其他反映廉政情况的材料。

廉政档案应当动态更新。

第十八条　纪检监察机关应当做好干部选拔任用党风廉政意见回复工作，对反映问题线索认真核查，综合用好巡视巡察等其他监督成果，严把政治关、品行关、作风关、廉洁关。

第十九条　纪检监察机关对监督中发现的突出问题，应当向有关党组织或者单位提出纪律检查建议或者监察建议，通过督促召开专题民主生活会、组织开展专项检查等方式，督查督办，推动整改。

## 第四章　线索处置

第二十条　纪检监察机关应当加强对问题线索的集中管理、分类处置、定期清理。信访举报部门归口受理同级党委管理的党组织和党员、干部以及监察对象涉嫌违纪或者职务违法、职务犯罪问题的信访举报，统一接收有关纪检监察机关、派驻或者派出机构以及其他单位移交的相关信访举报，移送本机关有关部门，深入分析信访形势，及时反映损害群众最关心、最直接、最现实的利益问题。

巡视巡察工作机构和审计机关、行政执法机关、司法机关等单位发现涉嫌违纪或者职务违法、职务犯罪问题线索，应当及时移交纪检监察机关案件监督管理部门统一办理。

监督检查部门、审查调查部门、干部监督部门发现的相关问题线索，属于本部门受理范围的,应当送案件监督管理部门备案;不属于本部门受理范围的,经审批后移送案件监督管理部门,由其按程序转交相关监督执纪部门办理。

第二十一条　纪检监察机关应当结合问题线索所涉及地区、部门、单位总体情况,综合分析,按照谈话函询、初步核实、暂存待查、予以了结4类方式进行处置。

线索处置不得拖延和积压,处置意见应当在收到问题线索之日起1个月内提出,并制定处置方案,履行审批手续。

第二十二条　纪检监察机关对反映同级党委委员、候补委员,纪委常委、监委委员,以及所辖地区、部门、单位主要负责人的问题线索和线索处置情况,应当及时向上级纪检监察机关报告。

第二十三条　案件监督管理部门对问题线索实行集中管理、动态更新、定期汇总核对,提出分办意见,报纪检监察机关主要负责人批准,按程序移送承办部门。承办部门应当指定专人负责管理问题线索,逐件编号登记、建立管理台账。线索管理处置各环节应当由经手人员签名,全程登记备查。

第二十四条　纪检监察机关应当根据工作需要,定期召开专题会议,听取问题线索综合情况汇报,进行分析研判,对重要检举事项和反映问题集中的领域深入研究,提出处置要求,做到件件有着落。

第二十五条　承办部门应当做好线索处置归档工作,归档材料齐全完整,载明领导批示和处置过程。案件监督管理部门定期汇总、核对问题线索及处置情况,向纪检监察机关主要负责人报告,并向相关部门通报。

## 第五章　谈 话 函 询

第二十六条　各级党委(党组)和纪检监察机关应当推动加强和规范党内政治生活,经常拿起批评和自我批评的武器,及时开展谈话提醒、约谈函询,促使党员、干部以及监察对象增强党的观念和纪律意识。

第二十七条　纪检监察机关采取谈话函询方式处置问题线索,应当起草谈话函询报批请示,拟订谈话方案和相关工作预案,按程序报批。需要谈话函询下一级党委(党组)主要负责人的,应当报纪检监察机关主要负责人批准,必要时向同级党委主要负责人报告。

第二十八条 谈话应当由纪检监察机关相关负责人或者承办部门负责人进行,可以由被谈话人所在党委(党组)、纪委监委(纪检监察组、纪检监察工委)有关负责人陪同;经批准也可以委托被谈话人所在党委(党组)主要负责人进行。

谈话应当在具备安全保障条件的场所进行。由纪检监察机关谈话的,应当制作谈话笔录,谈话后可以视情况由被谈话人写出书面说明。

第二十九条 纪检监察机关进行函询应当以办公厅(室)名义发函给被反映人,并抄送其所在党委(党组)和派驻纪检监察组主要负责人。被函询人应当在收到函件后 15 个工作日内写出说明材料,由其所在党委(党组)主要负责人签署意见后发函回复。

被函询人为党委(党组)主要负责人的,或者被函询人所作说明涉及党委(党组)主要负责人的,应当直接发函回复纪检监察机关。

第三十条 承办部门应当在谈话结束或者收到函询回复后 1 个月内写出情况报告和处置意见,按程序报批。根据不同情形作出相应处理:

(一)反映不实,或者没有证据证明存在问题的,予以采信了结,并向被函询人发函反馈。

(二)问题轻微,不需要追究纪律责任的,采取谈话提醒、批评教育、责令检查、诫勉谈话等方式处理。

(三)反映问题比较具体,但被反映人予以否认且否认理由不充分具体的,或者说明存在明显问题的,一般应当再次谈话或者函询;发现被反映人涉嫌违纪或者职务违法、职务犯罪问题需要追究纪律和法律责任的,应当提出初步核实的建议。

(四)对诬告陷害者,依规依纪依法予以查处。

必要时可以对被反映人谈话函询的说明情况进行抽查核实。

谈话函询材料应当存入廉政档案。

第三十一条 被谈话函询的党员干部应当在民主生活会、组织生活会上就本年度或者上年度谈话函询问题进行说明,讲清组织予以采信了结的情况;存在违纪问题的,应当进行自我批评,作出检讨。

## 第六章　初　步　核　实

**第三十二条**　党委(党组)、纪委监委(纪检监察组)应当对具有可查性的涉嫌违纪或者职务违法、职务犯罪问题线索,扎实开展初步核实工作,收集客观性证据,确保真实性和准确性。

**第三十三条**　纪检监察机关采取初步核实方式处置问题线索,应当制定工作方案,成立核查组,履行审批程序。被核查人为下一级党委(党组)主要负责人的,纪检监察机关应当报同级党委主要负责人批准。

**第三十四条**　核查组经批准可以采取必要措施收集证据,与相关人员谈话了解情况,要求相关组织作出说明,调取个人有关事项报告,查阅复制文件、账目、档案等资料,查核资产情况和有关信息,进行鉴定勘验。对被核查人及相关人员主动上交的财物,核查组应当予以暂扣。

需要采取技术调查或者限制出境等措施的,纪检监察机关应当严格履行审批手续,交有关机关执行。

**第三十五条**　初步核实工作结束后,核查组应当撰写初步核实情况报告,列明被核查人基本情况、反映的主要问题、办理依据以及初步核实结果、存在疑点、处理建议,由核查组全体人员签名备查。

承办部门应当综合分析初步核实情况,按照拟立案审查调查、予以了结、谈话提醒、暂存待查,或者移送有关党组织处理等方式提出处置建议。

初步核实情况报告应当报纪检监察机关主要负责人审批,必要时向同级党委主要负责人报告。

## 第七章　审　查　调　查

**第三十六条**　党委(党组)应当按照管理权限,加强对党员、干部以及监察对象涉嫌严重违纪或者职务违法、职务犯罪问题审查调查处置工作,定期听取重大案件情况报告,加强反腐败协调机构的机制建设,坚定不移、精准有序惩治腐败。

**第三十七条**　纪检监察机关经过初步核实,对党员、干部以及监察对象涉嫌违纪或者职务违法、职务犯罪,需要追究纪律或者法律责任的,应当立案审查调查。

凡报请批准立案的,应当已经掌握部分违纪或者职务违法、职务犯罪事实和证据,具备进行审查调查的条件。

第三十八条　对符合立案条件的,承办部门应当起草立案审查调查呈批报告,经纪检监察机关主要负责人审批,报同级党委主要负责人批准,予以立案审查调查。

立案审查调查决定应当向被审查调查人宣布,并向被审查调查人所在党委(党组)主要负责人通报。

第三十九条　对涉嫌严重违纪或者职务违法、职务犯罪人员立案审查调查,纪检监察机关主要负责人应当主持召开由纪检监察机关相关负责人参加的专题会议,研究批准审查调查方案。

纪检监察机关相关负责人批准成立审查调查组,确定审查调查谈话方案、外查方案,审批重要信息查询、涉案财物查扣等事项。

监督检查、审查调查部门主要负责人组织研究提出审查调查谈话方案、外查方案和处置意见建议,审批一般信息查询,对调查取证审核把关。

审查调查组组长应当严格执行审查调查方案,不得擅自更改;以书面形式报告审查调查进展情况,遇有重要事项及时请示。

第四十条　审查调查组可以依照党章党规和监察法,经审批进行谈话、讯问、询问、留置、查询、冻结、搜查、调取、查封、扣押(暂扣、封存)、勘验检查、鉴定,提请有关机关采取技术调查、通缉、限制出境等措施。

承办部门应当建立台账,记录使用措施情况,向案件监督管理部门定期备案。

案件监督管理部门应当核对检查,定期汇总重要措施使用情况并报告纪委监委领导和上一级纪检监察机关,发现违规违纪违法使用措施的,区分不同情况进行处理,防止擅自扩大范围、延长时限。

第四十一条　需要对被审查调查人采取留置措施的,应当依据监察法进行,在24小时内通知其所在单位和家属,并及时向社会公开发布。因可能毁灭、伪造证据,干扰证人作证或者串供等有碍调查情形而不宜通知或者公开的,应当按程序报批并记录在案。有碍调查的情形消失后,应当立即通知被留置人员所在单位和家属。

第四十二条　审查调查工作应当依照规定由两人以上进行,按照规定出示证件，出具书面通知。

**第四十三条** 立案审查调查方案批准后，应当由纪检监察机关相关负责人或者部门负责人与被审查调查人谈话，宣布立案决定，讲明党的政策和纪律，要求被审查调查人端正态度、配合审查调查。

审查调查应当充分听取被审查调查人陈述，保障其饮食、休息，提供医疗服务，确保安全。严格禁止使用违反党章党规党纪和国家法律的手段，严禁逼供、诱供、侮辱、打骂、虐待、体罚或者变相体罚。

**第四十四条** 审查调查期间，对被审查调查人以同志相称，安排学习党章党规党纪以及相关法律法规，开展理想信念宗旨教育，通过深入细致的思想政治工作，促使其深刻反省、认识错误、交代问题，写出忏悔反思材料。

**第四十五条** 外查工作必须严格按照外查方案执行，不得随意扩大审查调查范围、变更审查调查对象和事项，重要事项应当及时请示报告。

外查工作期间，未经批准，监督执纪人员不得单独接触任何涉案人员及其特定关系人，不得擅自采取审查调查措施，不得从事与外查事项无关的活动。

**第四十六条** 纪检监察机关应当严格依规依纪依法收集、鉴别证据，做到全面、客观，形成相互印证、完整稳定的证据链。

调查取证应当收集原物原件，逐件清点编号，现场登记，由在场人员签字盖章，原物不便搬运、保存或者取得原件确有困难的，可以将原物封存并拍照录像或者调取原件副本、复印件；谈话应当现场制作谈话笔录并由被谈话人阅看后签字。已调取证据必须及时交审查调查组统一保管。

严禁以威胁、引诱、欺骗以及其他违规违纪违法方式收集证据；严禁隐匿、损毁、篡改、伪造证据。

**第四十七条** 查封、扣押（暂扣、封存）、冻结、移交涉案财物，应当严格履行审批手续。

执行查封、扣押（暂扣、封存）措施，监督执纪人员应当会同原财物持有人或者保管人、见证人，当面逐一拍照、登记、编号，现场填写登记表，由在场人员签名。对价值不明物品应当及时鉴定，专门封存保管。

纪检监察机关应当设立专用账户、专门场所，指定专门人员保管涉案财物,严格履行交接、调取手续,定期对账核实。严禁私自占有、处置涉案财物及其孳息。

第四十八条 对涉嫌严重违纪或者职务违法、职务犯罪问题的审查调查谈话、搜查、查封、扣押(暂扣、封存)涉案财物等重要取证工作应当全过程进行录音录像,并妥善保管,及时归档,案件监督管理部门定期核查。

第四十九条 对涉嫌严重违纪或者职务违法、职务犯罪问题的审查调查,监督执纪人员未经批准并办理相关手续,不得将被审查调查人或者其他重要的谈话、询问对象带离规定的谈话场所,不得在未配置监控设备的场所进行审查调查谈话或者其他重要的谈话、询问,不得在谈话期间关闭录音录像设备。

第五十条 监督检查、审查调查部门主要负责人、分管领导应当定期检查审查调查期间的录音录像、谈话笔录、涉案财物登记资料,发现问题及时纠正并报告。

纪检监察机关相关负责人应当通过调取录音录像等方式,加强对审查调查全过程的监督。

第五十一条 查明涉嫌违纪或者职务违法、职务犯罪问题后,审查调查组应当撰写事实材料,与被审查调查人见面,听取意见。被审查调查人应当在事实材料上签署意见,对签署不同意见或者拒不签署意见的,审查调查组应当作出说明或者注明情况。

审查调查工作结束,审查调查组应当集体讨论,形成审查调查报告,列明被审查调查人基本情况、问题线索来源及审查调查依据、审查调查过程,主要违纪或者职务违法、职务犯罪事实,被审查调查人的态度和认识,处理建议及党纪法律依据,并由审查调查组组长以及有关人员签名。

对审查调查过程中发现的重要问题和意见建议,应当形成专题报告。

第五十二条 审查调查报告以及忏悔反思材料,违纪或者职务违法、职务犯罪事实材料,涉案财物报告等,应当按程序报纪检监察机关主要负责人批准,连同全部证据和程序材料,依照规定移送审理。

审查调查全过程形成的材料应当案结卷成、事毕归档。

## 第八章 审 理

第五十三条 纪检监察机关应当对涉嫌违纪或者违法、犯罪案件严格依规依纪依法审核把关,提出纪律处理或者处分的意见,做到事实清楚、证据确凿、定性准确、处理恰当、手续完备、程序合规。

纪律处理或者处分必须坚持民主集中制原则,集体讨论决定,不允许任何个人或者少数人决定和批准。

第五十四条　坚持审查调查与审理相分离的原则,审查调查人员不得参与审理。纪检监察机关案件审理部门对涉嫌违纪或者职务违法、职务犯罪问题,依照规定应当给予纪律处理或者处分的案件和复议复查案件进行审核处理。

第五十五条　审理工作按照以下程序进行:

(一)案件审理部门收到审查调查报告后,经审核符合移送条件的予以受理,不符合移送条件的可以暂缓受理或者不予受理。

(二)对于重大、复杂、疑难案件,监督检查、审查调查部门已查清主要违纪或者职务违法、职务犯罪事实并提出倾向性意见的;对涉嫌违纪或者职务违法、职务犯罪行为性质认定分歧较大的,经批准案件审理部门可以提前介入。

(三)案件审理部门受理案件后,应当成立由两人以上组成的审理组,全面审理案卷材料,提出审理意见。

(四)坚持集体审议原则,在民主讨论基础上形成处理意见;对争议较大的应当及时报告,形成一致意见后再作出决定。案件审理部门根据案件审理情况,应当与被审查调查人谈话,核对违纪或者职务违法、职务犯罪事实,听取辩解意见,了解有关情况。

(五)对主要事实不清、证据不足的,经纪检监察机关主要负责人批准,退回监督检查、审查调查部门重新审查调查;需要补充完善证据的,经纪检监察机关相关负责人批准,退回监督检查、审查调查部门补充审查调查。

(六)审理工作结束后应当形成审理报告,内容包括被审查调查人基本情况、审查调查简况、违纪违法或者职务犯罪事实、涉案财物处置、监督检查或者审查调查部门意见、审理意见等。审理报告应当体现党内审查特色,依据《中国共产党纪律处分条例》认定违纪事实性质,分析被审查调查人违反党章、背离党的性质宗旨的错误本质,反映其态度、认识以及思想转变过程。涉嫌职务犯罪需要追究刑事责任的,还应当形成《起诉意见书》,

作为审理报告附件。

对给予同级党委委员、候补委员，同级纪委委员、监委委员处分的，在同级党委审议前，应当与上级纪委监委沟通并形成处理意见。

审理工作应当在受理之日起1个月内完成，重大复杂案件经批准可以适当延长。

**第五十六条** 审理报告报经纪检监察机关主要负责人批准后，提请纪委常委会会议审议。需报同级党委审批的，应当在报批前以纪检监察机关办公厅（室）名义征求同级党委组织部门和被审查调查人所在党委（党组）意见。

处分决定作出后，纪检监察机关应当通知受处分党员所在党委（党组），抄送同级党委组织部门，并依照规定在1个月内向其所在党的基层组织中的全体党员以及本人宣布。处分决定执行情况应当及时报告。

**第五十七条** 被审查调查人涉嫌职务犯罪的，应当由案件监督管理部门协调办理移送司法机关事宜。对于采取留置措施的案件，在人民检察院对犯罪嫌疑人先行拘留后，留置措施自动解除。

案件移送司法机关后，审查调查部门应当跟踪了解处理情况，发现问题及时报告，不得违规过问、干预处理工作。

审理工作完成后，对涉及的其他问题线索，经批准应当及时移送有关纪检监察机关处置。

**第五十八条** 对被审查调查人违规违纪违法所得财物，应当依规依纪依法予以收缴、责令退赔或者登记上交。

对涉嫌职务犯罪所得财物，应当随案移送司法机关。

对经认定不属于违规违纪违法所得的，应当在案件审结后依规依纪依法予以返还，并办理签收手续。

**第五十九条** 对不服处分决定的申诉，由批准或者决定处分的党委（党组）或者纪检监察机关受理；需要复议复查的，由纪检监察机关相关负责人批准后受理。

申诉办理部门成立复查组，调阅原案案卷，必要时可以进行取证，经集体研究后，提出办理意见，报纪检监察机关相关负责人批准或者纪委常委会会议研究决定，作出复议复查决定。决定应当告知申诉人，抄送相关单位,并在一定范围内宣布。

坚持复议复查与审查审理分离,原案审查、审理人员不得参与复议复查。

复议复查工作应当在3个月内办结。

## 第九章 监督管理

**第六十条** 纪检监察机关应当严格依照党内法规和国家法律,在行使权力上慎之又慎,在自我约束上严之又严,强化自我监督,健全内控机制,自觉接受党内监督、社会监督、群众监督,确保权力受到严格约束,坚决防止"灯下黑"。

纪检监察机关应当加强对监督执纪工作的领导,切实履行自身建设主体责任,严格教育、管理、监督,使纪检监察干部成为严守纪律、改进作风、拒腐防变的表率。

**第六十一条** 纪检监察机关应当严格干部准入制度,严把政治安全关,纪检监察干部必须忠诚坚定、担当尽责、遵纪守法、清正廉洁,具备履行职责的基本条件。

**第六十二条** 纪检监察机关应当加强党的政治建设、思想建设、组织建设,突出政治功能,强化政治引领。审查调查组有正式党员3人以上的,应当设立临时党支部,加强对审查调查组成员的教育、管理、监督,开展政策理论学习,做好思想政治工作,及时发现问题、进行批评纠正,发挥战斗堡垒作用。

**第六十三条** 纪检监察机关应当加强干部队伍作风建设,树立依规依法、纪律严明、作风深入、工作扎实、谦虚谨慎、秉公执纪的良好形象,力戒形式主义、官僚主义,力戒特权思想,力戒口大气粗、颐指气使,不断提高思想政治水平和把握政策能力,建设让党放心、人民信赖的纪检监察干部队伍。

**第六十四条** 对纪检监察干部打听案情、过问案件、说情干预的,受请托人应当向审查调查组组长和监督检查、审查调查部门主要负责人报告并登记备案。

发现审查调查组成员未经批准接触被审查调查人、涉案人员及其特定关系人,或者存在交往情形的,应当及时向审查调查组组长和监督检查、审查调查部门主要负责人直至纪检监察机关主要负责人报告并登记备案。

**第六十五条** 严格执行回避制度。审查调查审理人员是被审查调查人或者检举人近亲属、本案证人、利害关系人，或者存在其他可能影响公正审查调查审理情形的，不得参与相关审查调查审理工作，应当主动申请回避，被审查调查人、检举人以及其他有关人员也有权要求其回避。选用借调人员、看护人员、审查场所，应当严格执行回避制度。

**第六十六条** 审查调查组需要借调人员的，一般应当从审查调查人才库选用，由纪检监察机关组织部门办理手续，实行一案一借，不得连续多次借调。加强对借调人员的管理监督，借调结束后由审查调查组写出鉴定。借调单位和党员干部不得干预借调人员岗位调整、职务晋升等事项。

**第六十七条** 监督执纪人员应当严格执行保密制度，控制审查调查工作事项知悉范围和时间，不准私自留存、隐匿、查阅、摘抄、复制、携带问题线索和涉案资料，严禁泄露审查调查工作情况。

审查调查组成员工作期间，应当使用专用手机、电脑、电子设备和存储介质，实行编号管理，审查调查工作结束后收回检查。

汇报案情、传递审查调查材料应当使用加密设施，携带案卷材料应当专人专车、卷不离身。

**第六十八条** 纪检监察机关相关涉密人员离岗离职后，应当遵守脱密期管理规定，严格履行保密义务，不得泄露相关秘密。

监督执纪人员辞职、退休3年内，不得从事与纪检监察和司法工作相关联、可能发生利益冲突的职业。

**第六十九条** 纪检监察机关开展谈话应当做到全程可控。谈话前做好风险评估、医疗保障、安全防范工作以及应对突发事件的预案；谈话中及时研判谈话内容以及案情变化，发现严重职务违法、职务犯罪，依照监察法需要采取留置措施的，应当及时采取留置措施；谈话结束前做好被谈话人思想工作，谈话后按程序与相关单位或者人员交接，并做好跟踪回访等工作。

**第七十条** 建立健全安全责任制，监督检查、审查调查部门主要负责人和审查调查组组长是审查调查安全第一责任人，审查调查组应当指定专人担任安全员。被审查调查人发生安全事故的，应当在24小时内逐级上报至中央纪委，及时做好舆论引导。

发生严重安全事故的,或者存在严重违规违纪违法行为的,省级纪检监察机关主要负责人应当向中央纪委作出检讨,并予以通报、严肃问责追责。

案件监督管理部门应当组织开展经常性检查和不定期抽查,发现问题及时报告并督促整改。

第七十一条　对纪检监察干部越权接触相关地区、部门、单位党委(党组)负责人,私存线索、跑风漏气、违反安全保密规定,接受请托、干预审查调查、以案谋私、办人情案,侮辱、打骂、虐待、体罚或者变相体罚被审查调查人,以违规违纪违法方式收集证据,截留挪用、侵占私分涉案财物,接受宴请和财物等行为,依规依纪严肃处理;涉嫌职务违法、职务犯罪的,依法追究法律责任。

第七十二条　纪检监察机关在维护监督执纪工作纪律方面失职失责的,予以严肃问责。

第七十三条　对案件处置出现重大失误,纪检监察干部涉嫌严重违纪或者职务违法、职务犯罪的,开展"一案双查",既追究直接责任,还应当严肃追究有关领导人员责任。

建立办案质量责任制,对滥用职权、失职失责造成严重后果的,实行终身问责。

## 第十章　附　　则

第七十四条　各省(自治区、直辖市)党委、中央和国家机关工委可以根据本规则,结合工作实际,制定实施细则。

中央军事委员会可以根据本规则,制定相关规定。

第七十五条　纪委监委派驻纪检监察组、纪检监察工委除执行本规则外,还应当执行党中央以及中央纪委相关规定。

国有企事业单位纪检监察机构结合实际执行本规则。

第七十六条　本规则由中央纪律检查委员会负责解释。

第七十七条　本规则自2019年1月1日起施行。2017年1月15日中央纪委印发的《中国共产党纪律检查机关监督执纪工作规则(试行)》同时废止。此前发布的其他有关纪检监察机关监督执纪工作的规定,凡与本规则不一致的,按照本规则执行。